Edition Akzente
Herausgegeben von
Michael Krüger

Georg Franck

Mentaler Kapitalismus

Eine politische Ökonomie des Geistes

Carl Hanser Verlag

1 2 3 4 5   09 08 07 06 05

ISBN 3-446-20687-6
Alle Rechte vorbehalten
© Carl Hanser Verlag München Wien 2005
Umschlag nach einem Reihenentwurf von Klaus Detjen
unter Verwendung des Fotos: Chiat / Day Main Street, Venice, CA,
1986-1991 des Architekten Frank Gehry
Satz: Filmsatz Schröter GmbH, München
Druck und Bindung: Friedrich Pustet, Regensburg
Printed in Germany

Inhalt

Vorwort

Die Postmoderne ist vorbei, sie erscheint nun im Rückblick. Es ist Zeit zu fragen: Was ist da geschehen? Dieses Buch antwortet mit einer Politischen Ökonomie. Es deutet den kulturellen Umbruch als den Durchbruch einer Ökonomie, die im Schatten gestanden hatte. Den Schatten warf die Vorstellung, die Ökonomie und der Kreislauf des Gelds seien eins. Diese Auffassung scheint selbstverständlich, versteht sich aber gar nicht von selbst. Die Klassiker der Politischen Ökonomie dachten nicht zunächst ans Geld. Im Vordergrund standen die Mittel, die nötig sind, um die wertschöpfende Kraft der Arbeit zu reproduzieren. Dieses Buch rückt die wertschätzende Kraft, über die das Acht Geben verfügt, in den Vordergrund.

Der Begriff des mentalen Kapitalismus wurde in der »Ökonomie der Aufmerksamkeit« eingeführt. Er beschreibt den Kreislauf des Acht Gebens und Beachtung Einnehmens. Er stellt heraus, daß dieser Kreislauf die Statur einer entwickelten Ökonomie angenommen hat. Der Kreislauf hat sich differenziert, hat Schlaufen gebildet, hat sich zu einem System von horizontal und vertikal differenzierten Märkten entwickelt. Die vertikale Differenzierung, nämlich die Trennung von Konsum- und Kapitalmärkten sowie die Trennung der Märkte für kulturelles und soziales Kapital, kamen in der Ökonomie der Aufmerksamkeit zu kurz.

Der Begriff des Kapitals ist einer der mächtigsten und schwierigsten der ökonomischen Terminologie. Er ist mächtig, weil er die Wertschöpfung an die soziale Verteilung koppelt. Er ist schwierig, weil Produktivität und Verteilung kaum noch auseinanderzuhalten sind, wenn der Zusammenhang einmal hergestellt ist. Auch in der Ökonomie des Denkens und in der kulturellen Produktion hängen Produktivität und Verteilung aufs engste zusammen. Die Ausdifferenzierung von Kapitalmärkten bedeutet in diesem Zusammenhang, daß die Relevanz der Sachen und das Ansehen der Personen eine nicht mehr zu trennende Verbindung eingehen. Folge der enger werdenden Verbindung ist, daß die sachliche Relevanz und die soziale Geltung einen Schub der Relativierung erfahren. Eine andere Folge ist, daß die Abhängigkeit der Selbstwertschätzung von der sozialen Geltung deutlich spürbar wird.

Das gesteigerte Maß an Interdependenz korrespondiert mit den Maßen der Fragmentierung, die der postmoderne Geist kultiviert. Fast könnte man sagen, sie rufen einander auf. Trotzdem ist der Zusammenhang nicht so ganz einfach zu greifen. Das Problem liegt im Maß der geistigen Produktivität und in der Konzeption des Sozialprodukts an Beachtung. In diesen Punkten mußte die Ökonomik der Aufmerksamkeit detailliert werden. Als hilfreich erwies sich beim Ausarbeiten die Kritik, die dieser erste Entwurf auf sich gezogen hatte. Besonders erwähnt seien die Einwände, die Jörg Metelmann gegen die Behandlung der Kapitalbegriffe des Soziologen Pierre Bourdieu vorgebracht hat.

Viele haben zu diesem Buch beigetragen. Die Passagen des ersten Kapitels, die in die Linguistik schweifen, entstanden in Zusammenarbeit mit meiner Schwester Dorothea Franck. Für das dritte Kapitel sollten Hinweise bestimmend werden, die mir Manfred Bonitz und Allen Gross zum Prozeß der Zitation gaben. Gordon Globus und Giuseppe Vitiello danke ich für den wunderbaren Workshop in Turin und die Hilfestellung, die sie mir beim Schreiben über Präsenz und Physis gaben. Meine Studenten haben durch ihr forderndes Interesse am Funktionalismus der Auffälligkeit und an der urbanen Ökonomie der Aufmerksamkeit beigetragen. Am meisten verdanke ich der mitwirkenden Aufmerksamkeit meiner Frau. Sie verstand mich öfters und stets dann besser als ich mich selbst, als ich gar nicht mehr weiter wußte.

Einleitung

Geben wir Acht auf das, worauf wir Wert legen, oder legen wir Wert auf das, worauf wir achten? Die Frage erinnert an jene nach Henne und Ei. Wertlegen kommt nicht ohne Achtgeben, Achtgeben nicht ohne Wertlegen vor. Alles Werten geht auf die angenehmen oder unangenehmen Gefühle zurück, die unser Achten färben. Und alles Achten ist, wie blaß und verschwommen auch immer, emotional gefärbt. Trotzdem ist es nicht gleichgültig, was vorher kommt, das Wertlegen oder das Achtgeben. Wenn das Wertlegen dem Achten vorausgeht, dann ist es der Wert, der entscheidet, was wichtig und relevant ist. Wenn hingegen der Wert, den wir legen, der Beachtung folgt, die die Sache findet, dann wird wichtig und erheblich, was Aufsehen erregt. Versteht es sich nicht von selbst, daß der erste Fall der rationale und maßgebliche ist? Darf es denn sein, daß eine Sache wertvoll wird nur, weil sie auffällt?

Gegenfrage: Ist es nicht so, daß sich der Wert, den wir legen, mit der Acht, die wir geben, verändert? Folgt das Werten nicht gerade dort der Beachtung, wo die Wertschätzung sich um Bildung und Verfeinerung bemüht? Und lernen wir vieles nicht erst dadurch schätzen, daß wir darauf achten, worauf die andern achten? Sagt uns der Rückblick auf die Acht, die wir gegeben haben, nicht mehr über den Wert, den wir eigentlich legen, als die vorausblickende Einschätzung der Relevanz es hätte können? Und war schließlich nicht, was so viel Beachtung einnahm, auch besonders wichtig?

Wir sind zurück bei Henne und Ei. Es scheint hoffnungslos zu fragen, was vorher kommt, das Wertlegen oder das Achtgeben. Wäre es nun aber müßig, über den Vorrang zu streiten, dann gerieten Grundannahmen ins Gleiten. Es wäre dann unsinnig, über den Wert von Kulturgütern zu debattieren. Wenn nicht zu entscheiden ist, ob die Beachtung dem Wert oder der Wert der Beachtung folgt, dann ist es gleichgültig, ob eine Sache Beachtung findet, weil sie wertvoll ist, oder wertvoll wird, weil sie Beachtung findet. Wunschdenken wäre es dann, auf eine Objektivierung kultureller Werte und künstlerischen Rangs zu hoffen. Die Unterscheidung zwischen Urteilskraft und Herdentrieb wäre gegenstandslos. Kulturelle Relevanz und künstlerische Qualität wären dann nicht mehr zu unterscheiden von zufällig aufgeschaukelter Beachtung.

Keine Kultur, die nicht von – und in – der Beachtung ihrer Mitglieder leben würde. Kein Betrieb der Kultur aber auch, der nicht Unterschiede des Werts und Stufen der Verbindlichkeit etablieren würde. Wie objektiv sind diese Unterschiede, wie gültig die Grade? Ist immer Macht im Spiel, wenn Unterschiede durchgesetzt werden? Ist immer Gewohnheit die Macht, die das Gefälle aufrecht erhält? Oder hat die Verbindlichkeit tiefere, im Wesen der Sachen liegende Gründe? Gibt es objektive, dem subjektiven Dafürhalten entzogene Bestimmungsgründe des Werts? Mit diesen Fragen schlagen sich die Kulturwissenschaften seit ihren Anfängen herum. Die Antworten schwanken. Sie schwanken aber nicht wirr, sondern in Wellen. Sie schwanken im Rhythmus gewisser Konjunkturen. Wenn wir nicht annehmen wollen, daß diese Konjunkturen den Launen zufällig aufgeschaukelter Beachtung folgen, dann müssen Erfahrungen hinter den schwankenden Antworten stecken. Es müssen Erfahrungen mit eben dem Prozeß sprechen, der Werte ermittelt und Geltung etabliert.

Eine scharfe Wende hat die Auffassung von der Verbindlichkeit kultureller Werte mit der Ankunft der Postmoderne genommen. Die Annahme, es gebe so etwas wie objektiven Wert und universelle Verbindlichkeit verfiel der Kritik.

Die Kritik hatte sich den Glauben an Wesensunterschiede vorgenommen, aus denen ein für allemal folgt, was unter den Sachen, über die wir reden, zu verstehen ist. Die Wesen, die wir in die Welt setzen, wenn wir uns darüber verständigen, was wir von den Sachen, über die wir reden, beanspruchen zu sein, wurden zum Opfer der Dekonstruktion. Die Dekonstruktion ist keine Kritik an Geltungsansprüchen, wie sie schon immer geübt wurde. Die Dekonstruktion setzt bei der Machart der Ansprüche an, aus denen die Wesen entspringen.

Auf diese Machart kommen wir zurück. Bemerkenswert an der Dekonstruktion ist der kritische Impuls aber nicht nur für sich. Bemerkenswert ist auch, daß der Impuls praktisch wurde. Die Botschaft von der Hinfälligkeit der Wesen drang weit über die Philosophie hinaus. Die Entstabilisierung wesentlicher Unterschiede wurde zu einer Strategie der kulturellen Produktion. Sie wurde zum Ferment des Zeitstils. Der Universalismus, den die Moderne mit Pathos hochgehalten hatte, wurde zu einer Kategorie der Kritik. An die Stelle des Bilds der Kultur als der die Menschheit verbindenden Einheit trat das Bild einer zersplitterten Vielfalt der Kulturen, deren jede einzelne eine eigene Wirklichkeit konstruiert.

Ein solches Umschlagen der Grundstimmung kommt nicht von ungefähr. Er ist auch von keiner bloß theoretischen Revolution zu erwarten. Das Ausmaß des Bebens spricht für eine Diskontinuität in den grundlegenden Produktions- und Rezeptionsbedingungen der Kultur. Da müssen Grundlagen nachgegeben haben, auf die gebaut worden war. Da ging eine Epoche zu Ende. Allerdings gab es keinen Zusammenbruch der Produktion. Der Betrieb ging weiter. Man lernte, ohne feste Verankerung zu leben, richtete sich ein auf dem wankenden Boden, genoß den neuen Spielraum. Das Auflösen und Verflüssigen führte nicht in die Katastrophe. Ein dynamischer Wechsel trat ein. Das

Aufgelöste und Aufgewirbelte konfigurierte sich neu. Was also hatte sich da getan?

Die These

Die These dieses Buchs ist, daß tatsächlich etwas Grundlegendes in Bewegung geraten ist. In das Verhältnis von Wertlegen und Achtgeben ist eine neue Dynamik eingekehrt. Das Hin und Her ist in einem größeren Zusammenhang aufgegangen. Es ist in einem Zusammenhang aufgegangen, der zwar schon lange spürbar gewesen sein mußte, der aber latent blieb, weil ihn niemand für möglich hielt. Das Wechselspiel von Achtgeben und Wertlegen hat zu einem Gesellschaftsspiel zusammengefunden. Zu einem Spiel, in dem Acht eingesetzt wird, um Beachtung einzunehmen. Das Achten, worauf andere achten, ist in einen Kreislauf des Gebens und Nehmens übergegangen. Mehr noch: Der Kreislauf hat sich zu einem System hoch differenzierter und hoch integrierter Märkte entwickelt. Das Achten der Individuen aufeinander verkettet sich zu einem kollektiven Resultat. Die Summe der getauschten Beachtung tritt als Sozialprodukt in Erscheinung. Dem Mengensystem der getauschten Beachtung ist ein System bewertender Tauschrelationen eingezogen. Die These ist, daß dieses System der Bewertung die objektivierende Funktion übernommen hat, die so lange in Gründen jenseits des subjektiven Wertens und Achtens gesucht wurde.

Diese These ist stark. Sie läuft auf die Hypothese hinaus, daß der Epochenbruch den Durchbruch einer immateriellen Ökonomie markiert. Die These besagt, daß die Ökonomie der Aufmerksamkeit ein Maß an Rückkopplung und Selbstregulierung angenommen hat, welches externe Stabilisatoren überflüssig, wenn nicht dysfunktional macht. Aus dem Kreislauf des Acht Gebens, um Beachtung einzunehmen, ist ein System horizontal und vertikal differenzierter Märkte hervorgegangen. Diese Entwicklung hat sich im Hintergrund, ohne Plan vollzogen. Sie hat sich selbst organisiert. Auch die ökonomische Form, die wir nun von der Warte des entwickelten Systems aus erkennen, war nicht vorgegeben. Sie hat sich herausgebildet in einem Prozeß der Selbstorganisation, der blind ist und sich hinter dem Rükken der Beteiligten vollzieht. So wird auch jetzt erst sichtbar, daß die so lange latent gebliebene Entwicklung eine Vorgeschichte war. Sie war die Vorgeschichte eines dynamischen Regimes des Tauschwerts, das nun die Regie über die kulturelle Wertschöpfung übernommen hat.

Horizontale Differenzierung heißt, daß sachlich differenzierte Märkte nebeneinander entstehen. Differenzierung in der Vertikalen meint, daß Märkte entstehen, deren Funktion es ist, das Geschehen auf den anderen Märkten zu koordinieren. Die Stufe zur Differenzierung in diese beiden Richtungen ist erreicht, wenn kapitalistische Verhältnisse Einzug halten. Die These, daß ein dynamisches Regime des Tauschwerts die Regie über die kulturelle Wertschöpfung übernommen hat, meint, daß die Ökonomie der Aufmerksamkeit in die Statur eines kapitalistischen Systems hineingewachsen ist.

Ein neuer Universalismus

Kapitalistisch ist diejenige Konstellation von Eigentumsverhältnissen, Produktionstechniken und Distributionskanälen, die der ökonomischen Durchrationalisierung freie Bahn bricht. Wo kapitalistische Verhältnisse Einzug halten, da werden Drücke frei und Anreize effektiv, die bis dahin ohne Beispiel waren. Keine andere Form der Produktion und Distribution entwickelt vergleichbare Kraft in der Erschießung von Märkten, keine entwickelt vergleichbare Kraft im Herausholen von Arbeitsleistung und Abschöpfen von Zahlungskraft. Mit kapitalistischen Verhältnissen entstehen Reichtümer in neuen Größenordnungen, wird die Mehrung des Reichtums zum universellen Maßstab der Produktivität.

Der Verdacht nun freilich, die kapitalistische Verwertungslogik habe sich der kulturellen Produktion bemächtigt, scheint ungeheuer. Immer noch versteht sich die Schöpfung kultureller Werte als das Andere der ökonomischen Wertschöpfung. Immerhin weist auch das Bild der Fragmentierung, das die universalistischen Vorstellungen beerbt, in eine ganz andere Richtung. Die Logik kapitalistischer Verwertung geht aufs Ganze. Die Auflösung der universalistischen Vorstellungen hinterläßt Teile, die sich gerade nicht mehr zu einem Ganzen fügen. Das postmoderne Bild der Kultur ist das einer Vielfalt eigener Welten. Mit dem Bild der einen Welt ist auch der eine Begriff der Rationalität zerfallen. Um Platz für die Vorstellung einer durch- und umgreifenden Rationalisierung zu schaffen, muß neben die Kultur der praktischen Intersubjektivität eine technische Zivilisation treten, die den Rationalitätsstil einer ganz bestimmten Kultur auf interkultureller Ebene durchsetzt.

Tatsächlich hat der Gegensatz von Kultur und Zivilisation eine beträchtliche Rolle im postmodernen Diskurs gespielt. Man kann sogar sagen, daß er eine unverhoffte Renaissance erlebt hat. Er hat die sozialwissenschaftliche Verständigung über den Epochenbruch bestimmt. Dem soziologischen Blick mußte die Verwandtschaft zwischen der Mentalität der Postmoderne und der *New Economy* auffallen. Die *New Economy* stand für den Innovationsschub, den der kommerzielle Kapitalismus durch die Maschinierung der geistigen Arbeit erfahren hatte. Die Assimilation der digitalen

Medien war mit dem Aufstieg der Informationsproduktion zur wichtigsten Quelle der wirtschaftlichen Wertschöpfung verbunden. Information ist nichts Festes und Fertiges, sondern der Überraschungswert, den wir aus Mustern ziehen. Also war die *New Economy* ein Ausdruck auch dafür, daß die stabilen Prozesse der klassischen Industrie den instabilen Prozessen der Informationsproduktion wichen. Eine solche Destabilisierung der wirtschaftlichen Grunddynamik ruft nach Anpassungen im kulturellen Überbau. Flexibilisierung, Beweglichkeit und das Zulassen von Unsicherheit waren das Gebot der Stunde. Und war es nicht eben dieser Ruf, den die postmoderne Mentalität vernahm?

Der Rückgriff auf die Figur von Basis und Überbau leistete zweierlei. Er trug sowohl dem Gegensatz zwischen technischer Zivilisation und eigentlicher Kultur als auch dem Unterschied zwischen kommerzieller und kultureller Wertschöpfung Rechnung. So konnte es kommen, daß die tot geglaubte Lehre von der Widerspiegelung der materiellen Basis im kulturellen Überbau eine regelrechte Renaissance erfuhr.[1] Was an diesem Griff in den Fundus Marxistischer Orthodoxie nun allerdings befremdet, ist, daß nicht wenigstens auch die Lehre kapitalistischer Verwertung eines neuen Blicks gewürdigt wurde. Es versteht sich nämlich gar nicht von selbst, daß nur der Geist auf die Rolle der Informationsproduktion reagiert. Auch die Logik der Verwertung selbst ist affiziert. Information hat keinen Nährwert, sondern besteht im Überraschungs- oder Unterhaltungswert, der aus Mustern gezogen wird. Dieser Wert ist nicht eher realisiert, als die Aufmerksamkeit ausgegeben ist, welche die Überraschung erlebt oder die Unterhaltung goutiert. Das hat Konsequenzen für den Begriff der Produktivität. Produktivität heißt im Kontext kapitalistischer Verwertung, daß Einkommen geschöpft werden. Die Einkommen, die durch die Informationsproduktion geschöpft werden, bestehen nur zum Teil in Geld. Ein anderer Teil

– und zwar derjenige, der in der Informations- oder Wissensgesellschaft neue Bedeutung erlangt – wird direkt in Beachtung realisiert.

Zur Phänomenologie der Nachmoderne gehören neue Märkte, neue Anreize zur Bereicherung und neue Größenordnungen des Reichtums. Neu sind zum Beispiel die Märkte, die die Bevölkerung rund um die Uhr mit Information versorgen, um Beachtung aus ihr herauszuholen. Neu sind die Anreize, sich an dieser Beachtung zu bereichern, neu die Größenordnung des Reichtums, den der Erfolg dieser Bereicherung beschert. Neu ist eine weltweit sich durchsetzende Einheitskultur, die ihre Expansionskraft aus der Professionalität bezieht, mit der das Geschäft der Attraktion betrieben wird. Durchaus werden da Drücke frei und Anreize effektiv, die ohne historisches Beispiel sind. Es wäre nun aber recht willkürlich, diese neue Ökonomie von der nachmodernen Kultur zu trennen. Die Kultur, die sich global durchsetzt, ist keineswegs nur kommerzielle Ware. Auch Kunst- und Theoriemärkte sind globalisiert. Auch die Subversion universalistischer Vorstellungen, auch die Selbstkritik der Moderne haben sich weltweit durchgesetzt. Seiner partikularistischen Botschaft zum Trotz ist der Diskurs der Postmoderne selbst weltumspannend geworden. Auch und gerade die Kultur, die sich auf das fragmentierte Selbstverständnis beruft, ist Teil der neuen Einheitskultur.

Nehmen wir zum Beispiel die Architektur. Es gibt wenige Sparten der kulturellen Produktion, die die Strategien der Dekonstruktion so begierig assimiliert haben wie die dekonstruktionistische Architektur. Ausgerechnet der Dekonstruktionismus hat nun aber den Typus des Stararchitekten hervorgebracht. Stararchitekten sind diejenigen Vertreter des Fachs, die weltweit agieren und sich in überall gleicher Weise manifestieren. Die Architektur eines Frank Gehry, einer Zaha Hadid, eines Daniel Libeskind taucht rund um die

Erde auf und ist von einer Selbstähnlichkeit, die den Vergleich mit den Filialen von McDonald's provoziert.

Man macht es sich zu einfach, wenn man den neuen Universalismus mit Käuflichkeit und Dienst am Profit gleichsetzt. Ein wesentlicher Bestandteil der gobalisierten westlichen Kultur ist die Wissenschaft. Deren Erfolgsrezept liegt in der Autonomie des Forschungsbetriebs. Ihr Stil der Intellektualität konnte sich weltweit durchsetzen, weil ihr die Emanzipation von der sowohl politischen als auch wirtschaftlichen Dienstbarkeit gelang. Zu einfach macht es sich denn auch, wer die Einheitskultur als US-amerikanischen Kulturimperialismus denunziert. Der französische Poststrukturalismus und die *Young British Artists* gehören auch dazu. Die Einheit wird zwar durchgesetzt durch Märkte, die expandieren; die Märkte die da expandieren, sind aber von anderer Art als die, die Ware exportieren und Geld importieren. Es war eben nicht nur der Buchmarkt, auf dem sich der Poststrukturalismus durchgesetzt hat. Auch war es gerade nicht nur der Kunstmarkt, auf dem die *Brit Art* Furore gemacht hat. Die französische Theorie hat sich durchgesetzt, weil sie rezipiert und zitiert wurde. Die *YBAs* haben Schule gemacht, weil andere Künstler sie zum Vorbild nahmen. Es waren, anders gesagt, nicht die Umsätze in Geld, sondern die Einkommen an Aufmerksamkeit, die den Tendenzen zu weltweiter Geltung verhalfen.

Die neue Einheitskultur, das ist die These dieses Buchs, ist Ausdruck einer Ökonomie, die zur kulturellen Produktion nicht hinzukommt, sondern dem Leben der Kultur inhärent ist. Keine Kultur kann ohne die Aufmerksamkeit leben, die sie beschäftigt. Keine Kultur expandiert ohne Wachstum der Aufmerksamkeit, die sich mit ihr beschäftigt. Eine Einheitskultur ist die, die die Aufmerksamkeit aller – oder jedenfalls einer maßgeblichen Mehrheit – beschäftigt. Die neue Einheitskultur ist das Phänomen einer globalisierten Ökonomie der Aufmerksamkeit. Sie ist Phänomen und Ökonomie zugleich, denn sie nutzt die Kraft des phänomenalen Bewußtseins, mit Aufmerksamkeit zu bezahlen, und sie erschließt diese Zahlungskraft systematisch. Sie ist eine Ökonomie in dem entwickelten Sinn, daß die Zahlungsbereitschaft sowohl konsumtive als auch produktive Gründe hat.

Zum Begriff des mentalen Kapitalismus

Kulturell sind die Märkte, die die Bedürfnisse des Bewußtseins bedienen. Kulturell sind aber auch die Mittel, die das Bewußtsein in die Lage versetzen, schöpferisch, erfinderisch, denkerisch tätig zu sein. Es ist dieser Zusammenhang zwischen den Bedürfnissen des Bewußtseins zur einen und der geistigen Produktivität zur anderen Seite, den der Begriff des mentalen Kapitalismus artikuliert. Kapitalistisch ist die Produktion mittels vorproduzierter Produktionsmittel, die folgende Bedingungen erfüllt: Erstens muß die Produktion Einkommen schöpfen, zweitens müssen die Einkommen zwischen den Produzenten und den Besitzern der Produktionsmittel geteilt werden, drittens müssen Verteilung und Bestimmung der Produktivität zusammenfallen. Nirgends steht geschrieben, daß die Einkommen in Geld anfallen müssen, um als Maß der Produktivität zu fungieren. Vielmehr sind da drei zusätzliche Bedingungen, die hinreichen, um kapitalistische Verhältnisse auch diesseits des Gelds entstehen zu lassen: Erstens muß auch die geistige Produktion von knappen Ressourcen zehren, zweitens muß der Wirkungsgrad dieser Ressourcen durch die Vorproduktion von Produktionsmitteln steigen, drittens muß die geistige Produktion um eines Einkommens willen geschehen, das sich eignet, die Ergebnisse der produktiven Anstrengung zu bewerten.

Um den Nachweis, daß die Form kapitalistischer Verwertung an keine bestimmte Materialisierung der Produktion und des Austauschs gebunden ist, drehen sich die Kapitel des Hauptteils. Hier, vorweg, sei klar gemacht, was konkret an die Stelle der materiellen Ressourcen und der geldwerten Einkommen tritt. Was ist konkret unter dem Geistigen zu verstehen, das den mentalen Kapitalismus definiert?

Die Ressource, von der die Schöpfung kultureller Werte immer und vor allem zehrt, ist die Kapazität bewußten Erlebens. Diese Kapazität ist organisch begrenzt und sehr viel enger, als es die Kapazität unseres Nervensystems zur Verarbeitung von Information ist. Bewußt wird nur ein winziger Bruchteil der Information, die der Organismus insgesamt verarbeitet. Bewußt wird der Teil, der sich manifestiert: der auftaucht im geistesgegenwärtigen *da* Sein. Dieses Auftauchen und diese Gegenwart sind geistig in einem ganz konkreten Sinn. Sie sind geistig in dem Sinn, daß sie nicht identisch mit und nicht reduzierbar auf die Aktivitäten des Nervensystems sind, die in physischen – sei es physikalischen, chemischen oder physiologischen – Begriffen beschrieben werden können. Bewußtes Erleben kommt nur in der Perspektive der ersten, nämlich derjenigen Person vor, die das Nervensystem selber *ist*. Von außen, in der Perspektive der dritten Person, ist das Bewußtsein schlechterdings unzugänglich. Dennoch ist das Auftauchen von Gehalten im Bewußtsein etwas ganz Konkretes. Es ist konkret in dem Sinn, daß die Konkretheit eines Gehalts ein anderer Ausdruck für die Intensität ist, mit welcher er in der Präsenz des Bewußtseins anwesend ist. Ein Etwas ist um so konkreter, je mehr es von der mentalen Präsenz absorbiert.[2]

Die Intensität, mit der ein Gehalt im Bewußtsein zugegen ist, hat zweierlei Maß. Das erste Maß liegt im Anteil der Kapazität, den das Erleben des Gehalts in Anspruch nimmt. Das zweite Maß liegt in der Intensität, mit der die mentale

Präsenz selbst zugegen ist. Beide Arten der Intensität sind ständigem Wechsel unterworfen. Jeden Moment verändern sich die Dinge, auf die wir achten, und wechselt der Zustand der Welt, der sich dem bewußten Erleben präsentiert. Jeden Tag durchläuft die mentale Präsenz den Zyklus von Wachen, Ermüden und Schlafen.

Es ist hier, wo die Kapazität bewußten Erlebens die Eigenschaften einer Ressource annimmt. Ressourcen sind Mittel, deren Verwendung nach Ökonomisierung ruft. Ökonomisierung bedeutet Arbeit am Wirkungsgrad. Der Wirkungsgrad tritt ins Bild, sobald die Verwendung bestimmte Zwecke verfolgt. Zwecke sind Absichten zu handeln und setzen die Fähigkeit voraus, über die Mittel zu disponieren. Um deutlich zu machen, wie weit unsere Fähigkeit zur Disposition über die Kapazität bewußten Erlebens reicht, sei erst einmal ausgeschlossen, was der Disposition entzogen ist. Die Verwendung unserer Aufmerksamkeit hat keinen Einfluß auf den temporalen Wechsel der Zustände, die sich dem Bewußtsein präsentieren. Der Übergang künftiger in gegenwärtige und von da an vergangene Zustände ist unserem Zutun schlechthin entzogen. In lediglich engen Grenzen disponibel ist der tägliche Zyklus von Wachen, Ermüden und Schafen. Wir können versuchen, uns wach zu halten, wir können uns anstrengen, das Bewußtsein zu konzentrieren. Wir können uns auf diese Weise aber auch klar machen, wie wenig die willentliche Anstrengung gegen die organische Bemessenheit der Energie des bewußten *da* Seins vermag.

Im Rahmen, den der temporale Wechsel und der circadiane Zyklus stecken, fühlen wir uns relativ frei zu steuern, worauf wir achten. Relativ, weil wir nicht wissen – und auch nicht wissen können –, wie frei wir letztendlich sind. Unser Achten ist stets vermittelt durch das, was uns einfällt. Was uns einfällt, haben wir nicht beziehungsweise nur ganz bedingt in der Hand. Wir können uns anstrengen, wir können suchen, gewiß. Geliefert werden müssen aber auch die Einfälle von der Verarbeitung jenseits des Bewußtseins. Von dorther kommen auch die Sehnsüchte, Antriebe, Vorlieben und Aversionen, die alles Erleben grundieren und allem Zielen letztlich Richtung geben. Immerhin meinen wir nun aber einen deutlichen Unterschied in der Disponibilität zwischen dem Wechsel zu spüren, der von jenen autonomen Prozessen bewerkstelligt wird, und dem Wechsel der Gehalte, den wir der eigenen Anstrengung zurechnen.

Auch dieser Wechsel durch Anstrengung ist eine Frage der Intensität, mit der wir bewußt *da* sind. Je höher die Intensität der Präsenz, um so höher scheint auch das Niveau der mentalen Energie zu sein, über die es uns erlaubt ist zu disponieren. Die Auswahl und Fokussierung fühlt sich leicht an, wenn wir im Zustand hellen Wachseins sind. Die Steuerung des Achtgebens wird mühsam, wenn wir ermüden. Mit dem Ermüden erlahmt über die Kraft zur Konzentration hinaus auch das Fassungsvermögen. Die Fähigkeit zur Steuerung des Achtens entschwindet, wenn wir einschlafen. Im Traum hat das Vorbewußte das Steuer ganz übernommen.

Solange wir das Steuer im Griff haben, finden wir uns einen Spielraum nutzend. Der Spielraum macht, daß wir – ob wissentlich oder nicht, ob willentlich oder nicht – mit der Lösung eines Problems beschäftigt sind. Wir lösen das Problem der Auswahl, worauf wir achten. Wir entscheiden, was aus der begrenzten Kapazität bewußten Erlebens gemacht wird. Diese Entscheidung wird uns öfter, als uns lieb ist, von äußeren Umständen und der Verfassung unseres Organismus abgenommen. Sie wird auch weiter gehend, als wir wohl ahnen, durch Sozialisation und Gewohnheit präformiert. Es muß aber etwas zu entscheiden geben, wenn die Rede von der menschlichen Kultur einen Sinn haben soll. Kultur meint eben dies: daß aus der Kapazität bewußten Erlebens etwas gemacht wird, das nicht schon immer so war und nicht ganz von selber kam. Die Einweihung in die Kultur verwandelt der Aufmerksamkeit Fähigkeiten – fast könnte man sagen: Organe – an, über die sie anders nicht verfügen würde. Kultur ist die Bildungsform subjektiven Erlebens.

Man mag einwenden, diese Sicht generalisiere die Selbstsicht unserer westlichen Kultur in übergriffiger Weise. Der Einwand soll nicht von der Hand gewiesen, sondern methodisch gewendet werden. Wir reden, wenn wir von der Kultur reden, ob willentlich oder nicht, immer über die eigene. Unsere westliche, mit Wissenschaft und Technik getränkte Kultur ist das Produkt einer Jahrtausende alten Arbeit am Wirkungsgrad mentaler Energie. Das Bewußtsein davon tritt deutlich in ihrer postmodernen Selbstkritik hervor. In dieser Kritik zeigt diese Kultur sich logo- und eurozentrisch. Sie macht sich bewußt, daß sie mit ihrer Ökonomie des Denkens und mit ihrem Drang nach Expansion ein Problem für andere Kulturen darstellt. Die Frage ist, was hinter dieser Dynamik steckt. Geht sie ganz auf die Entfaltung wirtschaftlicher und politischer Macht zurück? Oder rührt der Entwicklungsdruck daher, daß aus der unschuldigen Ökonomie des Denkens und aus dem schlichten Wunsch, das beste aus der Kapazität bewußten Erlebens zu machen, eine kollektive Dynamik hervorgeht, die den Beteiligten als äußere Macht gegenübertritt?

Der Begriff des mentalen Kapitalismus wird konkret, wenn wir nach den sozialen Umständen fragen, unter denen die Arbeit am Wirkungsgrad mentaler Energie zu einem kollektiven Anliegen wird. Es gibt keinen Wirkungsgrad an und für sich. Es gibt ihn nur im Hinblick auf Zwecke. Der allgemeinste Zweck, der sich angeben läßt, ist der der Produktivität. Wo es möglich ist, die Produktivität zu messen, ist es auch möglich, verschiedene Verfahren der Produktion nach dem Wirkungsgrad zu sortieren. Das trifft selbstverständlich auch auf die geistige Produktion zu. Und nicht umsonst ist beim Denken von Ökonomie die Rede. Denkökonomie meint nichts anderes als den sparsamen oder, was aufs selbe hinausläuft, möglichst wirkungsvollen Umgang mit mentaler Energie. Bemerkenswerterweise ist die Denkökonomie nun aber ein Gebiet, mit dem sich weder die Erkenntnistheorie noch die theoretische Ökonomie je ernsthaft befaßt haben. Nicht einmal die Wissenschaftstheorie und Wissenschaftssoziologie haben ernst zu nehmende Anstalten gemacht, sich dieses zentralen Themas anzunehmen. Der Grund ist, daß der Begriff der Produktivität in Sachen des Denkens und der Findigkeit verschwommen blieb. Zwar haben alle, die im Geschäft sind, ein Gespür für Produktivität. Alle wissen intuitiv, daß es enorme Unterschiede in der wie immer verstandenen Produktivität gibt. Was aber fehlt, ist das Kriterium, das den Begriff der Effizienz operationalisieren läßt. Ohne ein solches Kriterium bleibt es beim subjektiven Eindruck und der ungefähren Rede.

Die ökonomische Theorie legt das Maß der Produktivität in die Einkommen, die die produktive Tätigkeit schöpft. Natürlich ist auch die geistige Arbeit produktiv im Sinn, daß sie Geld verdient. Und selbstverständlich ist es möglich, aus dem Anteil der geistigen Arbeit am geldwerten Sozialprodukt Kriterien abzuleiten, die den Begriff der geistigen Produktivität operationalisieren. Es ist nicht einmal ausgeschlossen, auf diesem Weg die Produktivität auch derjenigen Arbeit zu erfassen, die nicht nach Leistung bezahlt wird. Das Problem mit dem Umweg über das geldwerte Produkt ist, daß er die Produktivität erstens nicht fein genug und zweitens nur im Hinblick auf kommerzielle Zwecke bestimmt. Der Maßstab des Gelds versagt, wo die Produktion zum Selbstzweck wird. Kurz, das geldwerte Äquivalent ist keinesfalls fein genug, um den Wirkungsgrad zu bestimmen, den wir meinen, wenn wir von Denkökonomie reden.

Heißt das, daß es nicht möglich ist, den Begriff der künstlerischen und intellektuellen Produktivität zu operationalisieren? Oder heißt es, daß notorisch übersehen wurde, wofür Künstler, Denker und Forscher auch dann arbeiten, wenn sie der Sache ohne Vorbehalt und Hintergedanken hingegeben sind? Was ist die größte Erfindung ohne Anerkennung, was die größte Entdeckung ohne das Staunen der anderen Forscher? Ein Fund, der keine Beachtung findet, bleibt ein individuelles Erlebnis. Eine Erkenntnis, die im Verborgenen bleibt, ist ohne kulturelle Bedeutung. Zu einer kulturellen Errungenschaft wird eine individuelle Leistung erst, indem sie Aufmerksamkeit verdient. Dabei kommt es nicht zunächst auf die Belohnung an. Es kommt darauf an, daß die Leistung Wirkung zeigt, und zwar dadurch, daß sie Einfluß auf das Wähnen, Denken und Achten derer nimmt, die ihrerseits versuchen, aus der engen Kapazität bewußten Erlebens mehr herauszuholen. Die Beachtung, die im Zusammenhang damit gezollt wird, daß die Erfindung oder Entdeckung im Bewußtsein anderer aktiviert wird, ist das Einkommen, welches erlaubt, den Begriff der Produktivität in Sachen der kulturellen Produktion zu operationalisieren.

Das Einkommen an Beachtung mißt den kulturellen Wirkungsgrad der Acht, die die geistig Arbeitenden geben. Oder anders, die Messung des Wirkungsgrads mentaler Energie erfolgt durch die Umwandlung der Aufmerksamkeit, die die Produzenten investieren, in das Einkommen an Aufmerksamkeit, das sie beziehen. Diese Messung funktioniert schon lange. Sie gibt seit Jahrtausenden Maß. Sie funktioniert auch und gerade dann, wenn die Beteiligten nichts davon wissen. Und sie gibt Maß auch dann, wenn die Produzenten an nichts als die Sache, in die sie sich verlieren, denken.

Der mentale Kapitalismus ist die Form, die der Kreislauf des Acht Gebens und Beachtung Einnehmens annimmt, wenn ihm erlaubt wird, die Synergien der Umwegproduktion und die Möglichkeiten der indirekten Bewertung zu probieren. Der Kreislauf beginnt sich zu differenzieren, wo der direkt zwischenmenschliche Beachtungstausch um den Austausch eigens verfaßter Information erweitert wird. Der Kreislauf bildet Schlaufen, wo die Information ihrerseits mittels vorproduzierter Information und frischer Aufmerksamkeit produziert wird. Der mentale Kapitalismus stellt diejenige Stufe der Umwegproduktion dar, wo Informationsgüter ihrerseits nach der Beachtung, die sie verschaffen, bewertet werden. Die Bewertung nach dem Einkommen, das sie verschaffen, macht aus den Informationsgütern, die zu Produktionsmitteln werden, Kapitalgüter. Die Ausdifferenzierung dieses Verwertungsprozesses reicht, wenn einmal in Gang gekommen, bis hin zur Erschließung des akkumulierten Reichtums an Beachtung als einer eigenen Quelle des Einkommens an Beachtung.

Plan der Arbeit

Der nun folgende Hauptteil setzt mit einem Rückblick auf die jüngste Phase dieser Entwicklungsgeschichte ein. Der Bruch mit der Moderne fällt zusammen mit dem Aufbruch in die Wissensgesellschaft. Das erste Kapitel blickt zurück, indem es zwei Prozesse der Rationalisierung zusammenführt. Zusammengeführt werden die Geschichte der wissenschaftlichen Ökonomie des Denkens und die physiognomische Veränderung der europäischen Stadt. Den Anlaß zu dieser Zusammenschau gibt ein Vergleich, den Ludwig Wittgenstein zwischen der Sprache und der Stadt angestellt hat. Die Sprache ist das älteste und nach wie vor universellste Mittel zur Steigerung des Wirkungsgrads mentaler Energie. Wittgenstein beobachtet, wie die alten Teile der Sprache den alten Teilen der Städte gleichen und wie sich beide im Zug der Modernisierung verändern. Die Bahn der Rationalisierung, wie Wittgenstein sie skizziert hat, wird nun in die Gegenwart verlängert. Diese Verlängerung stößt auf eine bemerkenswerte Diskontinuität an der historischen Stelle, wo die Wissensproduktion nicht länger neben der industriellen Produktion einhergeht, sondern die führende Rolle übernimmt. Der Zug der immer weiter gehenden Abstraktion und Glätte der Architektur bricht ab, um in eine wilde Gestik der Expressivität und Zersplitterung umzuschlagen.

Um diesen Umschlag mit dem Übergang von der Industrie- zur Wissensgesellschaft zusammenzubringen, sind Vorarbeiten nötig. Zum einen muß der Begriff des mentalen Kapitalismus geschärft und terminologisch entfaltet werden, zum anderen muß die Begrifflichkeit am Beispiel der Wissensproduktion selber zeigen, wie weit sie trägt. Mit diesen Vorarbeiten sind die Kapitel 2 und 3 beschäftigt. In Kapitel 2 werden Pierre Bourdieus Begriffe des kulturellen und sozialen Kapitals rekonstruiert. In Kapitel 3 wird die geschärfte Begrifflichkeit auf den wissenschaftlichen Forschungs- und Publikationsbetrieb angesetzt.

Kapitel 4 wendet sich der Verwertung des akkumulierten Reichtums an Beachtung zu. Die Funktion der Finanzmärkte, die sich dieser Verwertung annehmen, wird von den Medien der Publikation, genauer von den Massenmedien wahrgenommen. Die Massenmedien setzen den Reichtum an Beachtung ein, um ihn zu mehren. Sie verwerten die Prominenz, indem sie den Reichtum als Mittel der Schöpfung von Einkommen re-investieren. Eine der Folgen dieser Verwertung ist, daß eine neue Schicht von Reichen herangewachsen ist, die den Reichtum der alten, Bourdieu'schen Oberschicht in den Schatten stellt. Eine andere Folge ist, daß der größte Teil der frei verfügbaren Aufmerksamkeit in das Zahlungsmittel übergeht, das für den Konsum konfektionierter Information ausgegeben wird. Zusammengenommen ergänzen diese Folgen einander zu einem Zangengriff, der sich um die kulturelle Produktion auch jenseits der Massenmedien legt.

Kapitel 5 geht den Folgen dieses Zangengriffs am Beispiel der Architektur nach. Die Tendenz, die das Ende jener glättenden Bahn industrieller Rationalisierung markiert, war auf der Suche nach Strategien, die es der Architektur als einem attraktionsschwachen Medium erlauben würden, die Herausforderung durch die überwältigend »starken« Medien des Fernsehens, der Werbung, des Journalismus aufzunehmen. Wider Erwarten stieß sie auf die Dekonstruktion und wider Erwarten war es die dekonstruktionistische Architektur, die den Typus des Stararchitekten hervorbrachte. Die Architektur schaffte es wie kaum eine andere Disziplin, das extravagant Hermetische und Idiosynkratische des postmodernen Geists mit dem neuen Universalismus der globalen Präsenz zu verbinden.

Kein Kapitalismus ohne Ausbeutung und sozialen Konflikt. Kapitel 6 geht den Formen der Ausbeutung, die für den mentalen Kapitalismus charakteristisch sind, anhand der Spuren nach, die sie im städtischen Raum hinterläßt. Stärker als Architektur und Städtebau es vermocht hätten, hat sich der städtische Raum durch zwei regelrechte Invasionen verändert: durch die Invasion der Marken und die Invasion der Kameras. Die Marken besetzen die Schauseiten des städtischen Raums, die Überwachungskameras leuchten die verdeckten Seiten aus. Beide sind sie lokaler Ausdruck einer globalen Transformation. Die Marken drängen sich nicht einfach auf, sie machen auch klar, daß sie überall auf der Erde präsent sind. Die Kameras bedienen Sicherheitsbedürfnisse, die durch globale Veränderungen der Aggressivität und die Eskalation interkultureller Konflikte alarmiert sind.

Die Ausgebeuteten in der Ökonomie der Aufmerksamkeit sind jene, die immer nur achten, aber kaum Beachtung finden. Das Elend im mentalen Kapitalismus ist das der Ausgebeuteten, die nicht genug Beachtung verdienen, um ein intaktes Selbstwertgefühl zu ernähren. Die dem mentalen Kapitalismus eigene Art des sozialen Konflikts ist die Notwehr, die schlecht macht, was sie doch so sehr begehrt. In der Not hilft es nämlich, sich und anderen einzureden, daß diejenigen, die einem die Beachtung verweigern, der Beachtung selber nicht wert sind. Das abschließende Kapitel 7 geht der Frage nach, warum diese seelische Not milder erscheint als die materielle. Der Eindruck der Milde hat mit einer Grundeinstellung unserer – westlichen, wissenschaftlich aufgeklärten – Kultur zu tun.

Im Weltbild der Wissenschaft kommt die Präsenz und kommen die Unterschiede nicht vor, die von deren schwankender Intensität rühren. Die Wirklichkeit der Wissenschaft ist die Realität abzüglich der Modalität ihrer Manifestation. Tatsächlich rührt die Rede von der Präsenz denn auch nur zu leicht an Fragen der Ontologie – und Metaphysik. Es ist mit der Präsenz wie mit der Seele: Sie entzieht sich der Messung und der Objektivierung mit empirischer Methode. Sie entgleitet den Kriterien des wissenschaftlichen Realismus. Ohne Präsenz gibt es nun aber keine mentale Energie, kein Leben im Spiegel des anderen Bewußtseins und kein Selbstwertgefühl, das sich von Zuwendung ernährt. Ohne die Präsenz des Bewußtseins gibt es überhaupt keine Bedürfnisse des Bewußtseins und so auch kein seelisches Leiden. Das abschließende Kapitel fragt, ob der weltanschauliche Materialismus im mentalen Kapitalismus nicht eben die Funktion der Verschleierung übernommen hat, deren im Kapitalismus des Gelds die idealistische Philosophie verdächtigt wurde.

Kapitel 1
Denkökonomie.
Rückblick auf die Mechanisierung der geistigen Produktion

Zwei denkwürdige Begegnungen markieren den Kurs der westlichen Kultur im 20. Jahrhundert.

1926 kommt es zur Zusammenarbeit zwischen dem Architekten Paul Engelmann und dem Philosophen Ludwig Wittgenstein. Sie bauen zusammen ein Haus. Der Philosoph, der am entschiedensten versucht hatte, die Probleme der Philosophie auf Sprachprobleme zurückzuführen, wird Architekt.[1] Später einmal wird das Haus in der Wiener Kundmanngasse zur Inkunabel der modernen Architektur.

1979 begegnen einander der Architekt Peter Eisenman und der Philosoph Jacques Derrida. Eisenman gewinnt Derrida für die Mitarbeit am Wettbewerb für die Gestaltung des Parc de la Villette in Paris. Der Philosoph der Dekonstruktion weiht den Architekten ein, der zum Verkünder des architektonischen Dekonstruktionismus werden sollte. Der Wettbewerb für den Parc de la Villette markiert den Bruch zwischen moderner und postmoderner Architektur.

Inzwischen sind Moderne und Postmoderne historisch. Beide können nun aus der Distanz betrachtet werden. Sie warten auf Einordnung in den größeren Zusammenhang. Auf den größeren Zusammenhang in zeitlicher wie sachlicher Hinsicht. Hier geht es um die Einordnung in sachlicher Hinsicht. Wie hing die Entwicklung der Kultur mit dem Prozeß ökonomischer Rationalisierung zusammen?

Wittgensteins Vergleich

Wittgensteins Rückkehr vom Hausbau war eins mit der Wende von seiner frühen zur späten Philosophie. Wittgensteins Spätwerk ist posthum unter dem Titel *Philosophische Untersuchungen* erschienen. Im Paragraphen 18 findet sich dort folgender Vergleich: »Unsere Sprache kann man ansehen als eine alte Stadt: Ein Gewinkel von Gäßchen und Plätzen, alten und neuen Häusern, und Häusern mit Zubauten aus verschiedenen Zeiten; und dies umgeben von einer Menge neuer Vororte mit geraden und regelmäßigen Straßen und mit einförmigen Häusern.« Der schlichte Vergleich trägt weit. Beide, Sprache und Stadt, haben eine Entwicklungsgeschichte und bestehen aus Teilen verschiedenen Alters. Wittgenstein deutet auf die Parallelität der Entwicklungsbahnen.

Städte haben alte, natürlich gewachsene Kerne, umlagert von Vorstädten, die auf dem Reißbrett entstanden. Die Sprache hat einen alten, natürlichsprachlichen Kern, der umgeben ist von technischer Terminologie und synthetischen Kunstsprachen. In den alten Teilen sowohl der Sprache wie auch der Städte ist das Gemütliche, Anheimelnde, Verträumte zu Hause. Je jünger die Teile, um so mehr tritt das Absichtsvolle, Konstruierte, Durchkalkulierte hervor. Das Alte hat den wärmeren Klang, das Neue die durchsichtigere Funktionalität. Das anrührend Vertraute will nur in langen und langsamen Reifungsprozessen entstehen. An der synthetischen Glätte erkennt man das Neue.

Wittgenstein fährt fort: »... frage dich, ob unsere Sprache vollständig ist; – ob sie es war, ehe ihr der chemische Symbolismus und die Infinitesimalnotation einverleibt wurden; denn dies sind, sozusagen, Vorstädte unserer Sprache.« Kunstsprachen wie der chemische Symbolismus und die Infinitesimalnotation sind planmäßige Erweiterungen der natürlichen Sprache. Ihr Zweck ist es, spezialisierte Dis-

Stadteingang 1 (Ybbs an der Donau um 1900)

ziplinen des Denkens mit scharfen Instrumenten und aus-
wendig hantierbarem Hebelwerk zu rüsten. Sie bedeuten
für das Denken, was die Einführung mechanischen Geräts
für das Handwerk bedeutet hatte. Sie steigern den Wirkungsgrad unserer schwachen organischen Kräfte. Ging
es bei der Mechanisierung der Handarbeit um die Steigerung des Wirkungsgrads physischer Energie, geht es bei
der terminologischen Bewaffnung der Geisteskräfte um
den Wirkungsgrad psychischer – nein besser: mentaler –
Energie.

Die Entwicklungslinien, auf deren Parallelität Wittgenstein aufmerksam macht, sind Bahnen der ökonomischen
Rationalisierung. Hinter der zunehmenden Einförmigkeit
der Häuser stand die Industrialisierung des Bauens, hinter
der Begradigung der Straßen die Motorisierung des Ver-
kehrs. Die Einführung synthetischer Kunstsprachen be-
gleitete das Heranwachsen der Wissenschaft zu derjenigen
Industrie, die in den hochtechnisierten Zivilisationen die
Führungsrolle übernehmen wird. Das Bemerkenswerte an
Wittgensteins Vergleich ist, daß er den Gedanken der

Stadteingang 2 (Wien, Kärntnerstraße, um 1930)

Denkökonomie nicht wie sonst üblich im übertragenen, sondern in einem so wörtlichen Sinn faßt, daß er bis hin zur Vorstellung der Industrialisierung trägt.

Industrialisierung meint dreierlei. Sie meint erstens die Durchsetzung hochgradiger Arbeitsteilung und Spezialisierung, zweitens die Zerlegung mehrgliedriger Verrichtungen in einzelne sich wiederholende Routinen, drittens die Übertragung eines Teils dieser Routinen auf Maschinen. Mit dem Aufkommen von Kalkülsprachen wie dem chemischen Symbolismus und der Infinitesimalnotation deutet sich an, daß diese Prinzipien auch auf die geistige Produktion übertragbar sind. Der Gebrauch dieser Sprachen setzt hoch spezialisierte Forschergemeinschaften voraus, die durch wechselseitige Zulieferung zu einem arbeitsteiligen Forschungsbetrieb zusammengeschlossen sind. Beide Formalsprachen sind Technologien einer Analyse, die komplexe Probleme in einfachere Aufgaben und der Tendenz nach in elementare Entscheidungen zerlegt. Beide sind sie Kalkülsprachen, die es möglich machen, einen Teil der Lösungsschritte an die mechanische Manipulation von Symbolen zu überweisen.

Wittgenstein hat die Bemerkungen über die Ähnlichkeit von Sprachen und Städten noch in der ersten Hälfte des 20. Jahrhunderts geschrieben. Im Rückblick wird deutlich, welche Potentiale hinter den Entwicklungen steckten, die er da verglich. Nicht nur sollten sich die Vorstädte mit ihren regelmäßigen Straßen und einförmigen Häusern weltweit ausbreiten, bald sollte sich auch ein weiterer Ring von Kunstsprachen um den alten Stamm der Sprache legen. Die reduktionistische Formensprache setzte sich als internationaler Stil der Architektur und des Städtebaus durch. Die nächste Generation von Kunstsprachen ging von der Ökonomisierung mentaler Energie zur Erschließung äußerer Energiequellen über. Der Funktionalismus wurde weltweit als Baustil des industriellen Fortschritts praktiziert. In den Prozess des Sprachgebrauchs wurde der Gebrauch von Programmiersprachen eingemeindet.

Programmiersprachen sind Kunstsprachen, deren effektiver Gebrauch die Aufgabe in elementare Schritte zerlegt. Durch diese Zerlegung wird es möglich, die Erledigung der Aufgabe auf die Maschine zu übertragen. Für die geistige Arbeit bedeutet die Programmierung, was die Motorisierung für die körperliche bedeutet hatte. Sie bedeutet, daß externe Energiequellen für die Unterstützung der kognitiven und konzeptiven Arbeit erschlossen werden. Die Wissensproduktion arbeitet von nun an sowohl mit mentaler als auch mit elektrischer Energie. Es war nicht aus der Luft gegriffen, von dieser Erschließung externer Energie einen Entwicklungsschub des Formats zu erwarten, den die Erschießung fossiler Energiequellen für die materielle Produktion mit sich gebracht hatte. Angesichts der Rolle, die die kognitive und konzeptive Vorarbeit für die räumliche

Stadteingang 3 (Wien, Wienerberg, um 2000)

Entwicklung bedeuten, war es auch nicht aus der Luft gegriffen, einen Epochenschnitt in der Architektur und im
Städtebau zu erwarten.

Zu diesem Epochenschnitt ist es gekommen. Er kam aber
anders als erwartet. Die Bedeutung von Berechnung und
Abstraktion verstärkte sich nicht noch weiter. Im Gegenteil.
Die Tendenz zur Monotonie wich einer gegenläufigen Bewegung. Zur eben der Zeit, als die Computer Einzug in die

Architekturbüros hielten, faßte die Postmoderne in der architektonischen Produktion Tritt. Wirkten die am Reißbrett entstandenen Anlagen der Spätmoderne, als kämen sie aus der Maschine, so machten die nachmodernen Entwürfe, die die Rechnerleistung effektiv nutzten, durch wilde Manierismen und den Anschein sorgfältig inszenierter Irrationalismen auf sich aufmerksam.

Was war geschehen? Ist die Bahn der Rationalisierung, wie sie Wittgenstein ausgemacht hatte, an ein Ende gekommen? Oder hat sich der Stil ökonomischer Rationalisierung geändert? Hat die räumliche Gestaltung sich aus den Zwängen der Ökonomie befreit? Oder war es von Anfang an einseitig, die Ökonomisierung mentaler Energie auf die Denkökonomie zu beschränken?

Vom linguistic turn *zur* différance

Architektonisch immanent scheinen die Gründe für den stilistischen Wechsel klar. Die Architektur der Moderne wurde zum Opfer ihres funktionalistischen Anspruches. Der Funktionalismus beanspruchte zweierlei. Er beanspruchte erstens, die Zweckmäßigkeit zum ausschließlichen Prinzip architektonischer Qualität zu erheben. Er beanspruchte zweitens, nach streng rationaler Methode vorzugehen. Der Begriff der Zweckmäßigkeit sollte nicht einfach umgesetzt, sondern operationalisiert werden. Die Form der Bauteile sollte logisch aus der Analyse des Problems folgen, in dessen Lösung das Bauwerk besteht. Dieser Anspruch der Ableitung baut nun freilich auf die Prämisse, daß der Begriff der Zweckmäßigkeit in Bestandteile zerlegt werden kann, die sich objektiv – sei es logisch oder empirisch – bestimmen lassen. Diese Prämisse sollte sich als unhaltbar erweisen. An ihr ist der hohe Anspruch gescheitert.

Zweckmäßig im konsequenten Sinn ist das Gebäude, das die Zwecke seiner Benutzer und Betrachter im bestmöglichen Sinne fördert. Wie wäre dieses Optimum zu bestimmen? Nicht nur die Geschmäcker, auch die von Menschen verfolgten Zwecke sind verschieden. Und wie die Geschmäcker, so folgen auch die Zwecke subjektiven Vorgaben. Man kann das andere Wollen nicht vermessen. Man kann es so wenig inspizieren wie das andere Erleben. Zwecke sind – als Absichten, Intentionen, Präferenzen – nur ihrem eigenen Subjekt zugänglich. Daran scheitert die Objektivierung. Der Begriff des Gebäudes, das die Zwecke seiner Benutzer und Betrachter im bestmöglichen Sinne fördert, ist nicht durch immer weiter getriebene Analyse operationalisierbar; er stellt einen, wenn man so will, metaphysischen Begriff dar. Um die rationale Methode zu retten, muß der Begriff der Funktion gezielt vereinseitigt, nämlich auf Kriterien reduziert werden, die gemessen oder errechnet werden können.

Trotz dieses Geburtsfehlers brachte der Funktionalismus in der Pionier- und Frühzeit eine höchst inspirierte und hinreißend frische Architektur hervor. Der frühe Le Corbusier, das Bauhaus, de Stijl schlugen einen Klang an, der nicht nur unerhört, sondern auch von kaum je gehörter Reinheit war. Die frühe Phase der abstrakten Moderne hat all die kindlich-heroischen Qualitäten eines bedeutenden Frühstils. Allerdings zeigt sie diese Qualitäten nicht wegen, sondern trotz der reduktionistischen Lehre, der sie zu folgen scheint. Das Pathos der Nüchternheit und eine intakte handwerkliche Baukultur verhinderten, daß der Reduktionismus effektiv wurde. Die frühe Moderne feierte die Industrialisierung in Worten, in der Tat war sie Maßarbeit. Das Wittgensteinhaus ist bis ins Detail in aufwendigster Handarbeit gefertigt.[2]

Die Reduktion auf meß- oder errechenbare Kriterien zeigte Wirkung, als mit der Industrialisierung des Bauens

Ernst gemacht wurde. Die Reduktion ließ zwei Möglichkeiten offen, die technische und die ökonomische. Die technische bestand darin, die konstruktiven Anforderungen so hoch zu schrauben, daß die Logik der Konstruktion determinierend wird. Diesen Weg hat Mies van der Rohe gewählt, indem er den Stahlbau zivilisierte. Der Stahlbau ist diejenige Bauweise, die am wenigsten Raum für individuellen Ausdruck und persönliche Handschrift läßt. Er war eine Domäne der Ingenieure geblieben. Mies machte aus der würgenden Restriktion eine architektonische Tugend. Er war es, der in der Schlüssigkeit der Konstruktion die Chance erblickte, den Sinn für redundanzfreie Stringenz und schlummernde Kraft anzusprechen, der sich in theoretischen Dingen von knapper Beweisführung und hochleistender Abstraktion angesprochen fühlt. Mies sah das Potential im Ansprechen des Sinns für das Wesentliche, für den scharfen Schnitt hinter der außergewöhnlichen Wirkung. Das Ideal dieser Schönheit ist die Theorie, deren kompakter Satz von Gleichungen das makroskopische Bild des Universums mitsamt der Kosmogonie enthält.

Die ökonomische Reduktion bedurfte keiner besonderen Anstrengung. Sie stellt sich von selbst ein, sobald die Kosten zum Argument der Funktionalität werden. Funktionalität wird zur Kosteneffizienz, sobald die subjektiven Präferenzen in der Form von Zahlungsbereitschaft objektiviert werden. Die Äußerung der Zahlungsbereitschaft ist durch die Verteilung der Zahlungskraft limitiert. Die Determination durch Zahlungskraft schlug in der Massenfertigung funktionalistischer Architektur durch. Sie bescherte die Flut der Vororte mit regelmäßigen Straßen und einförmigen Häusern. Die späte Moderne war eine Phase der Massenproduktion umbauten Raums, deren Kriterien effektiv auf Hygiene und physischen Komfort reduziert waren. Sie mochte funktional im Sinn der Konditionierung von Annehmlichkeitsvariablen sein. Sie hatte aber erschreckend wenig für die Bedürfnisse der Aufmerksamkeit zu bieten. Das Bild, das die breit und immer breiter werdende Flut abstrakter Architektur von dem Leben zeichnete, das zu behausen sie da ist, geriet zu dem einer Spezies biologischer Automaten, die mit wohltemperierten Umgebungsvariablen zufrieden sind.

Es war dieses Selbstbild des auf die Physis reduzierten Lebens, in dem sich die kulturell maßgebende Mehrheit schließlich nicht mehr erkannte. Die Krise wirkte tief genug, um Vorschlägen einer radikalen Um- oder Abkehr Gehör zu verschaffen. Es kam zu einem jähen Umschwung, der hervorbrachte, was die Modernen hinter sich gelassen oder von vornherein ausgeschlossen hatten. Ein längst überwunden geglaubter Historismus bekam eine neue Chance. Die kommerzielle Subkultur des Bauens wurde zitierfähig. Der Blick zurück entdeckte die poetische Kraft und die Potenz zur Prachtentfaltung wieder, die in den klassischen Hochsprachen der architektonischen Dichtung stecken. Der Blick ins Abseits entdeckte den Slang, der aus den *shopping malls*, Vergnügungszentren und Gebietskulissen der Gewerbegebiete tönt.

Diese Phase einer ersten, architektonisch immanent verständlichen Reaktion währte kurz. Bald wurden Neo-Historismus und architektonischer Pop durch eine Tendenz überholt, die den Bruch mit dem Funktionalismus auf grundsätzlich philosophischer Ebene suchte. Auf philosophischer Ebene war der Funktionalismus zu einer Grundlagenwissenschaft der Sprache vorgestoßen. Mehr noch, diese Grundlagenwissenschaft – die Linguistik – war ihrerseits für die Philosophie bestimmend geworden. Der *linguistic turn* steht für die Durchsetzung der Auffassung, daß das Denken mit dem Gebrauch der Sprache identisch ist. Die Wende ging von Wittgensteins früher Philosophie, im besonderen aber von der Sprachtheorie Ferdinand de Saussures aus.[3] Saussure ist der Begründer des Strukturalismus. Der Strukturalismus beschreibt die Sprache als System im formalen Sinn. Er führte bis hin zum Versuch, die natürliche Sprache – also nicht nur gewisse Kunstsprachen – in Algorithmen zu übersetzen. Dieser Versuch trägt den Namen »generative Grammatik« und ist vor allem mit dem Namen Noam Chomsky verbunden.

Am Anspruch, die Sprache auf einen Algorithmus zu reduzieren, hatte sich eine Reaktion entzündet, die vergleichbar war mit der Reaktion auf den Reduktionismus in der Architektur. Auch hier war es das Selbstbild eines auf die Physis reduzierten Lebens, in dem sich eine kritische Anzahl philosophisch Interessierter nicht mehr erkannte. Die Strategie, die die Leerstelle in der funktionalistischen Auffassung der Sprache entblößte, war die Dekonstruktion. Peter Eisenman kam auf die Dekonstruktion, nachdem er in der Architektur mit algorithmischen Formengrammatiken à la Chomsky experimentiert hatte. Er hatte, anders gesagt, versucht, die Unterbestimmung der Funktion durch eine generative Grammatik architektonischer Form zu kompensieren. Das Bemühen war hoffnungslos genug, um ihm die Augen für die außerordentliche Sprengwirkung der dekonstruktionistischen Strategie zu öffnen. Andererseits waren ihm die Formengrammatiken hinreichend vertraut, um sie für das Sprengwerk zu funktionalisieren.[4]

Der Strukturalismus beschreibt die Sprache als eine Ansammlung diskreter Zeichen, die nach syntaktischen Regeln zu formal korrekten Ausdrücken verbunden werden. Die Relation zwischen den Zeichen und dem, was die Wörter, Sätze, Texte bedeuten, ist geregelt durch eine Konvention, die wie die Zeichen und Regeln letztlich arbiträr ist. Zwischen Zeichen und Bezeichnetem gibt es im Prinzip weder kausale noch analoge Beziehungen. Die verweisende Kraft der Sprache beruht nicht auf Ähnlichkeit zu ihrem Gegenstand, sondern auf einem System der Differenz. Jede Eigenschaft definiert sich durch systematische Opposition zu den angrenzenden Elementen. So beruht auch die Stabilität des Systems nicht darauf, daß die Sprache auf einem Fundament substantieller Beziehungen ruht, sondern lediglich darauf, daß die Komponenten in der Gesamtheit einander wechselseitig halten. Das System besteht aus definierten Elementen und Regeln, die ableiten lassen, ob eine Form korrekt oder inkorrekt ist.

Es ist von hier aus nur noch ein Schritt bis zur Gleichsetzung der Sprache mit einem Algorithmus. Um den Schritt zu vollziehen, ist allerdings etwas nötig, das im Fall der natürlichen Sprache nie wirklich gelang – und dessen Mißlingen von der Dekonstruktion strategisch ausgemünzt wurde. Um die Sprache in einen Algorithmus zu übersetzen, muß der Interpretationsspielraum, der im Fall der natürlichen Sprache stets offen ist, geschlossen werden. Diesen Spielraum zu verschließen heißt, die Verbindung zum Kontext des Gebrauchs zu kappen. Die sprachlichen Ausdrücke müssen, anders gesagt, unabhängig vom Kontext interpretierbar sein. Diese Entkopplung konnte dort nicht gelingen, wo die Mit-Interpretation des Kontexts unabdingbar ist, um den Bezug zwischen Zeichen und Bezeichnetem herzustellen. Allerdings gibt es nun Sprachen, deren Interpretierbarkeit vom Kontext effektiv entkoppelt ist. Es sind: die Programmiersprachen. Die Programmiersprachen sind, nach der Chomsky´schen Klassifikation, kontextfreie Sprachen.[5] Sie sind eindeutig, weil unabhängig vom stets fraglich bleibendem und niemals abzuschließendem Kontext interpretierbar.

Die Programmiersprachen lassen ahnen, was die Entkoppelung des Sprachgebrauchs vom Kontext kostet. Die Entkoppelung vom Kontext bedeutet die Entkoppelung vom praktisch zwischenmenschlichen Gebrauch. Die Entkoppelung bedeutet, daß das subjektive Erleben, daß Intentionalität und Intersubjektivität ausgeschaltet werden. Auf der Strecke bleiben die analogen, sinnlichen und gefühlten

Dimensionen des Sprachgebrauchs. An deren Stelle tritt ein Regelwerk, das alle Bedeutung festlegt. Durch diese harmlos erscheinende Verschiebung schleicht sich eine ungemein starke Annahme ein. Die Konvention geht über in die Annahme, daß da ein prästabilisiertes, finites Bedeutungsuniversum existiert. Die Formalisierung landet – ganz entgegen der ursprünglichen Intention – in einer Art Platonischer Formenlehre.

Wittgenstein war unter den ersten, die dieses Trojanischen Pferds gewahr wurden. Es ist die Zurückweisung der einsickernden Metaphysik, durch die sich die oben zitierten *Philosophischen Untersuchungen* vom Frühwerk, dem *Tractatus*, absetzen. Im *Tractatus* hatte Wittgenstein noch versucht, die natürliche Sprache nach dem Modell der Wissenschaftssprachen zu rekonstruieren. Im Hintergrund stand die Idee einer Sprache, die inhaltliche durch formale Stimmigkeit ersetzt. Die *Philosophischen Untersuchungen* kreisen um die Einsicht, daß die Bedeutung der Wörter und Sätze nicht ein für allemal fixiert und nicht fest an die Zeichen geheftet ist. Im Zentrum steht nun der Gedanke, daß die Bedeutung der Wort- und Satzzeichen in der Gesamtheit ihres praktischen, zwischenmenschlichen Gebrauchs liegt. Daher die Betonung im Zitat hier oben auf dem nie vollständigen Charakter der Sprache. An die Stelle der Rekonstruktion der natürlichen Sprache nach dem Modell wissenschaftlicher Terminologie tritt nun der umgekehrte Versuch, die Terminologien und Kunstsprachen als Sprachspiele zu beschreiben, die in die natürliche Sprache eingebettet sind.

Wittgensteins innere Wende war eine leise Vorahnung dessen, was noch kommen sollte. Entscheidend für die außerordentliche Wirkung der dekonstruktionistischen Strategie sollte die Vorarbeit werden, die de Saussure geleistet hatte. Saussure hatte das System der nur noch wechselseitig einander haltenden Komponenten freigelegt. Er beharrte darauf, daß die Bedeutung der sprachlichen Zeichen

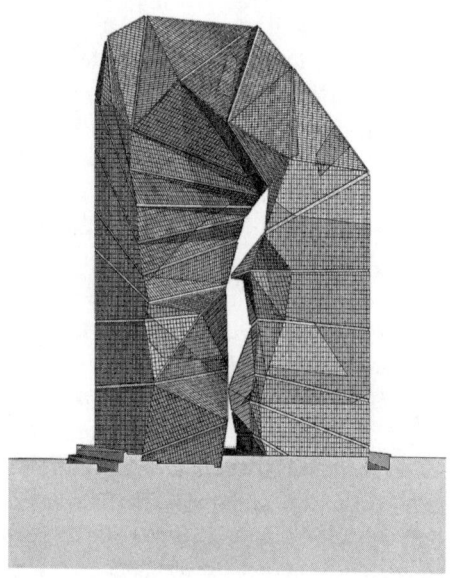

Peter Eisenman, Entwurf Max-Reinhardt-Building,
Berlin 1992: east elevation

nicht an Gegenständen festgemacht, sondern dadurch bestimmt sind, daß jedes bestimmte Zeichen in Opposition zu
bestimmten anderen Zeichen und alle Zeichen so in bestimmter Beziehung zueinander stehen. Die ganze Last des
Beziehens der Zeichen auf das nicht Zeichenhafte, das sie
bedeuten, ist damit auf die Annahme des prästabilisierten
Bedeutungsspektrums gestützt. Kurz, die grammatischen
Kategorien werden vollständig durch ihre Funktion im
System definiert. Das System hält als abgeschlossenes, kon-
sistentes Ganzes. Es ist diese Haltbarkeit, die die Dekonstruktion strategisch in Zweifel zieht. Sie setzt an mit dem
Nachweis, daß das System der Zeichen, die durch Opposition zueinander Bedeutung erlangen, nicht abschließbar
ist. Um die losen Bedeutungen der natürlichen Sprache fest
zu machen, müssen neue Zeichen zur Präzisierung einge-

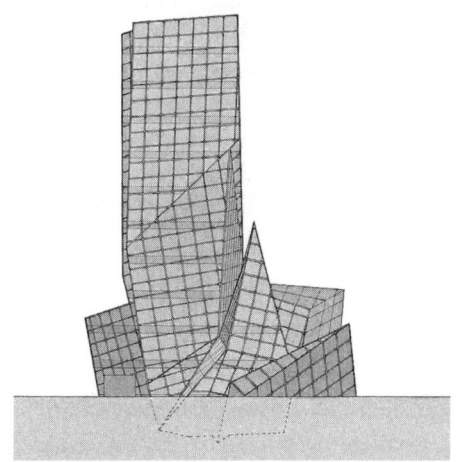

Peter Eisenman, Entwurf Alteka Office Building,
Harajuku / Tokyo 1991: south elevation

führt und Bezüge neu geknüpft werden. Damit wächst aber
nur das System der Zeichen. Die Lücke zwischen den Zeichen und dem Bezeichneten verschwindet gerade nicht.
Vielmehr wird das System der Differenzen zu einem System
der unendlich hinausgeschobenen Ankunft der Zeichen
bei ihrem Gegenstand. Dieses Zusammen von Differenz
und Aufschiebung ist, wofür Derrida das Kunstwort *différance* geprägt hat.[6]

Als nicht abgeschlossenes ist das Spektrum der Bedeutungen nicht stabil, als nicht abschließbares nicht stabi-
lisierbar. Hatte der Strukturalismus den konventionellen
Charakter der Zeichen und Regeln insofern neutralisiert,
als er die substantiellen Bedeutungen in ein sich selbst als
ganzes definierendes System von Bezügen übersetzt, so
zeigt die Dekonstruktion nun die Brüchigkeit dieser imma-
nenten Art von Solidität. Sie bleibt dem Strukturalismus im

Beharren darauf verbunden, daß nichts aus der Begrifflich-keit herausführt und daß wir damit immer und überall nur mit »Text« zu tun haben. Der Text wird nun aber nach allen Regeln der Kunst destabilisiert. Der Dekonstruktionismus kultiviert den detektivischen Spürsinn für die Illusionen der Solidität und Abschließbarkeit begrifflicher Konstruk-tion. Und er zeigt, daß der Text von sich aus auf Bedeutun-gen deutet, die nicht intendiert sind, sondern sich verraten. Die Dekonstruktion geht den Weg vom abstrahierten Text zurück zur konkreten Lektüre.

Eisenman kultivierte den Spürsinn für die Illusionen der Solidität und Abschließbarkeit, die der Begriff der Funk-tionalität in der Architektur versprochen hatte. Er machte ein prästabilisiertes Spektrum an Bedeutungen aus, das auf Annahmen etwa derart gründet, daß Bauten und Bauteile eine Funktion haben müssen, daß ein Gebäude den Ein-druck der Standsicherheit zu vermitteln hat, daß die Ar-chitektur einen Autor hat und die Benutzer ein Recht auf Komfort haben. Er schickte sich an, diese »Metaphysik« der Architektur mit genuin architektonischen Mitteln zu erschüttern.[7] Der Effekt war außerordentlich. Alle Welt staunte, als Gebäude entstanden, die aller funktionalen Logik zu spotten scheinen, die den Eindruck erwecken, als seien sie am Einstürzen, die sich demonstrativ an Grund-regeln der Benutzbarkeit vergehen. Und der Effekt war keiner, der sogleich verpuffte. Er verhalf der dekonstruk-tionistischen Architektur zu einem überwältigenden publi-zistischen Erfolg.

Exemplarisch ist die Strategie, mit der Eisenman die Ge-wißheit dekonstruiert, die Architektur müsse einen Autor haben. Um diese Gewißheit zu untergraben, entzog er ent-scheidende Phasen die Formfindung dem menschlichen Enwerfer, indem er sie an maschinell betriebene Formen-grammatiken delegierte, welche ihrerseits durch Zufallsge-neratoren gesteuert waren. Eisenman zog Theoreme der

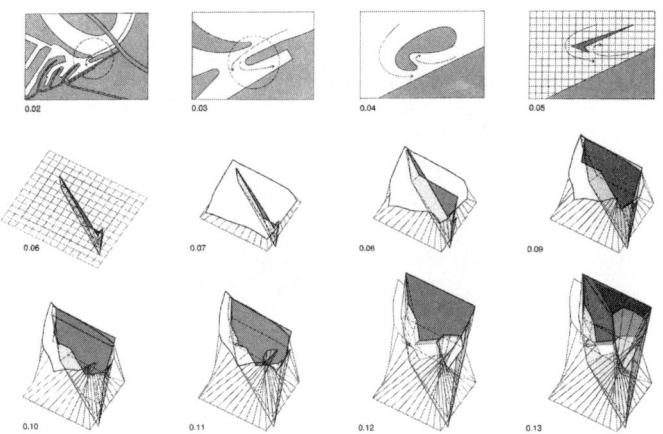

Peter Eisenman, Computersimulation eines Solitons als Generator
des Hauses Immendorf, Düsseldorf 1993

nichtlinearen Dynamik und die Katastrophentheorie heran, um Prozesse in die Formfindung einzuspannen, die die
Eigenschaft verkörpern, nicht berechnend und nicht bere-
chenbar zu sein. So entstanden Häuser, deren Umriß durch
die Simulation eines Solitons, und Kirchen, deren Faltung
durch die Simulation von Erdbeben bestimmt wurden. Die
Maschine wurde zur Sonde in gestalterischem Neuland, um
die Vorurteile des menschlichen Entwerfers von außen her
tiefer zu unterlaufen, als es der Reflexion von innen her
möglich wäre.[8] Statt zur Maschinierung der Geistesmecha-
nik wird das technische Medium zu deren Entstabilisierung
eingesetzt. Der Computer wird zum katalytischen Gerät gemacht, das mehr aus dem Unterbewußten des entwerfen-
den Subjekts herausholt, als dessen unbewaffneter Anstrengung verfügbar wäre. An die Stelle der entlasteten Routine
tritt die forcierte Desorientierung.

Die Ironie geht weiter, als der Architektur selber anzusehen wäre. Es ist nämlich nicht nur die Idee des Autors, die

47

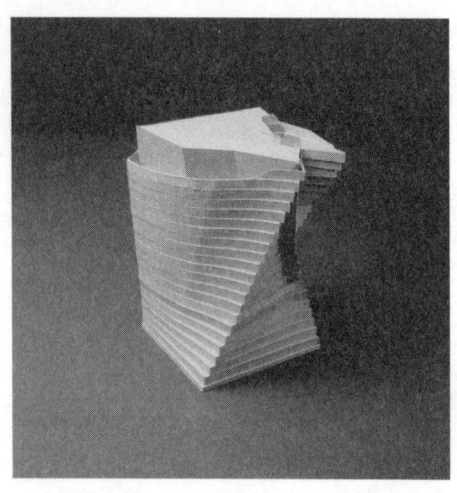

Peter Eisenman, Haus Immendorf, modelliertes Soliton, Düsseldorf 1993

da dekonstruiert wird, es ist auch die Idee einer algorithmischen Sprache, die das architektonische Denken programmieren läßt. Eisenman arbeitet mit einem Typ von Formengrammatiken, der denjenigen abwandelt, mit dem die
Künstliche Intelligenz versucht hatte, das architektonische
Entwerfen auf Maschinen zu übertragen. Im Gegensatz zu
Eisenman war es den Ingenieuren der KI jedoch nicht ver-
gönnt, in der Architektur Tritt zu fassen. Trotz spektakulä-
rer Anfangserfolge kamen die Algorithmen in der architektonischen Produktion nie wirklich zum Zug. Sehr wohl
kamen sie nun aber zum Zug, um der Idee der rationalen
Methode ein Schnippchen zu schlagen. Ausgerechnet derjenige Ansatz, der zeigen sollte, daß Maschinen denken können,[9] bewährte sich im Sprengen der Vorstellung rationaler
Problemlösung. Eisenmans Botschaft schlug ein. Sie traf auf
etwas, das nach architektonischem Ausdruck suchte. Eisenmans Bauten, ja schon seine Entwürfe, wurden zu Medien-
ereignissen. Das Haus Immendorf, der Alteka Tower, das

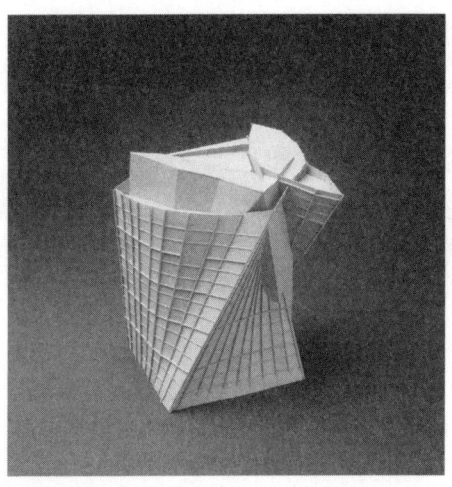

Peter Eisenman, Haus Immendorf, Modellansicht, Düsseldorf 1993

Max-Reinhardt-Building sind zu Ikonen geworden, ohne gebaut worden zu sein. Die Dekonstruktion wurde aber auch gebaut. Sie fand Bauherren, die bereit waren, in das Unterfangen zu investieren. Mehr noch, der Dekonstruktionismus prägte das Bild der Architektur zu eben der Zeit, als die digitalen Medien sich auf breiter Front durchsetzten. Diese Koinzidenz ist nicht aus den Intentionen der Architekten zu erklären. Sie hat auch mit mehr als nur dem Willen zur Gestaltung zu tun. Die Architektur ist nicht irgendeine Kunst. Sie ist diejenige Kunst, die das Bild unserer gebauten Umwelt bestimmt. Sie ist notorisch kostspielig und bindet teure Ressourcen auf lange Zeit. Ein architektonischer Zeitstil setzt sich nicht aus Versehen durch. Er besagt etwas über die Gesellschaft, die sich ihn erkor. Er gibt Auskunft über die Bereitschaft einer Gesellschaft, für die Repräsentation ihrer Werte und Anliegen zu bezahlen.

*Peter Eisenman, Kirche für das Jahr 2000, Modellansicht,
Rom 1996: west elevation*

Der neue Funktionalismus

Eisenman beobachtete nicht nur das Geschehen in der Philosophie, er hatte auch die Ökonomie im Blick. Er registrierte die Ausgaben für die Repräsentation. Er tat es, indem er den Anteil, den die Architektur am Geschäft der Repräsentation hält, mit dem verglich, den andere Medien umsetzen. Repräsentation ist stets teuer, besonders im Medium Architektur. Trotz der Kostspieligkeit war die Architektur einmal ein herausragend wichtiges Medium der Repräsentation. Als eben dieses Medium wurde sie denn auch von der historisierenden Postmoderne wieder entdeckt. Eisenman fragt, warum der Architektur die herausragende Stellung abhanden gekommen war. Und er sieht, daß es jener Prozeß der Begradigung und Abstrahierung war, durch den die Architektur ihre Stellung als starkes Medium verlor.

Die Architektur war ein starkes Medium, solange sie die Kraft besaß, dem Raum so grundsätzliche Unterschiede wie die zwischen sakral und profan, herrschend und beherrscht, geöffnet und verboten einzuschreiben. Schwach ist sie geworden, seitdem der meß- und kalkulierbare Nutzen die Form bestimmt. Schwach ist das Medium, das im Zustand der Zerstreutheit wahrgenommen wird.[10] Die starken Medien durchkreuzen die Zerstreutheit, schrecken auf, fesseln die Aufmerksamkeit. Stark sind die Medien, die den Affekt instrumentieren, den Blick bannen, ereignishafte Singularität inszenieren. Um den Kampf mit den heute starken Medien – Eisenman nennt den Journalismus und die Werbung – zu bestehen, verschreibt Eisenman der Architektur die starken Mittel. Er läßt sie zu Strategien der Ent- und Befremdung greifen, die stärker sind als die Macht der Gewohnheit, die sich den Anschein jener letzten Gewißheiten gibt. Nur durch ein Äußerstes an Befremdung sieht er die Architektur in der Lage, zu der Art Bildwitz und Neuartigkeit der Sehweisen aufzuschließen, die von den inzwischen starken Medien erschlossen werden.

Eisenmans ökonomischer Blick ist so gut wie seine philosophische Nase. Weil Bauen so teuer ist, muß die Architektur als Medium funktionieren, wenn sie zur Repräsentation taugen soll. Zum schwachen Medium geworden muß sie lernen, mit dieser prekären Lage umzugehen. Es reicht nicht, seitwärts oder rückwärts zu blicken. Der Blick ins Abseits übersieht, daß das Bauen für Reklamezwecke das Geschehen im Zentrum bestimmt. Der Blick zurück übersieht, was aus den Städten geworden ist. Entscheidender, als das die Architektur vermocht hätte, hat sich das Bild der Städte durch die Invasion der Marken und Logos verändert. Der öffentliche Raum, von der Moderne der Symbolik entkleidet, hat sich zurück in ein Medium der Selbstdarstellung und Anpreisung verwandelt. Die Rückwandlung hatte sich ganz zu Beginn der Postmoderne – in Reminiszenz an die

Die Stadt als Werbeträger (Stephansdom, Wien)

Residenzstädte, an die Achsen und Prospekte der Stadtumbauten des 19. Jahrhunderts – noch als städtebauliches Anliegen artikuliert. Die planerischen Utopien wurden alsbald jedoch von realer Veränderung überholt. Wie einst die Symbole der kirchlichen und weltlichen Macht, so besetzen nun die Zeichen der Marktmacht die Schauseiten des öffentlichen Raums. Die Städte – und zusehends die Landschaft entlang der Verkehrsachsen – verwandeln sich in Werbeträger.

Auf diese Diagnose stützt Eisenman seine Therapie. Was zunächst wie eine Parodie auf die Denkökonomie aussieht, entpuppt sich als fällige Weitung des Begriffs der Ökonomisierung mentaler Energie. Werbung ist die käufliche Dienstleistung der Attraktion von Aufmerksamkeit. Ihr Geschäft ist es, aus der umherschweifenden Achtung der vielen einen zuverlässigen Strom an Einkommen zu machen. Diese Umwandlung erarbeitet sie mit einer eigenen Technologie. Die

Technologie der Attraktion von Aufmerksamkeit hat eine Entwicklungsgeschichte wie die Technologie zur Rüstung der Denkökonomie. Allerdings ist sie nun keine Technologie, die im Betrieb der wissenschaftlichen Forschung entwickelt worden wäre. Sie entstand vielmehr im Betrieb der populären Kultur, der Massenmedien, der Mode. Sie wird deshalb auch selten Technologie genannt, denn sie baut auf keiner Theorie. Sie ist rein empirisch begründet, baut auf entwickelte Intuition und ständiges Probieren. Die Technologie der Attraktion ist aber nicht minder effektiv als die Technologie, die hinter der Industrialisierung der Wissensproduktion steckt. Die Massenattraktion hat sich selbst zur Industrie entwickelt. Die Leistungsfähigkeit dieser Industrie ist es, die hinter der Stärke der heute starken Medien steckt.

Eisenman dekonstruiert nicht nur den Funktionalismus der Moderne, er ist auch einem nachmodernen Funktionalismus auf der Spur. Er sieht, daß Funktionalität nichts ist, das sich auf handfeste oder gar feststehende Kriterien reduzieren ließe. Und er versteht, daß sich die Zweckmäßigkeit mit den Zwecken ändert. Wo die Werbung einen solchen Stellenwert einnimmt, wo die Attraktion von Aufmerksamkeit zum Geschäft derart blühender Industrien wird, wo die Auffälligkeit des Konsums wichtiger geworden ist als die Nützlichkeit, da ändert sich auch, was Funktionalität in der Architektur heißt. Um unter diesen Umständen funktionell zu sein, muß die Architektur den Bedürfnissen der erlebenden Subjektivität entgegenkommen, sie muß ihren Benutzern das Selbstgefühl vermitteln, das diese suchen, sie muß das *image* der Organisation befördern und deren *philosophy* verkünden, sie muß den Bekanntheitsgrad der Firma steigern und deren Präsenz in den Medien unterstützen. Beispielhaft funktionalistisch in diesem neuen Sinn ist der Geschäftsbau, der diese Zwecke erfüllt und dem Unternehmen darüber hinaus noch ein Wahrzeichen schenkt.

Es geht Eisenman nicht darum, sich der Werbung anzubiedern. Es liegt ihm fern, allen und jedem gefallen zu wollen. Es geht ihm darum, die Architektur so stark zu machen, daß sie – als Architektur – mit den starken Medien mithalten kann. An der Werbung interessieren ihn die Strategien zum Erregen von Aufsehen. Fern liegt ihm aber der Populismus der Massenmedien. Beachtung ist ihm nicht gleich Beachtung. Im Gegenteil, er diskriminiert scharf nach deren Art und Herkunft. Was zählt, ist sachverständige, architektonisch gebildete und intellektuell zuständige Aufmerksamkeit. Ihm kommt es auf die Resonanz bei anderen Architekten und anderen Theoretikern der Architektur an. Er ist auf Beachtung aus, die dieselbe Bildung, dasselbe passionierte Anliegen für die Sache und denselben Sinn für den Zeitgeist verkörpert. Er maximiert die Beachtung seitens derer, die im Diskurs der Architektur eine Rolle spielen. Sein Ehrgeiz gilt nicht dem Erfolg bei den Massen, sondern der internen Rangfolge der Architekten. Es war denn auch dieses *ranking,* worin er eine Zeitlang ganz oben stand. Eisenman hat Schule gemacht. Er hat vorgemacht, wie man den Funktionalismus der Auffälligkeit praktiziert, ohne sich in die Niederungen des Populismus zu begeben. Er hat sogar vorexerziert, wie man durch demonstrative Zurückweisung des Beifalls von der falschen Seite einen fast schon populären Erfolg auf der richtigen Seite haben kann.

Weil er funktional im Sinn des neuen Funktionalismus war, hat sich der Dekonstruktionismus in der Architektur durchgesetzt. Weil er zweckmäßig im Sinn eines geweiteten Begriffs ökonomischer Rationalität war, hat er die Bauherrn gefunden, die sich den Aufwand etwas kosten lassen. Freilich war es mit ihm, nachdem er seine Wirkung getan hatte, auch wieder vorbei. Pünktlich zum Ende des Jahrhunderts war es um den Effekt der Überraschung geschehen. Immerhin hatte sich die Tendenz aber 20 Jahre gehalten: eine bemerkenswerte Frist für einen Stil, der so ganz auf den Neuigkeits- und Überraschungswert setzt. Ein solcher Erfolg kommt nicht von ungefähr. Vielmehr ist er für den Rückblick auf das 20. Jahrhundert unentbehrlich. Er läßt die Bahn der ökonomischen Rationalisierung in einem anderen Licht erscheinen. Im Licht, das er zurückwirft, wird deutlich, daß die Bahn der Ökonomisierung mentaler Energie tatsächlich viel breiter war als die Spur der Denkökonomie.

Neue Märkte

Die Werbung ist so alt wie die Industrie. Mehr noch, sie wird aus demselben Grund getrieben, aus dem die Zerlegung mehrgliedriger Verrichtungen in einzelne sich wiederholende Routinen betrieben wird. Der Grund liegt in den Vorteilen aus dem größeren Maßstab des Betriebs. Bei großen Stückzahlen lohnt es sich, Maschinen einzusetzen. Bei degressiven Stückkosten lohnt es sich, Aufwand für die Verkaufsförderung zu treiben. Aus diesem einfachen Grund ist der massive Einsatz von Werbung so alt wie die Fließbandproduktion.

Wenn die Werbung nun aber so alt ist wie die Industrie, was ließ die Flut dann noch steigen, als die alte Industrie niederging? Es gibt eine Reihe von Gründen, die auf eine schlüssige Reihung allerdings noch warten. Ein erster Grund liegt darin, daß die Techniken, die einmal eingeführt wurden, um die geistige Produktion zu rüsten und die wissenschaftliche Kommunikation zu beschleunigen, zu Artikeln des Massenkonsums geworden sind. Die Vorteile aus dem größeren Maßstab des Betriebs tragen im Fall der Informationsgüter und Kommunikationsdienste noch deutlich weiter als in der Fordistischen Produktion. Für Waren in der Form von Information sind hohe Gesamtkosten bei nicht nur fallenden, sondern vernachlässigbaren Kosten der Vervielfältigung typisch. Kommunikationsnetze arbeiten nicht nur technisch um so effizienter, sondern werden auch für die Nutzer um so attraktiver, je größer die Zahl der Teilnehmer wird, die sie verbinden. Also lag es auf der Hand, daß die Rolle der Werbung mit Proliferation dieser Techniken noch einmal expandierte.

Aus technischen Medien werden Konsummärkte, wenn die Kanäle sich füllen. Information, die für den Konsum bestimmt ist, kann man entweder direkt verkaufen oder indirekt als Mittel zur Attraktion von Aufmerksamkeit anbieten. Weil sich das Informationsangebot in den technischen Medien hervorragend zur Attraktion eignet, sind sekundäre Märkte entstanden, auf denen die Information nicht im Austausch für Geld, sondern nur noch um der Aufmerksamkeit willen angeboten wird. Diese sekundären Märkte haben jenen Technologien der Attraktion enormen Auftrieb gegeben. Sie haben zum einen die Nachfrage nach attraktionsstarken Angeboten der populären Kultur und zum andern das Geschäft mit den Werbeeinschaltungen stimuliert, die aus der Attraktivität des Programms finanziellen Gewinn schlagen. Durch diese sekundären Märkte kommen jene kommerziellen Gründe, Werbung zu treiben, noch einmal ganz anders zur Geltung. Deshalb sind auch die verschiedenen Gründe für die Flut der Werbung nicht einfach zu reihen.

Das Ende der Moderne fiel mit dem historischen Moment zusammen, als die Bevölkerung insgesamt an das Netz von Kanälen angeschlossen war, die Information liefern, um Beachtung abzuholen. Mit den elektronischen Medien war eine Infrastruktur herangewachsen, die die Bevölkerung mit konfektionierter Information wie mit Wasser und Strom versorgt und es zudem möglich macht, die Nachfrage kontinuierlich zu testen. Die Nachfrage nach dem Angebot der Medien äußert sich in der Bereitschaft des Publikums, Aufmerksamkeit für den Konsum zu bezahlen. Der geschlossene Kreis des Anbietens von Information und Messens der Zahlungsbereitschaft hat den neuen Märkten zu der Kraft verholfen, die frei verfügbare Aufmerksamkeit der Leute weitgehend zu absorbieren. Der Medienkonsum hat zur Folge, daß die frei verfügbare Energie des Beachtens zu einer insgesamt umworbenen Art der Bezahlung wird.

In dem Moment, in dem die frei verfügbare Energie des Beachtens zu einem ökonomisch erschöpfbaren Fundus wird, ändert sich etwas Grundlegendes. Die einst klar gezogene Grenze zwischen Kulturbetrieb und kommerzieller Industrie verwischt. Es ist ja nicht nur die populäre Kultur, die von der Beachtung lebt, die sie einnimmt. Auch die elitäre Kultur schöpft aus dem erschöpfbaren Fundus. In dem Moment, in dem der Gewinn der einen Sparte auf einen Verlust der anderen hinausläuft, entwickelt sich innerhalb der Kultur und verwickelt sich die Kultur insgesamt in eine neue Form der Konkurrenz. In dieser neuen Konkurrenz hat sich die dekonstruktionistische Architektur bewährt. Im Blick auf den entfesselten Kampf um die Beachtung verwandelt sich der Anschein schriller Irrationalität in einen Aspekt der Effizienz.

Wie maßgeblich das Geschäft mit der Beachtung für den Betrieb der Kultur geworden ist, zeigt die Rolle, die die Werbung bei dessen Finanzierung spielt. Die Werbung finanziert die Massenkultur und verdrängt den Staat als Finanzier der hohen Kultur. Keine Aufführung, keine Ausstellung mehr ohne Display von Sponsoren, kein Konzert und kein Kongreß mehr ohne Logo auf dem Programmheft. Wo der Staat sich zurückzieht, bleibt von der öffentlich geförderten Kultur das übrig, was genügend Aufsehen erregt, um die Dienstleistung der Attraktion an die Werbewirtschaft verkaufen zu können.

Der Rückblick auf die Karriere der Werbung macht zweierlei klar. Er zeigt erstens, daß die Ökonomisierung mentaler Energie über die technische Rüstung der geistigen Produktion weit hinausgeht. Er macht zweitens deutlich, daß auch die Ökonomisierung der eingenommenen Aufmerksamkeit eine eigene Geschichte hat. Also stellt sich nun die Frage, wie diese Linien der Ökonomisierung ihrerseits zusammenhängen. War die Ökonomisierung der beachtenden Aufmerksamkeit nicht vielleicht selber ein Teil des Prozesses, der auf die Industrialisierung der Wissensproduktion hinauslief?

Von der Denkökonomie zur Wissensindustrie

Effizienz ist, wie Funktionalität, kein selbständiger Wert. Der Wirkungsgrad hängt ab von der Knappheit der Mittel und von der Art der Gratifikation. Was als knapp anzusehen ist, und auf welche Art der Gratifikation es ankommt, mag selbstverständlich erscheinen, wo Gewohnheit und Konvention den Gang der Dinge bestimmen. Wo handwerkliche und ständisch organisierte Produktionsbedingungen von industriellen verdrängt werden, da werden Gewohnheit und Konvention durch die rationale Methode verdrängt. Rationale Methode heißt auch bei der Organisation von Produktionsprozessen, daß die Zerlegung in Teilschritte und deren Zusammensetzung zu einer schlüssigen Kette aus der Analyse des Problems folgt, deren Lösung die Organisation des Produktionsprozesses darstellt. Diese Analyse fördert nicht nur Möglichkeiten der Einsparung zutage, sondern zwingt auch zur Explikation der Ziele, um die es letztlich geht. So bedeutet Industrialisierung eben auch, daß die Argumente expliziert werden, die in die Zielfunktion des Wirtschaftens eingehen.

Auch in der handwerklichen Produktion gab es die Degression der Stückkosten, auch in der ständischen Organisation hätte sich systematische Verkaufsförderung gelohnt. Erst mit der Explikation des Ziels der Gewinnmaximierung und dem Messen der Knappheit durch Marktpreise wurde nun aber deutlich, welche Potentiale im Schutz der Gewohnheit geschlummert hatten. Die Effizienz wurde zu einer Funktion, die abhängig ist von der Preisbildung auf Märkten; die Produktivität erwies sich als abhängig von dem Modus, in dem das soziale Produkt zwischen den am Produktionsprozeß Beteiligten verteilt wird. Es wäre eigenartig, wenn die Industrialisierung der Wissensproduktion nicht auch mit dieser ökonomischen Art Aufklärung einhergegangen wäre.

Das Ziel der Wissenschaft ist die Maximierung des kollektiven Fortschritts der Erkenntnis. Die Rationalität des Unterfangens hängt also davon ab, wie dieses Ziel operationalisiert wird. Der Fortschritt der Erkenntnis muß erstens gemessen werden und zweitens Maß geben. Die Begründung der Wissenschaft als rationales Unterfangen steht somit vor einer doppelten Aufgabe. Sie muß erstens zeigen, daß es zu einer Messung des Erkenntnisfortschritts kommt, und sie muß zweitens zeigen, daß die am Prozeß Beteiligten gute Gründe haben, dieses Maß zu maximieren. Keiner dieser Nachweise wurde je geführt. Dennoch nagten keine Zweifel am Selbstverständnis der Wissenschaft. Zu groß war die Verwöhnung durch den historischen Erfolg des Unterfangens. Die Schwierigkeit der Begründung wurde in der theoretischen Durchführung, nicht in der Fraglichkeit tatsächlicher Rationalität gesehen.

Das änderte sich – ob historischer Zufall oder nicht – zu eben der Zeit, als die dekonstruktionistischen Umtriebe begannen, die Sprachtheorie unsicher zu machen. Die Wissenschaftstheorien Thomas Kuhns und Paul Feyerabends machten Furore.[11] Die Soziologie wissenschaftlichen Wissens kam auf.[12] Kuhn und Feyerabend hatten, jeder auf seine Weise, herausgestellt, daß der Fortschritt der Erkenntnis keineswegs selbstverständlich und die Rationalität des Unterfangens keineswegs garantiert ist. Thomas Kuhns historische Arbeit über die wissenschaftlichen Revolutionen hatte gezeigt, daß der Fortschritt weder linear noch eindeutig ist. Paradigmenwechsel bedeuten Diskontinitäten, die so weit gehen können, daß die früheren und späteren Wissensstände inkommensurabel werden. Feyerabend hatte ausgeführt, daß die Möglichkeiten einer Messung des Erkenntnisfortschritts entweder gar nicht gegeben oder jedenfalls zu schwach sind, um scharfe Kriterien für die Rationalität der Methode abzuleiten. Wir können das Bild, das wir von der Wirklichkeit haben, mit dieser nicht einfach vergleichen, um den Abstand zu messen. Die Wirklichkeit ist, sofern wir überhaupt Kenntnis von ihr haben, immer schon Vorstellung geworden. Die Soziologie wissenschaftlichen Wissens beharrt darauf, daß die Vorstellungen, die wir von der Realität haben, nicht etwa Anschauungen sind, die wir von einem Reich jenseits des Vorstellens hätten, sondern Annahmen, die in langwierigen sozialen Prozessen ausgehandelt werden. Die Grenze zwischen Erfindung und Entdeckung ist nicht draußen in der Natur, sondern immer nur drinnen im Diskurs zu finden. Hier drinnen, wo sie ständig neu verhandelt wird.

War es in der Sprachphilosophie die Vorstellung eines prästabilisierten Bedeutungsuniversums, so war es in der Wissenschaft die Vorstellung, wir hätten Zugang zur Wirklichkeit jenseits des wahrnehmenden und vorstellenden Bewußtseins, die unter die Räder der Dekonstruktion kam. Die Erschütterung, die in der Sprachphilosophie vom Aufzeigen der Brüchigkeit des Zusammenhangs zwischen Zeichen und Bezeichnetem ausging, ging in der Wissenschaftstheorie vom Beharren auf der Kluft zwischen Vorstellung und Realität aus. Wenn es nicht möglich ist, diese Kluft zu vermessen, wie soll dann ein Fortschritt der Erkenntnis festgestellt werden? Und wenn es nicht möglich ist, diesen Fortschritt zu messen, was soll dann die Rede von der Rationalität des Unterfangens?

Die Frage provoziert die Gegenfrage: Kommt der Zweifel nicht viel zu spät? Wird der Output der wissenschaftlichen Produktion nicht sehr wohl gemessen? Wird die Produktivität nur eben anders gemessen als durch den Vergleich von Theorie und Wirklichkeit? Wenn dieser Vergleich gar nicht möglich ist, war die Wissenschaft dann nicht immer schon mit dieser Schwierigkeit umgegangen? Könnte es nicht sein, daß der Anschein der Arationalität sich legt, wenn nach der ökonomischen Rationalität des Betriebs gefragt wird?

Der wissenschaftliche Output wird gemessen.[13] Er wird nämlich angeboten auf internen Märkten. Das System der wissenschaftsinternen Märkte heißt wissenschaftliche Kommunikation. Das Angebot hat die Form der wissenschaftlichen Publikation. Erst dadurch, daß sie publiziert wird, wird wissenschaftliche Information manifest. Und erst dadurch, daß der Output wieder zum Input wissenschaftlicher Produktion gemacht wird, wird die Art wissenschaftlicher Information, wie sie geschärfte Terminologien, symbolische Kunstsprachen, mathematisches Rüstzeug, formale Systeme und maschinell betriebene Algorithmen darstellen, effektiv. Die wissenschaftlich angelegten Vorstädte der Sprache sind so alt wie der organisierte Forschungsbetrieb. Organisierter Forschungsbetreib, das heißt, daß spezialisierte Linien der Forschung Inputs für andere Linien der Forschung herstellen. Die Märkte, die die Übersetzung vorproduzierten Wissens in Produktionsmittel für anschließende Stadien die Wissensproduktion leisten, mußten sich ebenso entwickeln, wie es die Vorstädte der Sprache taten. Wissen ist Macht, weshalb die natürliche Neigung besteht, es für sich zu behalten. Es bedarf starker Anreize, um eigene Entdeckungen und Erfindungen mit anderen zu teilen; und es bedarf sicherer Garantien, daß sie einem nicht entwendet werden. Die Garantie, die von strategischer Bedeutung war, um die Selbstorganisation interner Märkte in Gang zu setzen, war das geistige Eigentum. Geistiges Eigentum entsteht mit der Publikation. Die Institutionalisierung geistigen Eigentums und die Etablierung des Publikationswesens gingen historisch Hand in Hand. Bis ins 17. Jahrhundert waren die Entdecker, auch in Mathematik und Astronomie, vor allem damit beschäftigt, ihren Anspruch auf Erstentdeckung durch Geheimhaltung und Mystifikation zu sichern.[14] Erst durch das Aufkommen der Akademien und wissenschaftlichen Gesellschaften mit ihren regelmäßigen Treffen und Publikationen wurde es üblich, die Entdeckung im Kreis der Forschenden öffentlich zu machen.

Geistiges Eigentum bedeutet, daß die Information zwar allgemein zur Kenntnis genommen, nicht aber ohne Gegenleistung als Produktionsmittel weiterverwendet werden darf. Die Nutzung fremder Information in der eigenen Produktion ist an den Erwerb einer Lizenz und die Entrichtung einer Gebühr gebunden. Die Lizenz wird durch das Zitat erworben. Die Gebühr wird entrichtet durch Überweisung eines Teils der Beachtung, die der zitierende Autor einnimmt, an den zitierten Autor. Die wissenschaftliche Kommunikation ist ein Markt, auf dem wissenschaftliche Information gegen sachverständige Aufmerksamkeit getauscht wird. Genauer: Die internen Märkte der Wissenschaft sind Kapitalmärkte, auf denen vorproduzierte Produktionsmittel angeboten und gegen die Beachtung derer getauscht wird, die die Information zum Zweck der Beschaffung von Beachtung verwerten. Durch diese Verwertung geschieht dreierlei. Erstens wird die Information produktiv gemacht, zweitens wird die Produktivität gemessen und drittens entsteht das Einkommen, wofür die Produzenten arbeiten. Die wissenschaftliche Produktion stellt aus vorproduziertem Wissen und frischer Aufmerksamkeit neues Wissen her. Die

Sammlung der Zitate, die ein Stück wissenschaftliche Information auf sich vereint, mißt seinen *impact*, nämlich die Häufigkeit seiner Verwendung als Produktionsmittel. Wissenschaftler arbeiten für den Lohn der Beachtung, genauer, für die Beachtung seitens derer, die selber von der Sache etwas verstehen und am eigenen Fortkommen in der Forschung interessiert sind.

Die Entwicklung der wissenschaftlichen Kommunikation klärt über die Zielfunktion der wissenschaftlichen Produktion und über die Argumente der Zielfunktion auf, die es zu maximieren gilt. Wer es in der Wissenschaft zu etwas bringen will, muß zitiert werden. Das Konto der Zitate mißt die Produktivität in den Augen derer, die etwas von der Sache verstehen. Es gibt kein besseres Maß, auch wenn dieses Maß weit davon entfernt ist, perfekt zu sein. Es ist definitiv untauglich, den Abstand zwischen Theorie und theoriefreier Wirklichkeit zu vermessen. Das Motiv der Forschenden, das Konto der Zitate zu maximieren, könnte aber geeignet sein, den kollektiven Fortschritt der Erkenntnis zu sichern. Um die Frage, ob der Forschungsbetrieb also nicht sehr wohl rational organisiert ist – beziehungsweise sich selbst organisiert – geht es in Kapitel 3. An dieser Stelle sei festgehalten, daß das Konto der Zitate zum einen die Produktivität des Sachkapitals wissenschaftlicher Produktion und zum anderen das Einkommen mißt, das die Produzenten angehalten sind zu maximieren. Indem Wissenschaftler ihr Guthaben an Zitaten maximieren, tun sie für den Fortschritt der Erkenntnis das beste, was sie in den Augen derer, die von der Sache etwas verstehen, tun können. Zugleich arbeiten sie am Aufbau ihrer wissenschaftlichen Reputation. Reputation hat selbst die Form eines Kapitals. Sie ist dasjenige Kapital, das aus der Akkumulation des Einkommens an sachverständiger Aufmerksamkeit hervorgeht.

Die Entwicklung der wissenschaftlichen Kommunikation

klärt darüber auf, daß Industrialisierung auch im Fall der Wissensproduktion mehr als nur Teilung und Maschinierung der Arbeit bedeutet. Keine Industrialisierung ohne das treibende System der Anreize. Die Entwicklung der Produktionstechnik ist eine Seite der Medaille. Die andere ist die der Bereicherung. Die Geschichte der Industrialisierung der materiellen Produktion war nicht zu trennen von der Durchsetzung kapitalistischer Produktionsverhältnisse. Die Produktionsverhältnisse umfassen neben der Technik und Organisation der Produktion die Besitzverhältnisse, die Modalitäten der Verteilung und die sozialen Klassen, die aus der Verteilung des Sozialprodukts hervorgehen. Der Kapitalismus ist diejenige Organisation der Produktion, die die Produktivität direkt an die Verteilung des Sozialprodukts koppelt. Der Beitrag, den die Produzenten zum Sozialprodukt leisten, wird gemessen an dem Anteil am Volkseinkommen, den ihre soziale Klasse erkämpft. Gekämpft wird in der Form des sich selbst organisierenden Spiels der Konkurrenz. Die Produktivkräfte werden entfesselt durch den Zwang, den die Teilnehmer dieser Konkurrenz aufeinander ausüben. In der Konkurrenz auf kompetitiven Märkten besteht nur, wer sich den Gesetzen des Markts unterwirft und die technischen Möglichkeiten ausreizt.

Könnte es sein, daß hinter der Entfesselung der Explorativkräfte ein entsprechendes System von Anreizen steckt? Wer publiziert, begibt sich in die Konkurrenz um öffentliche Anerkennung. Öffentliche Anerkennung setzt Foren oder Medien voraus, die die Öffentlichkeit herstellen. Die Foren und Medien der wissenschaftlichen Kommunikation haben sich parallel zur Technologie der Forschung entwickelt. Die Bahn dieser Entwicklung verläuft über die Etablierung des Konferenzwesens, der Schriftenreihen und wissenschaftlichen Journale, über die Ausbildung des *referee systems*, die Differenzierung der Foren nach Renommee und Selektivität, über die Beobachtung der Rezeption und den

Aufbau des *Science Citation Index* als eigenem Rechnungswesen für Zitate. Diese Entwicklung der Märkte ergänzt die
Entwicklung des technischen Rüstzeugs. Mit den Märkten
entwickelt sich das System der Anreize, die der technischen
Entwicklung Richtung und Ziel geben. Wer für den Markt
der wissenschaftlichen Kommunikation produziert, geht
nicht nur dem eigenen Drang zu forschen nach, sondern
kümmert sich auch – ob wissentlich und willentlich oder
nicht – darum, was andere für wichtig halten. Das Forschen
wird zur Produktion für eine Nachfrage. Die Zahlungsbereitschaft derer, die entweder selbst auf dem Feld forschen
oder auf Zulieferung aus der fraglichen Disziplin angewiesen sind, wird zum Argument in der Zielfunktion des Forschens. Die Sammlung der Zitate wird entscheiden, ob der
Fund eine Entdeckung war oder ein Flop.

Das Konto der Zitate wird auch über die Reputation des
Forschers oder der Forscherin entscheiden. Die Reputation
wächst mit dem Reichtum an Zitaten. In der Mehrung dieses Reichtums liegt der Anreiz zum Forschen, das nicht nur
der Neugier hingegeben ist, sondern auch Karriere machen
will. Mit dem Markt der wissenschaftlichen Kommunikation
tun sich Karrierechancen auf. Die Forschung wird zum Be-
ruf, das Forschungsinstitut zum Unternehmen. Es geht von
nun an nicht nur um die Erkenntnis, sondern auch um den
Gewinn. Es gibt von nun an aber auch ein Motiv, das es für
Begabte und Ehrgeizige lohnend macht, das Streben nach
Macht und Geld hintan zu stellen. War es nicht dieses Motiv, das hinter der Entwicklung der Wissenschaft zur großen
Industrie steckte?

Produktivität und Verteilung

Wenn das Konto der Zitate über den Wert einer Entdeckung oder Erfindung entscheidet, dann erscheint die Bahn der denkökonomischen Rationalisierung in einem neuen Licht. Es zeigt sich, daß die Ökonomisierung der mentalen Energie dem Streben nach Beachtung nicht nur nicht widerspricht, sondern gleicht. Es zeigt sich dann, daß die Ökonomisierung der knappen Ressource erst so recht in Gang kam, als die Verteilung der Beachtung in die Zielfunktion der Effizienz ausdrücklich einging. Es gibt, um es zu wiederholen, keinen Wirkungsgrad an und für sich. Es gibt Effizienz nur im Hinblick auf einen bestimmten Zweck. Der Zweck kann im individuellen Erleben des Erfolgs liegen. Der individuelle Erfolg bleibt aber immer klein, wenn er keine Resonanz bei denen findet, die von der Sache auch etwas verstehen. Der große und dauernde Erfolg in Sachen des Forschens geht vom Wachsen der Reputation aus. Erst als dieses Ziel in die Zielfunktion der Ökonomisierung einging, wurde der Fortschritt der Denkökonomie systematisch.

Der Fortschritt der Denkökonomie steht nicht für sich. Die Wissenschaft ist Teil des Betriebs der ganzen Kultur. Der Aufstieg der Wissenschaft zur führenden Industrie bedeutet, daß sie für den Rest des Kulturbetriebs Standards setzt, Standards für die Bewertung der Produktion und die Messung der Produktivität. Äußeres Zeichen dieser Setzung von Standards ist der überall sprießende Betrieb der sogenannten Evaluierung. Die Evaluierung will die Leistung kultureller Einrichtung messen. Ihre Paradigmen sind Zitationsindex und Scientometrie. Evaluatoren messen den Output in Besucherzahlen, die Zahl der Publikationen, Zahl der Besprechungen und so weiter. Ihr Geschäft ist es, in den Fächern, die von sich aus den Gesetzen der Rationalisierung nicht nachkommen, jene Methoden einzuführen, die die führenden Industrien des mentalen Kapitalismus entwickelt haben. Es versteht sich, daß diese Nachhilfe Unbehagen verbreitet. Das Messen des Outputs am Einkommen, das die Institution oder ihre Mitglieder an Beachtung beziehen, bedeutet nämlich nicht weniger, als die traditionelle Rangfolge von Wertlegen und Achtgeben umzukehren.

Die poststrukturalistische Theorie und die dekonstruktionistische Architektur hätten nach den Kriterien heutiger Evaluatoren glänzend abgeschnitten. Sie eilten dem, was kommen sollte, nur eben voraus. Die These dieses Kapitels ist, daß dieses Vorauseilen es war, was ihnen den Ruf der Irrationalität und regelrechten Verrücktheit einbrachte. Die Avantgarde der Postmoderne praktizierte *avant la lettre*, was Evaluatoren inzwischen den rückständigen Fächern vorschreiben. So dialektisch ist der Weltlauf. Allerdings ist nun auch diese These stark. Sie verlangt nach der Einbettung in eine belastungsfähige Theorie. Diese Theorie sollte aus unabhängigen Gründen erklären können, wie es zu der Umkehrung beziehungsweise Einebnung des Verhältnisses von Wertlegen und Achtgeben kommt. Sie sollte den Zusammenhang herstellen können zwischen der Industrialisierung der geistigen Produktion zur einen und der Unterwerfung der Produktivität unter das Regime der Verteilung zur anderen Seite. Besser noch, die Theorie sollte zeigen, daß die Entfesselung der Produktivkräfte und der Stil der Rationalisierung, der mit der Industrialisierung Einzug hält, eben damit zu tun haben, daß die Produktivität der Produzenten und Produktionsmittel in Abhängigkeit von der Verteilung der gemeinsam geschöpften Einkommen gerät.

Diese Theorie existiert. Es ist: die Kapitaltheorie. Die Kapitaltheorie ist ein Kernstück der ökonomischen Theorie. Und sie ist Kernstück nicht nur, weil sie die Verbindung zwischen Produktion und Verteilung herstellt. Sie ist Kernstück auch, weil sie seit den Anfängen der Politischen Ökonomie im Kern umstritten ist. Die Streitfrage ist keine andere als die, ob es unter kapitalistischen Verhältnissen die Produktivität ist, die die Verteilung bestimmt, oder nicht umgekehrt die Verteilung, welche die Produktivität bestimmt.

Es wäre mühsam, die Ansätze der Kapitaltheorie auf den Prozeß der Kultur zu beziehen, wenn es da nicht schon Vorarbeiten gäbe, die Verbindungen geknüpft haben. Zum großen Glück existiert eine Vorarbeit, die nicht nur durch Umfang und Intensität, sondern auch durch Qualität hervorsticht. Pierre Bourdieu zieht den Begriff des Kapitals heran, um die Privilegien zu beschreiben, die die kulturelle Elite und die feine Gesellschaft genießen. Nach dem Vorbild der Marx'schen Kritik beschreibt er den Kampf um gesellschaftliche Geltung als einen Kampf um die Verteilung eines sozialen Produkts. Dabei gelingt ihm Außerordentliches. Die *Feinen Unterschiede* (1979) und der *Homo academicus* (1984) zeichnen das Bild der besseren Gesellschaft im Paris der 60er und 70er Jahre des 20. Jahrhunderts. Dieses Bild ist von gleichwohl soziologischem und historischem Interesse. Es zeichnet auch die Situation zu eben der Zeit, als sich der Bruch zwischen Moderne und Postmoderne anbahnte.

Kapitel 2
Kulturelles und soziales Kapital

In den *Feinen Unterschieden* und im *Homo academicus* beschreibt Bourdieu eine Klasse von Besitzenden, die über die Mittel zur Herstellung von Exklusivität verfügen. Diese Mittel können, müssen aber nicht materieller Natur sein. Die elitäre Stellung beruht auf dem Besitz von – wie Bourdieu es nennt – *kulturellem* und *sozialem Kapital.* Kulturelles Kapital ist, was denen an die Hand geht, die den Ton angeben; soziales Kapital ist, worüber die verfügen, die die richtigen Beziehungen haben.

Die Feinen Unterschiede beschreiben, wie der Besitz dieser Durchsetzungsmittel wirkt. Der Besitz wirft Prestige ab, schafft soziale Distanz zu den Nichtbesitzenden und führt diejenigen zusammen, die es sich leisten können, ihre Bekannten nach Maßgabe des Prestiges auszuwählen. Bourdieu nennt die Durchsetzungsmittel Kapital, weil sie befähigen, Mehrwert abzuschöpfen. Mehrwert entsteht im gesellschaftlichen Umgang durch asymmetrischen Tausch. Diejenigen, die den Ton angeben, reden auch dort mit, wo sie keine Gesprächspartner sind. Sie müssen nicht anwesend sein, um an der getauschten Beachtung Teil zu haben. Diejenigen, die die richtigen Beziehungen haben, haben die besseren Karten im Spiel um Rang und Namen. Sie werden befördert, müssen nicht alles aus eigener Kraft erreichen. Zudem haben sie es leichter als andere, das Netz der Beziehungen auszubauen. Wer mit Bildung, akademischen Titeln oder der Sammlung von Kunstwerken beeindrucken kann, genießt sowohl Prestige als auch das Privileg von dessen leicht gemachter Mehrung. Wer Beziehungen hat, verfügt auch über Talente, die wuchern.

Bourdieu zeichnet nach, wie der immaterielle Reichtum sich selbst reproduziert und die ungleiche Verteilung perpetuiert. Weil die Menschen dazu neigen, sich eher um die besser- als die schlechtergestellten Mitmenschen zu bemühen, neigen ihre Beziehungen dazu, hierarchische Systeme von nach unten geschlossenen Clubs zu bilden. Bourdieu arbeitet mit literarischer Eindringlichkeit und empirischer Akribie heraus, wie die Zugehörigkeit zu den Clubs das Selbstbewußtsein und Selbstwertgefühl prägt. Er zeichnet das Bild der feinen Pariser Gesellschaft der Sechziger- und Siebzigerjahre des letzten Jahrhunderts. Es ist das Bild einer Klassengesellschaft, die den so typischen Unterschied zwischen dem großbürgerlichen und kleinbürgerlichen Geschmack hervorbringt. Bourdieu untersucht ausführlich den kulturellen Konsum. Und er macht in überzeugender Weise klar, daß es immaterieller Kategorien des Besitzes und der Durchsetzungsmittel bedarf, um die Typologie des kulturellen Geschmacks in den Griff zu bekommen. Die wirtschaftlichen Verhältnisse, so wichtig sie sind, reichen zur Erklärung nicht hin.

Kulturelles und soziales Kapital sind Kapital im mehr als nur übertragenen Sinn. Bourdieu bezeichnet die Durchsetzungsmittel als Kapital, um die dem Begriff eigene Logik zu aktivieren. Ein Kapital stellt eine Ansammlung sachlich heterogener Stücke dar, wenn es als Produktionsmittel aktiv ist und nach dem Einkommen bewertet wird, das aus dem Besitz der Mittel zu ziehen ist. Die Begriffslogik bezieht die Produktionsverhältnisse ein, die wiederum den Prozeß der Wertschöpfung, die Regeln der Verteilung, die Besitzverhältnisse und Einkommensklassen einschließen. Bourdieu versteht den Begriff im Sinne Marx', geht aber nicht so weit, auch die Diskussion nach Marx einzubeziehen. Er nimmt, anders gesagt, keinen Kontakt zur Kapitaltheorie seiner Zeit auf. Das ist schade, denn zu eben der Zeit, als Bourdieu mit der Konzeption des kulturellen und sozialen Kapitals beschäftigt war, spitzte sich in der theoretischen Ökonomie eine Kontroverse darüber zu, was unter Kapital eigentlich zu verstehen ist. Zur Debatte stand, ob es möglich ist, »Kapital« ohne Bezug auf die Verteilung des gemeinsamen Produkts von Arbeit und Produktionsmitteln zu definieren. Es ging um nicht weniger als jene Frage, ob es die Produktivität der Produktionsfaktoren ist, die die Verteilung bestimmt, oder nicht vielmehr die im Verteilungskampf erstrittenen Anteile sind, von denen die Produktivität der Faktoren sich ableitet.

Auslöser dieser kapitaltheoretischen Kontrovese war Piero Sraffas 1960 erschienene Arbeit *Production of Commodities by Means of Commodities*. Sraffa hatte die alte Frage David Ricardos wiederaufgenommen: Was bestimmt die Teilung des Sozialprodukts zwischen Löhnen und Profiten in einer Gesellschaft, in der die Löhne selber Produktionskosten und die Reallöhne selber eine Funktion der Preise für produzierte Waren sind? Dieses Problem konnte mit den mathematischen Mitteln, die den Klassikern der Politischen Ökonomie zur Verfügung standen, nicht gelöst werden. Sraffa löste es mit den Mitteln der linearen Algebra. Er begründete damit eine Neo-Ricardianische Schule, die die herrschende neoklassische Schule in Bedrängnis brachte.* Die neoklassische Schule lehrt, daß die Produktivität die

* Sraffa spielte in der ökonomischen Theorie eine ähnliche Rolle wie Wittgenstein in der Sprachtheorie. Beide waren sie eminent folgenreiche Kritiker. Wittgenstein ließ die Annahme hinter sich, es könne so etwas wie jenes prästabilisierte Spektrum der Bedeutungen geben. Sraffa erschütterte die Annahme der theoretischen Existenz des Allgemeinen ökonomischen Gleichgewichts. Diese Annahme betrifft eine nicht minder platonische Form. Die Theorie des Allgemeinen ökonomischen Gleichgewichts beschreibt die Ökonomie als eine mathematisch in sich geschlossene Form, die als exogene Variablen nur die Präferenzstrukturen der Wirtschaftssubjekte und die Ausstattung der Gesellschaft mit natürlichen Ressourcen – *tastes and obstacles* – kennt. Diese Form läßt sich nur schließen, wenn das Kapital ohne

Verteilung bestimmt und nicht umgekehrt. Sraffa konnte zeigen, daß die Verteilung des Sozialprodukts einen Einfluß auf die Produktivität der (selber produzierten) Produktionsmittel nimmt, den es nach neoklassischer Lehre nicht geben dürfte.* Damit war die Frage nach der Bestimmung der Produktivität neu gestellt und der Verdacht auf dem Tisch, daß es das »Kapital« als eine Einheit unabhängig von der Verteilung nicht gibt.

Die Kontroverse um Sraffas Entdeckung ging unter der Bezeichnung *Cambridge, Massachusetts, versus Cambridge, England*, in die Annalen der theoretischen Ökonomie ein.[1] Die amerikanische Seite stand für den neoklassischen Hauptstrom, das englische Cambridge für den neo-Ricardianischen Aufstand. Dieser rebellische Flügel wäre nach dem theorie- wie auch gesellschaftspolitischen Geschmack Bourdieus gewesen. Zu einer Kontaktaufnahme kam es dennoch

---

Bezug auf die Verteilung definiert wird. Sraffas Kritik tat eine mit Wittgensteins Wende vergleichbare Wirkung. Diese Parallelität in der Wirkung hat zudem einen ganz persönlichen Aspekt. Sraffa und Wittgenstein waren befreundet.

* Sraffa hat gezeigt, daß es bei der Variation der Profitrate zu sogenannten *double-switching*- und *capital-reversing*-Effekten kommt. *Double switching* ist der Effekt, daß Produktionsmethoden, die bei recht niedrigen Profitraten optimal, bei mittleren aber suboptimal sind, dann wieder bei hohen Profitraten gewinnmaximal werden können. *Capital reversing* ist der Effekt, daß der Wert von Kapitalgütern mit der Zinsrate von der Monotonie abweichend steigt oder fällt. Der Grund für diese »perversen« Fälle liegt in der Rolle, die die Verzinsung in der Ermittlung der gewinnmaximalen Produktionsmethode spielt. Beim Einsatz vorproduzierter Produktionsmittel spielt das zeitliche Profil der Vorproduktion die entscheidende Rolle, was wiederum der Höhe der Zinsrate entscheidenden Einfluß einräumt. Zinsen sind Profite. Die Verzinsung bewirkt, daß die optimalen Kombinationen der Produktionsinputs sich nicht nur generell mit der Aufteilung des Nettoprodukts zwischen Löhnen und Profiten ändern, sondern daß bestimmte Techniken in ganz verschiedenen, weit auseinander liegenden Verteilungssituationen die gewinnmaximalen sein können.

nicht. Der disziplinäre Zaun hielt dicht. So blieb Bourdieus Begrifflichkeit bis heute ohne kapitaltheoretische Klärung, während die kapitaltheoretische Diskussion in der Vorstellungswelt materieller Verhältnisse gefangen blieb.

Im Folgenden soll nachgeholt werden, was damals unterblieb. Zum einen soll gefragt werden, wie das kulturelle und soziale Kapital bestimmt werden müssen, um als Kapital im Sinn der zeitgenössischen Kapitaltheorie zu gelten. Zum anderen soll gefragt werden, ob es genuin kapitalistische Verhältnisse sind, mit denen wir in der kulturellen Produktion inzwischen zu tun haben.[2]

Pierre Bourdieus Konzeption des immateriellen Kapitals

Bourdieus Theorie des kulturellen und sozialen Kapitals ist konzis in seinem Aufsatz »Ökonomisches Kapital – Kulturelles Kapital – Soziales Kapital« (Bourdieu 1983) zusammengefaßt. »Das Kapital kann auf drei grundlegende Arten auftreten. In welcher Gestalt es jeweils erscheint, hängt von dem jeweiligen Anwendungsbereich sowie von den mehr oder weniger hohen Transformationskosten ab, die Voraussetzung für ein wirksames Auftreten sind: Das *ökonomische Kapital* ist unmittelbar und direkt in Geld konvertibel und eignet sich besonders zur Institutionalisierung in der Form des Eigentumsrechts; das *kulturelle Kapital* ist unter bestimmten Voraussetzungen in ökonomisches Kapital konvertierbar und eignet sich besonders zur Institutionalisierung in der Form von schulischen Titeln; das *soziale Kapital*, das Kapital an sozialen Verpflichtungen oder ›Beziehungen‹, ist unter bestimmten Voraussetzungen ebenfalls in ökonomisches Kapital konvertierbar und eignet sich besonders zur Institutionalisierung in der Form von Adelstiteln.« (S. 52 f, Hervorhebungen im Original)

Kulturelles Kapital kommt in drei Formen vor: in der verkörperten Form von Bildung und angeeigneter Verhaltensdisposition, in der objektivierten Form von Kulturgütern wie Theorien oder Kunstwerken, in der institutionalisierten Form von Titeln und Zuständigkeit. In all diesen Formen ist der Kapitalcharakter Resultat der Investition von lebendiger Zeit und von Zeit, die in kulturellem Kapital bereits kristallisiert ist. Jedesmal liegt der Sinn und Zweck der Investition in der Steigerung des Wirkungsgrads künftig auszugebender Zeit. Bourdieus kulturelles Kapitals ist kein bloß symbolisches, wenngleich die Erscheinungsformen durchaus symbolischen Charakter haben können.[3] Die Investition wirft Gewinn ab, verzinst sich. Der Gewinn fällt in der Form sozialer Anerkennung an. Der Zins läßt sich wiederum in Zeit messen. Soziale Anerkennung verlangt mehr als nur Worte. Worte sind billig. Die Anerkennung zählt nur, wenn die Worte durch geleistete Beachtung belegt werden. Die Zeit, die die Beachtung kostet, ist nicht billig, sondern knapp. Das Kapitalverhältnis führt zu einer sozialen Asymmetrie derart, daß die Zeit, die die kulturell Maßgeblichen selbst ausgeben, in keinem Verhältnis zu der Zeit steht, die sie in Form gezollter Beachtung einnehmen. Die Kapitalisten dieser immateriellen Ökonomie sind diejenigen, die um Größenordnungen mehr an Beachtung einnehmen, als sie selbst je ausgeben könnten.

Auch das soziale Kapital kommt in verkörperter, objektivierter und institutionalisierter Form vor. Es ist verkörpert im richtigen Stallgeruch, an dem die Mitglieder der besseren Gesellschaft einander erkennen; er ist objektiviert in den Insignien sozialer Distanz wie etwa gewählten Manieren und gekonnten Umgangsformen; es ist institutionalisiert in Ehrungen, Auszeichnungen und exklusiven Mitgliedschaften. Die Reproduktion sozialen Kapitals beruht auf ständiger Beziehungsarbeit. Bei dieser Beziehungsarbeit wird wiederum lebendige Zeit und bereits kapitalisierte Zeit verausgabt. Der Einsatz lebendiger Zeit wird um so effektiver, je mehr akkumuliertes Kapital an die Hand geht. »Das ist einer der Gründe, weshalb der Ertrag der für die Akkumulation und Unterhaltung von Sozialkapital erforderlichen Arbeit um so größer wird, je größer dieses Kapital selber ist. Deshalb sind die Träger eines berühmten Familiennamens, der auf ein ererbtes Sozialkapital deutet, in der Lage, ihre Gelegenheitsbekanntschaften in dauernde Beziehungen umzuwandeln: Wegen ihres Sozialkapitals sind sie besonders gefragt. Sie haben es nicht nötig, sich allen ihren ›Bekannten‹ selbst bekanntzumachen, denn es gibt mehr Leute, denen sie bekannt sind, als sie selber kennen. Wenn sie überhaupt einmal Beziehungsarbeit leisten, so ist deren Ertrag deshalb besonders hoch.« (S 67)

Das Kapital, als quantitativer Begriff, bezeichnet einen Wert. Der Wert des Kapitals ist Ausdruck der Gewinnchancen, die mit seinem Besitz verbunden sind. Das kulturelle und soziale Kapital, wie Bourdieu die Begriffe einführt, stellen zunächst einmal nur Ansammlungen von Gütern, Attributen und Fähigkeiten dar. Das Vorkommen solcher Ansammlungen bedeutet noch nicht, daß es sich um Kapitalgüter handelt. Zu Kapitalgütern werden die Bestandteile solcher Ansammlungen, indem ihr Beitrag zur Wertschöpfung ermittelt wird. Die Ermittlung dieses Beitrags setzt voraus, daß die Güter untereinander verglichen werden. Die sachlich unvergleichlichen Bestandteile müssen in Anteile einer homogenen Wertgröße übersetzt werden. Ohne diese Übersetzung bleibt der Begriff des Kapitals ökonomisch unbestimmt. Also bleiben auch die Begriffe des kulturellen und sozialen Kapitals unbestimmt, solange ihre Definition nicht die Beschreibung einschließt, wie die heterogene Sammlung in die Form vergleichbarer Werte übersetzt werden kann.

Bourdieu sieht das Problem der einheitlichen Bewertung. Er sieht, daß Ansammlungen von Eigenschaften, Gütern und Titeln erst dann Kapitalform annehmen, wenn sie in homogenen Einheiten gemessen werden. Wo den Maßstab nun aber hernehmen? Was ist das Gemeinsame, das die Absolvierung einer französischen Eliteschule, den Besitz einer Kunstsammlung und ein Adelsprädikat verbindet? Durch welche Transformation werden ein gewähltes Äußeres, eine gute Wohnadresse und ein klingender Familienname zu Anteilen einer homogenen Größe? Der Geldwert verspricht keine großen Gemeinsamkeiten. Es ist ja nicht ein höheres Einkommen an Geld, zu dem sie verhelfen. Ihr Wert bemißt sich an der Beachtung und Bewunderung, die sie hervorrufen. Diese immateriellen Formen des Einkommens läßt Bourdieu allerdings außer acht. Als einzige Alternative zum Geldwert sieht er den Arbeitswert. Also versucht er, das Sachkapital in der Arbeitszeit, die in den Herstellungs- und Umwandlungsprozessen steckt, zu messen. »Die universelle Wertgrundlage, das Maß aller Äquivalenzen, ist dabei nichts anderes als die *Arbeitszeit* im weitesten Sinne des Worts. Das durch alle Kapitalumwandlungen hindurch wirkende *Prinzip der Erhaltung sozialer Energie* läßt sich verifizieren, wenn man für jeden gegebenen Fall sowohl die in Form von Kapital akkumulierte Arbeit als auch die Arbeit in Rechnung stellt, die für die Umwandlung einer Kapitalart in eine andere notwendig ist.« (S. 71 f, Hervorhebungen im Original)

Mit diesem Rückgriff auf die Arbeitswertlehre erweist Bourdieu dem Ökonomen Karl Marx seine Reverenz. Die Marx'sche Ökonomie ist die durchgeführte Arbeitswertlehre. Bemerkenswerterweise folgt Bourdieu allerdings nicht der Theorie, die Marx für die Wertbestimmung des Kapitals entwickelt hat. Marx war nämlich keineswegs der Auffassung, daß der Marktwert von Kapitalgütern durch die Arbeitszeit bestimmt ist, die direkt oder indirekt in ihre Herstellung floss. Der Wert eines Bergwerks, einer Handelsmarke oder eines Patents hat wenig mit der Arbeitszeit zu tun, die in ihrer Herstellung steckt. Ihr Wert bemißt sich am Profit, den der Besitz abzuschöpfen erlaubt. Der Wert des Kapitals ist der auf einen Gegenwartswert umgerechnete Strom der Einkommen, die der Besitz erwarten läßt. Auf diesen Gegenwartswert umgerechnet werden die sachlich heterogenen Bestandteile vergleichbar. Das *Sachkapital* wird, anders gesagt, vergleichbar, sobald es in die Form von *Finanzkapital* übergeht. Diese Übersetzung ist nicht mit eigener Arbeit verbunden. Finanzform nimmt das Kapital vielmehr an, wenn es in den Währungseinheiten des Einkommens gemessen wird, zu dem sein Besitz verhilft.

Die Umwandlung von Sach- in Finanzkapital nimmt eine zentrale Stellung in Marx' ökonomischem Werk ein. Sie füllt den dritten Band des *Kapitals* (1894) und ist, womit Marx in den *Grundrissen* (1858) kämpft. Die *Grundrisse*, obwohl nur Entwurf, sind deshalb so wichtig für das Verständnis von Marx' Ökonomie, weil sie nachzeichnen, wie er den Schlüssel zum Vergleich der Kapitalarten fand. Marx sah, daß die Arbeitswertlehre nur dann als Grundlage einer Kapitaltheorie taugt, wenn sie zu zeigen imstande ist, wie der Wert der Kapitalgüter aus der Gewinnerwartung folgt. Der Wert des Kapitals bestimmt sich nach Marx wie folgt: Nur die lebendige Arbeitskraft ist produktiv, denn nur sie ist mehr zu produzieren imstande, als sie braucht, um sich zu reproduzieren. Sie produziert einen Mehrwert derart, daß der Wert ihres Produkts mehr wert ist als die Subsistenzmittel, die für die Erhaltung der Arbeitskraft nötig sind. Die Differenz kann in die Produktion von Kapitalgütern fließen, die die Produktivität der Arbeit erhöhen. Gelingt es einer sozialen Klasse, den Besitz von Produktionsmitteln zu monopolisieren, dann ist sie theoretisch in der Lage, die Differenz zwischen dem Sozialprodukt und den Subsistenzmitteln, die für die Erhaltung der Arbeitskraft nötig sind, abzuschöpfen. Für Marx ist die Teilung des Sozialprodukts in Löhne und Profite dadurch bestimmt, daß es der Kapitalisitenklasse gelingt, die Löhne auf das Niveau der nackten Reproduktionskosten der Arbeitskraft zu drücken.

Die Frage nach dem Wert der einzelnen Kapitalgüter ist demnach nur für die Verteilung des Mehrwerts innerhalb der Kapitalistenklasse erheblich. Innerhalb dieser Klasse herrscht Verwertungskonkurrenz. Auf der Suche nach Anlagemöglichkeiten gehen die liquiden Mittel in den Kauf beziehungsweise in die Herstellung solchen Sachkapitals, das die höchste Rate an Profit verspricht. Durch die Verwertungskonkurrenz wird die Durchschnittsprofitrate ermittelt. Die durchschnittliche Rate hat die doppelte Funktion, erstens über die Güte der Anlagemöglichkeiten und zweitens über die Abzinsung zu informieren, die bei der Umrechnung des Stroms erwarteter Einkommen in einen Gegenwartswert anzusetzen ist. Das Sachkapital geht in Finanzkapital über, sobald Anteilscheine – wie etwa Aktien – ausgegeben werden, die zum Bezug aliquoter Anteile am Gewinn berechtigen. Der Preis, den der Markt für diese Anteilscheine ermittelt, entspricht den auf einen Gegenwartswert abdiskontierten Gewinnerwartungen.

Marx' Bestimmung des Kapitalwerts aus der Verwertungskonkurrenz ist völlig schlüssig. Sie bleibt sogar schlüssig, wenn die Aufteilung des Sozialprodukts in Löhne und Profite auf andere Weise als durch Drücken der Löhne auf die Subsistenz geschieht. Was also mag der Grund sein, daß Bourdieu dieses Kernstück der Marx'schen Ökonomie links liegen läßt? Die Antwort liegt in der Auffassung, die er vom Gewinn hat, den das kulturelle und soziale Kapital abwirft. Bourdieu faßt diesen Gewinn nicht positiv als Einkommen, sondern nur negativ als Exklusion. Das Kapital ist ausschließliches Mittel zum Zweck der Etablierung oder Vergrößerung sozialer Distanz. Der Rang von Kunstwerken, die Vorzüglichkeit von Eigenschaften, der Wert von Titeln bemessen sich an der Exklusivität der Zirkel, in die sie Einlaß verschaffen. Bourdieus Präokkupation mit dem Gewinn an Distinktion geht soweit, daß er selbst dort, wo es nicht um den Besitz, sondern um die produktive Wirkung des kulturellen Kapitals geht, die distanzierende Wirkung in den Vordergrund stellt. So sieht er den Wert etwa der wissenschaftlichen Terminologie nicht in der Hebelwirkung für die analytisch und konzeptiv arbeitende Aufmerksamkeit, sondern in der Distanz, die sie herstellt, »in der Distanz nämlich gegenüber der Alltagssprache« (Bourdieu 1979, S. 356).

Mit dem Gewinn an Distinktion ist die Umwandlung von Sach- in Finanzkapital nicht zu bewerkstelligen. Distinktion ist kein Einkommen, das sich in homogenen Einheiten messen ließe. Also gibt es auch kein Sozialprodukt an Distinktion. Ohne einen Begriff des Sozialprodukts, das durch die Kombination von Arbeit und Kapital geschöpft wird, ist es witzlos, nach der Verteilung zwischen den Einkommensklassen zu fragen. Fehlt der primäre Bezug zur Verteilung, dann kann der Kapitalwert nicht sekundär durch die Verwertungskonkurrenz bestimmt sein. Es bleiben dann nur noch zwei Möglichkeiten zur Bestimmung des relativen Werts der Kapitalgüter. Die eine Möglichkeit liegt im direkten Vergleich des Aufwands, der in der Herstellung der Mittel steckt. Die andere liegt im direkten Vergleich der Wirkung, die von den Mitteln ausgeht.

Bourdieu wählt die erste Alternative. Die letztere stellt den Ansatz dar, den die neoklassische Theorie der Produktionsfaktoren wählt. Achtet man auf die sachliche Heterogenität der Durchsetzungs- beziehungsweise Produktionsmittel, dann verwundert es nicht, wenn der direkte Vergleich hier wie dort an Problemen laboriert. Die Probleme mögen hingenommen werden, wo der Umweg über die Verteilung aus prinzipiellen Gründen nicht gangbar ist. Die prinzipielle Unmöglichkeit ist im Fall des kulturellen und sozialen Kapitals aber nicht erwiesen. Warum soll es nicht möglich sein, den negativen Begriff der sozialen Distanz in das positive Maß der Beachtung zu wenden? Gewiß, Distinktion ist etwas anderes als Reichtum an Beachtung. Den Begriff der Distinktion umfaßt nun allerdings der des Prestiges. Das Prestige ruft förmlich danach, als eine Form des Einkommens beschrieben zu werden.

Distinktion und Prestige

Prestige ist kein dingliches Gut, keine persönliche Eigenschaft, es ist nichts, das wie ein Titel verliehen würde. Prestige bürgt zwar für Exklusivität, stellt aber kein Prinzip der Exklusion dar, das mit Türstehern oder Aufnahmeprüfungen verbunden wäre. Es entsteht, indem das Einkommen, das eine Person an Beachtung bezieht, öffentlich registriert und kolportiert wird. Prestige ist, was aus der Beachtung werden kann, die die Person einnimmt. Prestige geht aus der Akkumulation von Beachtung hervor. Beachtung kann akkumuliert werden, obwohl man die Beachtung, die man einnimmt, nicht wie Geld anhäufen und horten kann. Zu einer Akkumulation von Beachtungseinkünften ist es aber dann gekommen, wenn man bekannt dafür geworden ist, bekannt zu sein. Wer bekannt für seinen Bekanntheitsgrad ist, ist bekannt für sein Einkommen an Beachtung. Das persönliche Einkommen hat sogar die Form eines Schatzes angenommen, wenn es von der Person heißt, sie genieße Ansehen, Reputation, Prominenz oder gar Ruhm. Diese immateriellen Schätze können, wie materieller Reichtum, von sich aus zur Einkommensquelle werden. Der Reichtum an Beachtung beginnt sich zu rentieren, wenn der Bekanntheitsgrad selber auffällig, das heißt, zum Gesprächsgegenstand und Thema öffentlicher Meinung wird.

Prestige sorgt für Distinktion. Bourdieu beschreibt –

siehe das Zitat auf S. 79 – die Wirkung, die der berühmte Familienamen in der Beziehungsarbeit entfaltet. Der Name dient Bourdieu als Beispiel für soziales Kapital. Die Wirkung des Namens bemißt sich im höheren Wirkungsgrad der Beziehungsarbeit. Die Wirkung mag letzten Endes zwar auf die Taten und Verdienste der Ahnen zurückgehen, die es zu Ruhm und Ehre gebracht hatten. Der Name klingt aber nicht nur denen in den Ohren, die über die einschlägigen Geschichtskenntnisse verfügen. Der Name beginnt zu klingen, wenn auffällt, wie viele ihn im Mund führen. Der Klang besteht in der Resonanz. Ist er einmal in aller Munde, dann kommt es auf die Gründe, warum man über den Namen zu reden begann, nicht mehr an. Was dann nur noch zählt, ist der akkumulierte Reichtum an Beachtung.

Wenn also Bourdieu die Hebelwirkung des Namens in der Beziehungsarbeit beschreibt, dann beschreibt er mehr als nur die Wirkung des Sachkapitals. Er beschreibt die Wirkung, die der Reichtum von sich aus entfaltet. Was da wirkt, ist ein Kapital in Finanzform. Mehr noch: Es drängt sich die Frage auf, ob das, was Bourdieu unter sozialem Kapital versteht, nicht überhaupt die Finanzform des kulturellen Kapitals darstellt. Gewiß, Bourdieu redet davon, daß das soziale Kapital in der Beziehungsarbeit entsteht. Wenn soziales Kapital nun allerdings nur durch die Arbeit des Knüpfens und Pflegens von Beziehungen entstünde, dann gäbe es im Kapitalismus des Ansehens keine Ausbeutung.

Die Beziehungsarbeit, die zur ursprünglichen Akkumulation von Sozialkapital führt, wird von den Eignern selbst geleistet. Wer die Früchte eigener Arbeit genießt, ist deshalb noch kein Kapitalist. Er ist auch dann noch keiner, wenn ihm bei der Beziehungsarbeit die Arbeit hilft, die in den Beziehungen bereits steckt. Er nutzt dann lediglich die Vorteile der Umwegproduktion. Solange kein Einkommen ins Spiel kommt, das von anderen erarbeitet wird, entsteht weder ein Kapital- noch ein Ausbeutungsverhältnis. Vielmehr erfolgt die Verteilung der Gewinne aus der Investition dann so, wie die Arbeitswertlehre es verlangt: Der Wert – einschließlich des Mehrwerts – geht an die, die ihn erarbeiten. Sogar die Monopolisierung des Besitzes an Sachkapital (wenn es denn so genannt werden dürfte) gibt es innerhalb der Klasse der Arbeitenden. Die Monopolisierung hat dann die Form eines gewerkschaftlichen Syndikats, zu dem sich die Arbeit Leistenden zusammenschließen.

Kein Kapitalismus ohne Trennung der Produzenten von den Produktionsmitteln. Woher der Mehrwert, den die Eigner des sozialen Kapitals abschöpfen, herrührt, wird deutlich, wenn der Distinktionsgewinn als Einkommen beschrieben wird. Ein Ausbeutungsverhältnis kommt zum Vorschein, sobald die zwischenmenschlichen Beziehungen nicht abstrakt als Relationen, sondern konkret als ein Geben für Nehmen beschrieben werden. Werden Beziehungen als ein Acht Geben, um Beachtung einzunehmen, beschrieben, dann wird auch deutlich, warum die Verteilung so »schief« ist. Die Reichen lassen ihren Reichtum arbeiten. Der Reichtum an Beachtung macht es möglich, auffällig mehr an Beachtung einzunehmen, als man selber ausgeben könnte. Die Habenichtse hingegen bekommen für die Acht, die sie auf die Besitzenden geben, nichts zurück. Sie werfen den Reichen Beachtung nach, ohne von denen eines Blickes gewürdigt zu werden. Das ist es, was das soziale Kapital bewirkt. So entsteht die soziale Distanz.

Wo die soziale Distanz auf die ungleiche Verteilung des Reichtums an Beachtung zurückgeht, hat das soziale Kapital die Form des Finanzkapitals. Die Distinktion, die der Besitz des sozialen Kapitals verschafft, geht in diesem Fall ganz auf den Gewinn an Beachtung zurück. Allerdings ist damit nun nicht gesagt, daß der Gewinn an Beachtung immer auch Distinktion verschafft. Vielmehr stehen wir vor der Frage, ob Bourdieu mit dem Gewinn an Distinktion nicht etwas ganz anderes meint als den Gewinn an Beachtung. Könnte es sein, daß der Reichtum an Beachtung zwar notwendige Voraussetzung, aber keineswegs hinreichende Bedingung für die Distinktion ist, die feine Leute macht?

Die feinen Unterschiede

Distinktion, das steht fest, ist etwas anderes als hoher Bekanntheitsgrad. Man kann allgemein bekannt sein, ohne distinguiert zu sein. Und man kann distinguiert sein, ohne allen bekannt zu sein. Sportidole, die Publikumslieblinge im Fernsehen und populäre Politiker sind Spitzenverdiener in Sachen Aufmerksamkeit, aber keine herausragenden Beispiele für Distinktion. Die Snobs der Oberklasse sind distinguiert, jenseits der Zirkel aber, in denen sie verkehren, kaum bekannt. Das heißt, der soziale Abstand, den Bourdieu als Distinktion beschreibt, und die asymmetrische Verteilung der Beachtung sind nicht einfach verschiedene Aspekte desselben Unterschieds. Man kann reich an Beachtung sein, ohne zur elitären Oberklasse zu zählen; und man kann zur Oberklasse gehören, ohne über die Klassengrenze hinaus bekannt zu sein.

Kann aber Prestige nicht in Beachtung übersetzt werden? Und wo liegt der Unterschied zwischen Prestige und Distinktion? Prestige ist der kolportierte Reichtum an Beachtung. Allerdings zählt bei der Beachtung, die wir beziehen, nun mehr als nur das einfache Quantum. Es zählt auch, woher sie kommt. Beachtung ist, anders als Geld, kein anonymes Wertmaß. Es kommt darauf an, von wem sie stammt. Der Wert der Aufmerksamkeit, die wir einnehmen, hängt erstens davon ab, wie hoch wir die Person, die uns beachtet, schätzen, und zweitens von der Wertschätzung, die uns in der Beachtung entgegenkommt. Dieser persönliche

Wert der Aufmerksamkeit ist, worauf es die Distinktion abgesehen hat. Distinktion meint, daß man im Wert, den man auf die Aufmerksamkeit anderer Menschen legt, scharf diskriminiert. Die feinen Unterschiede liegen in der Bewertung der Beachtung, die man einnimmt. Die Sportidole und Publikumslieblinge im Fernsehen bleiben bei allem Reichtum an Beachtung arm an Distinktion, weil sie es sich nicht leisten können, zwischen einer richtigen und einer falschen Seite des Beifalls zu diskriminieren. Die Snobs der Oberklasse sind distinguiert, weil sie es sich herausnehmen, den Beifall von nicht selber distinguierter Seite zu verschmähen.

Damit sind wir beim Problem der Rückübersetzung von Distinktion in Beachtung. Mit der Diskriminierung zwischen Beachtung und Beachtung ist es nämlich um die Homogenität des Maßstabs geschehen, den man braucht, um die verschiedenen Sachen unter den Begriff des Kapitals zu subsumieren. Wenn Beachtung nicht gleich Beachtung ist, dann kann auch der Begriff des sozialen Kapitals nicht in Beachtung aufgelöst werden. Und schon gar nicht kann das soziale Kapital dann als die Finanzform des kulturellen Kapitals aufgefaßt werden. Wir wären dann zurück beim Kapital im lediglich übertragenen Sinn. Ein anderes Einkommen als das an Beachtung kommt für die Kapitalisierung zu Prestige nun einmal nicht in Frage. Sollte es unmöglich sein, das Prestige auf ein homogenes Quantum zurückführen, dann könnte Bourdieu auch kein Vorwurf daraus gemacht werden, daß er den Unterschied zwischen der Anhäufung von Sachkapital und dem Reichtum an Beachtung erst gar nicht macht. Also lautet die Kernfrage der Bewertung: Ist der Wert, den die Menschen auf die Beachtung durch andere legen, rein subjektiv und ganz individuell bedingt, oder kennt die individuelle Psychologie so allgemeine Gründe, daß ein intersubjektiver Vergleich gleichwohl möglich ist?

Der besondere Wert, den die Menschen auf die Beachtung seitens bestimmter anderer legen, hätte dann allgemeine Gründe, wenn der Bekanntheitsgrad, den die andere Person genießt, Einfluß auf den Wert nimmt, der auf ihre Aufmerksamkeit gelegt wird. In diesem Fall hätte die Beachtung, die eine Person einnimmt, Einfluß auf den Wert der Aufmerksamkeit, die sie ausgibt. Wir alle wissen, daß es diesen Einfluß gibt – und daß er Maß gibt. Je größer nämlich der Bekanntheitsgrad einer Person, um so größer ist der Wert, den die Mitmenschen darauf legen, von ihr beachtet zu werden. Warum? Der Grund hat mit der Abhängigkeit unserer Selbstwertschätzung von äußerer Wertschätzung zu tun. Weil wir uns so gut fühlen, wenn wir reichlich Beachtung einnehmen, macht es uns auch Eindruck, wenn andere reich an Beachtung sind. Wessen Selbstwert wächst, wenn er oder sie reichlich Beachtung einnimmt, dessen oder deren Selbstgefühl wächst auch, wenn er oder sie von jemandem Bekannten oder gar Berühmten beachtet wird. Der Zusammenhang ist schlicht, aber zutiefst menschlich. Wir fühlen uns mehr geschmeichelt, wenn wir von einer Person beachtet werden, die angesehen, reputiert oder gar prominent ist, als von irgend jemandem. Alle miteinander leiden wir – oder stehen jedenfalls – unter diesem Diktat der Eitelkeit. Natürlich leiden nicht alle im selben Maß. Es gibt die großen Ausnahmen, die von der Eitelkeit geheilt sind. Wer allerdings sicher sein will, daß er geheilt ist, sollte sein Gewissen noch einmal genau erforschen. Er sollte sich fragen, ob er das gemeine Leiden vielleicht nur aus Scham verdrängt.

Nur zu gut wissen wir um die Fragwürdigkeit der Diskriminierung, zu der uns die Eitelkeit anstiftet. Nur zu gut wissen wir aber auch, daß es den anderen nicht anders geht. Alle Menschenkenntnis lehrt uns, daß der Wert, den die Menschen auf die Aufmerksamkeit ihrer Mitmenschen legen, mit dem Bekanntheitsgrad dieser Mitmenschen steigt und fällt. Natürlich weiß auch Bourdieu um diesen Zusammenhang. Er beschreibt ihn treffend, wenn er die Hebelwirkung des klingenden Namens schildert. Der Klang ist kein Nachhall vergangener Taten, sondern Resonanz in den Mündern der vielen. Das Sozialkapital besteht im Wissen des Publikums um den Reichtum an Beachtung, der mit dem Namen verknüpft ist. Weil dieser Reichtum in den Wert eingeht, den die vielen »Bekannten« auf die Bekanntschaft des Trägers legen, ist dessen Beziehungsarbeit, wenn er sie einmal leistet, so besonders effizient. Der hohe Wirkungsgrad beruht auf diesem gesteigerten Wert.

Der Reiz, den das Wissen um den Reichtum an Beachtung entfacht, übertrifft den, der von guter Erziehung, angenehmen Manieren oder gediegenem Äußeren ausgeht. Der Schlossbesitzer, dessen Namen den Leuten nichts sagt, wird mit dem Gärtner verwechselt. Der Rüpel aber, der weder Bildung noch Manieren zeigt, wird zur begehrten Bekanntschaft, wenn er den richtigen Namen trägt. Nicht alle lassen sich vom Namen bestechen. Ausnehmend ahnungslos oder außerordentlich souverän ist jedoch, wem der Klang gar keinen Eindruck macht. Kurz: Der Wert, den wir auf die Aufmerksamkeit anderer legen, ist zwar zunächst, aber keineswegs nur individuell. Er gründet in der individuellen Psychologie; in Sachen der Eitelkeit ist die aber sehr allgemein. Die Eitelkeit macht uns nicht nur grundsätzlich schwach für die Aufmerksamkeit anderer, sie macht uns besonders schwach für die Aufmerksamkeit, in die Aufmerksamkeit verpackt ist. Weil es so unwillkürlich geschieht, daß wir auf die Einkommensverhältnisse der anderen achten, kommt es dann doch zur sozialen Aufsummierung der eigentlich unvergleichlichen Werte. Im Hintergrund arbeitet eine Buchhaltung, die das Einkommen an Beachtung in den Wert, den die Menschen auf die Acht der anderen legen, einrechnet.

Die Bewertung der eingenommenen Beachtung nach

dem Einkommen des Spenders stellt die ursprüngliche Diskriminierung dar, deren entwickelte Form die Bourdieu'sche Distinktion ist. Die höhere Entwicklung liegt in der Fortbildung des wählerischen Zugs zur systematischen Selektivität. Das Achten auf die Aufmerksamkeit, die diejenigen von dritter Seite beziehen, die auf uns achten, läßt sich auf diese Dritten übertragen. Auch die Dritten können danach klassifiziert werden, wieviel sie ihrerseits verdienen. In der Konsequenz heißt das für das Rechnungswesen, daß die Bezüge generell mit dem Einkommen der Bezogenen gewichtet werden. Wer es sich leistet, wählerisch zu sein, beschränkt seinen Umgang auf diejenigen, die ihrerseits reich an Beachtung sind. Wer den Ehrgeiz hat, den Wert der eingenommenen Beachtung zu maximieren, achtet auf die Genealogie der Aufmerksamkeit insgesamt. Wessen Bekanntschaft von mehreren gesucht wird, als er Bekanntschaften pflegen kann, maximiert sein Einkommen, indem er den Umgang auf diejenigen beschränkt, die reich an der Beachtung von ihrerseits Reichen sind.

Es reicht, diese Rechnung nachzuvollziehen, um die Entstehung elitärer Clubs zu beobachten. Wer es sich leistet, seinen Umgang auf die zu beschränken, die ihrerseits reich an Beachtung sind, hat es nicht nötig, sich den Massen anzudienen, um die Privilegien des Reichtums an Beachtung zu genießen. Er – oder sie – verfügt dann über die Eigenschaft in Reinkultur, die Bourdieu als Distinktion beschreibt. Er – oder sie – realisiert ein Maximum an sozialer Distanz. Diese Distanz hat nun aber aufgehört, eine nur negative Größe zu sein. Sie erweist sich als ein positives Maß. Der Gewinn an Distinktion ist in Einkommensdifferentiale aufgelöst. Was als soziale Distanz erscheint, entpuppt sich als eine Differenz in der Größe des Finanzkapitals. Mehr noch, es zeigt sich, daß die Finanzform Vorrang vor der Sachform des Kapitals gewinnen kann. Die Beachtung, die die Titel, Attribute und Meriten im Lauf ihrer Wirkung auf sich zogen, stellt den ursprünglichen Grund ihrer Wirksamkeit in den Schatten. Auch beim kulturellen Kapital geht die distanzierende Wirkung nicht bloß von der Qualität der Werke oder vom Grad der Kennerschaft aus. Die Wirkung geht vom Wissen um die Beachtung, die die Werke erregen, und von dem Renommee aus, das die Kennerschaft dokumentiert. Hat die Beachtlichkeit einmal angefangen, von sich aus Wirkung zu tun, dann wird es müßig, die Anteile, die auf die sachlichen Eigenschaften zurückgehen, von denen trennen zu wollen, die auf der Kapitalisierung des Einkommens beruhen. Der Profit aus dem Einsatz des Sachkapitals und das rentierliche Einkommen, das der Reichtum an Beachtung abwirft, verschmelzen zu einem unzertrennlichen Amalgam.

Die wertschätzende Kraft und ihre Reproduktion

Mit dem Einkommen an Beachtung, welches seinerseits gewichtet ist mit dem Einkommen der beachtenden Person, liegt das Maß für den Wert vor, mit dem es möglich wird, die Begriffe des kulturellen und sozialen Kapitals in den Kreislauf des Gebens und Nehmens von Beachtung zu integrieren. Das Maß ist homogen insofern, als es nur Beachtung ist, die ins Gewicht fällt. Es ist objektiv insofern, als nur das öffentlich kolportierte Einkommen zählt. Es ist kein Maß, das eigens angelegt werden müßte, denn sein Fungieren beschreibt, wozu es kommt, wenn Menschen, die nicht frei von Eitelkeit sind, Aufmerksamkeit tauschen. Auch das Kapital ist nichts, das dem Kreislauf hinzugefügt werden müßte oder so einfach herausgenommen werden könnte. Als kulturelles Kapital fungieren die Sachmittel, die es erlauben, den Tausch asymmetrisch zu gestalten. Als soziales Kapital fungiert der Reichtum, der das Achten der Person gewichtet. Beide, kulturelles und soziales Kapital, sorgen zusammen für die charakteristisch schiefe Verteilung des Sozialprodukts an Beachtung. Weil sie es erlauben, den Austausch asymmetrisch zu gestalten, und weil ihre Akkumulation zur Selbstverstärkung neigt, kommt es dazu, daß wenige viel und die vielen wenig Beachtung erhalten.

So weit reicht der Einfluß, den das Kapitalverhältnis auf das Verhältnis von Wertlegen und Achtgeben nimmt: Es kann nicht mehr entschieden werden, ob die Verteilung der Werte, nämlich Besitztümer, die Verteilung der Beachtung bestimmt, oder ob es nicht vielmehr die Verteilung der Beachtung ist, die die Besitztümer bewertet. Der Kreislauf des Gebens für Nehmen ist das Primäre, nicht die Mittel. Die Verteilung der Einkommen bewertet die Mittel, die für die Verzerrung einer angenommen gleichmäßigen Verteilung verantwortlich gemacht werden. Man kann sogar sagen, daß es erst die Verzerrungen der angenommen gleichmäßigen Verteilung klar machen, daß da Mittel sind, die die Kraft haben, die Verteilung asymmetrisch zu gestalten. Zuerst kommt der Kreislauf des Gebens und Nehmens. Er ist in der Ökonomie der Aufmerksamkeit so grundlegend wie der Kreislauf der *basic goods* in der Güterwirtschaft Piero Sraffas.*

Von der Beachtung, die sie einnehmen, leben keineswegs

---

* Güterwirtschaft im Gegensatz zu Geldwirtschaft. Sraffas Modell ist unter anderem ein schlagendes Argument dafür, daß die Form einer kapitalistischen Ökonomie nicht an den Kreislauf des Gelds gebunden gedacht werden darf. Weil Löhne – und, im Fall von Zinsen, auch Profite – Kosten sind, bleibt der (Geld-) Preis von Kapitalgütern unbestimmt, solange die Aufteilung des Sozialprodukts in Löhne und Profite nicht bestimmt ist. Um mit dieser Unbestimmtheit umzugehen, bestimmt Sraffa einen Güterstandard, der die Input-Output-Relationen des gesamten Systems repräsentiert. Siehe Sraffa 1960. Diesem Güterstandard entspricht das Konzept der Aufmerksamkeit, in deren Wert die Verteilung des Sozialprodukts an Beachtung eingegangen ist.

nur die Reichen. Vom Einkommen an Beachtung leben alle, auf deren Achten Wert gelegt wird. Von der Wertschätzung, die wir empfangen, lebt nämlich unsere Selbstwertschätzung. Der Beleg für die Wertschätzung, die wir empfangen, liegt in der Acht, die man auf uns gibt.[4] Ohne Selbstwertgefühl ist die Acht, die wir zu geben haben, schlecht geeignet, Wertschätzung zu vermitteln. Wir sind nur produktiv im Leisten wertschätzender Beachtung, solange wir den Anschein einer halbwegs intakten Selbstwertschätzung erwecken. Das heißt, in der Ökonomie der Aufmerksamkeit gibt es eine Entsprechung zur Reproduktion der Arbeitskraft: die Reproduktion der Kraft, Acht zu geben, die etwas wert ist. Also gibt es in dieser Ökonomie auch einen Subsistenzlohn. Der Subsistenzlohn besteht in dem Einkommen an Beachtung, das nötig ist, um ein intaktes Selbstwertgefühl zu ernähren.

Damit zeigt sich zweierlei. Es zeigt sich erstens, wie die Begriffe des kulturellen und sozialen Kapitals gefaßt werden müssen, damit sie mit der Kapitaltheorie nach Marx kompatibel werden. Zweitens zeigt sich, wie Bourdieu die Begriffe hätte fassen müssen, um Marxens Kapitaltheorie in ökonomisch schlüssiger Weise zu assimilieren.

Wenn der Wert des Kapitals nicht unabhängig von der Teilung des Sozialprodukts in die Einkommensklassen zu bestimmen ist, was bestimmt dann diese Verteilung selbst? Die Ricardianer nehmen an, daß über die Aufteilung in Löhne und Profite in einem gesellschaftlich organisierten Verteilungskampf zwischen den Parteien Arbeit und Kapital entschieden wird. Je nach Verhandlungspositionen fällt die Verteilung des Nettoprodukts, also des Teils des Sozialprodukts aus, der über der Summe der Subsistenzlöhne liegt. Ist einmal die Verteilung zwischen den Klassen entschieden, dann bleibt es der Verwertungskonkurrenz überlassen, wie die Profitsumme unter den Kapitalisten verteilt wird. In diesem sekundären Verteilungskampf wird entschieden, welchen Wert die Kapitalgüter annehmen. Dieser Wert ist der auf den Gegenwartwert abdiskontierte Gewinn, den der Besitz des Guts erwarten läßt.

Diese Lösung ist ohne weiteres auf die Bestimmung, was das kulturelle und soziale Kapital wert ist, zu übertragen. Auch in Sachen der Aufmerksamkeit haben wir mit einem gesellschaftlich organisierten Verteilungskampf zu tun. Wir haben die Schicht der Besitzenden, die über die Attraktions- und Durchsetzungsmittel verfügen, und wir haben die Masse der Beachtung Leistenden. Die Schicht der Besitzenden war zur Zeit Bourdieus noch die elitäre Spitze der Gesellschaft. Die Masse der Beachtung Leistenden war das Volk, das die Oberschicht kennt und anerkennt. Gemessen am Grad der Organisation, die der gesellschaftliche Kampf um die Aufmerksamkeit inzwischen angenommen hat, beschreibt Bourdieu noch früh-, um nicht zu sagen, vorkapitalistische Verhältnisse. Der Verteilungskampf war noch nicht selber Thema der öffentlichen Meinung. Das hat sich drastisch verändert. Inzwischen ist die gesellschaftliche Verteilung der Beachtung ein ständiges Thema in den Medien und zumal den Massenmedien. Sie selbst sind die Arenen dieses Kampfs um die Verteilung – und sie thematisieren das Geschehen dieses Kampfs. Sie thematisieren erstens das Geschehen des Kampfs innerhalb der Medien, das heißt, der Verwertungskonkurrenz. Überall Bestsellerlisten, Quotenhuberei, Preisverleihungen nicht für die Qualität, nein, für den Publikumserfolg. Aber natürlich tobt auch der Kampf um die primäre Verteilung. Und auch dieser Kampf ist inzwischen hoch organisiert. Die Parteien sind die zur einen Seite, die die Medien für sich benutzen und in den Medien vorgeführt werden, und das Volk zur anderen Seite, das hinter den Bildschirmen und Blättern Beachtung leistet. Das Geschäft der Massenmedien ist es, mit welchem Mittel auch immer, das Maximum an Aufmerksamkeit aus dem Publikum herauszuholen. Die Massenmedien werden assistiert von der Werbung. Gemeinsam ist ihnen die professionell betriebene und industriell organisierte Jagd auf die Aufmerksamkeit des breitest möglichen Publikums. Und der Kampf um die Beachtung teilt soziale Klassen. Er wird mit ungleichen Mitteln geführt. Die eine Seite ist hoch gerüstet. Das Rüstzeug besteht aus kulturellem und sozialem Kapital. Das Volk hinter den Bildschirmen und Blättern ist weder gerüstet noch organisiert. Es ist das Kollektiv der Endabnehmer in einem Netz technischer Infrastruktur, das Information liefert und Aufmerksamkeit abholt. Diese Aufmerksamkeit ernährt die Klasse derer, die um Größenklassen mehr an Beachtung einnehmen, als sie selbst erwidern könnten.

Man mag sich fragen, ob dieser Verteilungkampf nicht sogar zu jenem Ausmaß an Ausbeutung tendiert, von dem Marx ausging. Im Unterschied zu den Ricardianern nimmt Marx an, daß das gesamte Nettoprodukt an die Klasse der Kapitalisten geht. Der gesellschaftlich organisierte Kampf um die Verteilung kann, so nimmt Marx an, unter den Machtverhältnissen einer einseitig besitzenden Klasse wenig bestellen. Die Klasse, die die Produktionsmittel besitzt, ist auch in der Lage, den Mehrwert in voller Höhe abzupressen. Es ist ohne weiteres möglich, auch diese Annahme auf die Ökonomie der Aufmerksamkeit zu übertragen. Sie besagt in diesem Kontext, daß die Absorption durch den Medienkonsum so weit geht, daß nur noch derjenige Rest für den persönlichen Austausch bleibt, der nötig ist, um die wertschätzende Fähigkeit der lebendigen Aufmerksamkeit zu reproduzieren. Bourdieu hätte sich vielleicht gescheut, diese Annahme zu treffen, denn erstens ist es nicht einfach, dieses Subsistenzniveau zu bestimmen, und zweitens war die Rate der Ausbeutung in den Verhältnissen, die Bourdieu im Auge hatte, noch mild. Theoretisch hätte aber die Chance bestanden, die Marx'sche Lehre schlüssig zu adaptieren. Es hätte nicht jener unsinnigen Forderung eines Erhaltungssatzes für soziale Energie bedurft (siehe das Zitat auf S. 76 oben).

Warum verfiel Bourdieu auf diese abstruse Idee? Es gibt eine triviale und eine nicht so triviale Antwort. Die triviale Antwort ist, daß er die Arbeitswertlehre zu wörtlich nahm. Die nicht so triviale Antwort ist, daß er die Arbeitswertlehre nicht wörtlich genug nahm.

Der Erhaltungssatz sozialer Energie, wie Bourdieu ihn postuliert, besagt, daß die Arbeit, die in den Produkten und Beziehungen steckt, nicht verloren geht. Diesen Erhaltungssatz zieht Bourdieu heran, um den Wert der Kapitalarten durcheinander, das heißt, durch Übersetzung der einen in die andere Art, zu bestimmen. Weil außer dem kulturellen und dem sozialen Kapital auch das kommerzielle oder, wie er es nennt, ökonomische Kapital eine Rolle spielt, kann er den Wert des immateriellen Kapitals somit an dem des materiellen aufhängen. Wenn der Wert des materiellen Kapitals durch die Arbeit bestimmt ist, die in ihm steckt, dann ist – qua Übersetzung – auf diese Art auch der Wert des immateriellen Kapitals bestimmt.

Diese Konstruktion ist gewagt, könnte theoretisch aber halten, wenn die Bedingung zu halten wäre, daß das materielle Kapital die Arbeit wert ist, die in ihm steckt. Eben diese Auffassung ist nun aber nicht und war noch nie zu halten. Auch und gerade Marx wußte dies. Daher die Mühe, die er sich mit der Anpassung der Arbeitswertlehre machte.[5] Bourdieu nimmt den Grundsatz, daß nur die lebendige Arbeitskraft produktiv ist, zu wörtlich. Er hätte diesen Grundsatz aber noch wörtlicher nehmen können, als er es tat, wenn er ihn in den Kontext der Aufmerksamkeitsökonomie gestellt hätte. In diesem Kontext trifft es ohne Abstriche zu, daß immer lebendige Aufmerksamkeit im Spiel ist, wenn Werte geschöpft werden, und daß nur diese lebendige Kraft produktiv ist, weil sie mehr Wert schöpft, als ihre Reproduktion verbraucht. Aufmerksamkeit ist immer im

Spiel, wenn persönliche Wertschätzung aufgebaut und unterhalten wird. Sie wird immer in ausreichendem Maß eingenommen, wenn es der Selbstwertschätzung gut geht. Die wertschätzende Beachtung ist produktiv in dem Sinn, daß sie mehr Wertschätzung stiften kann, als sie Wertschätzung braucht, um ihre Wert stiftende Kraft zu erhalten. Allerdings – und dieser Unterschied zur altehrwürdigen Arbeitswertlehre ist entscheidend – muß die Beachtung keine Arbeit leisten, um Wert zu schöpfen. Es reicht, daß sie achtsam konsumiert.[6] In Sachen der Kultur schöpft die Beachtung Einkommen auch dann, wenn sie rezipierend tätig ist. Die Pointe ist allerdings, daß die Energie tatsächlich erhalten wird. Die Beachtung, die geleistet wird, erhält sich erstens dadurch, daß sie in Selbstwert übersetzt wird, und zweitens dadurch, daß sie auf der Seite der Bezieher kapitalisiert wird.

Es gibt keinen Erhaltungssatz sozialer Energie. Es gibt aber eine bemerkenswerte Erhaltung mentaler Energie. Diese Erhaltung steckt hinter der Wertbestimmung des immateriellen Kapitals und hinter der Möglichkeit, die Kapitalarten ineinander zu übersetzen. Diese Erhaltung dürfte es gewesen sein, die Bourdieu im Sinn hatte, die er aber nicht zu fassen bekam, weil er keinen Begriff von der Zirkulation hatte, die die Werte überträgt. So kam es, daß sein Blick so ganz auf das System der Distanz fixiert blieb, die der Besitz verschafft. Es sah nicht, daß die Besitzstände selber ein Teil – und ein Produkt – des Kreislaufs sind, in dem Acht gegeben und Beachtung eingenommen wird. Er sah sich gezwungen, den Besitzständen als solchen die Kraft zuzumuten, soziale Distanz herzustellen. Das ist der Grund, warum denn auch das Seelenleben so ganz hinter der sachlichen Oberfläche verschwindet.

Die Höhe der Kultur und die vertikale Differenzierung
der kulturellen Märkte

Und doch: Noch kein Kunstwerk, noch kein Familiensilber, noch kein Erinnerungsstück hat je die Zuwendung ersetzt, die die Seele braucht, um sich selbst zu mögen. Die Kunstsammlung, der aufwendige Haushalt, die Ahnengalerie sind nur eben sehr hilfreich beim Beschaffen der Beachtung, an der das Selbst wächst. Sie sind in dem abgeleiteten Sinn produktiv, daß sie den Wirkungsgrad der Acht erhöhen, die man gibt, um Beachtung einzunehmen. In dem Moment nun aber, in dem es zur Aneignung und Herstellung von Mitteln kommt, den Wirkungsgrad der Acht zu erhöhen, wird es auch möglich, die Tauschbeziehungen gezielt asymmetrisch zu gestalten. Und wenn es in nennenswertem Maß gelingt, die Relationen des Tauschs asymmetrisch zu gestalten, dann kommt es zur Aufteilung des Sozialprodukts in die Entlohnung geleisteter Beachtung und die Belohnung für den Besitz von Darstellungs- und Attraktionsmitteln. Die Trennung der Produktionsmittel von den Produzenten wird schlagend deutlich, wenn die Besitzenden physisch gar nicht mehr anwesend sein müssen, um die Beachtung entgegenzunehmen. Die Produktionsmittel haben scheinbar autonome Produktivität angenommen, sobald die Besitzer es sich leisten, sich durch Repräsentationen vertreten zu lassen. Wenn Bilder, Symbole, Geschichten oder Berichte die Aufmerksamkeit auf die dargestellte Person lenken, dann bezieht diese Beachtung, ohne Beachtung zu erwidern. An der Schöpfung der Einkommen, die aus diesem indirekten Tausch hervorgehen, sind dann nur noch die beteiligt, die lebendige Aufmerksamkeit spenden. Die Eigner der Darstellungs- und Attraktionsmittel eignen Mehrwert ohne eigenes Zutun an.

Wenn der mittelbare Tausch anfängt, eine gesellschaftlich erhebliche Rolle zu spielen, dann nimmt der Kreislauf eine neue Qualität an. Der lokale und nur ausnahmsweise zentrierte Betrieb des Tauschens geht über in die Form eines in sich differenzierten Systems von Märkten. Es gibt dann die Abteilung des direkten Austauschs, in welcher das Acht Geben direkt mit dem Einnehmen von Beachtung gekoppelt ist. Es gibt dann eine Abteilung des mittelbaren Tauschs, wo Repräsentationen angeboten und lebendige Aufmerksamkeit für den Konsum ausgegeben wird. Und es wird dann ein Markt entstehen, wo die Attraktionsmittel als Kapitalgüter angeboten und nachgefragt werden.

Mit dieser Dreiteilung haben wir erstmals mit einem genuin kapitalistischen System zu tun. Wir haben Produktions- und Reproduktionsverhältnisse vorliegen, wie sie der Terminus Kapital einschließt. Wir haben zunächst einmal die Sphäre, in der sich die wertschöpfende Kraft selber reproduziert. Die lebendige Aufmerksamkeit lebt von der lebendigen Zuwendung anderer. Sie büßt ihre wertschöpfende Kraft ein, wenn sie sich kein intaktes Selbstwertgefühl leisten kann. Diese Sphäre ist nicht scharf, aber substantiell von einer anderen getrennt, die entsteht, weil ein Mehrwert abgezweigt wird. Dieser Mehrwert fällt zunächst einmal in der harmlosen Form an, daß sich diejenigen, die sich direkt austauschen, über andere unterhalten. Wenn zwei sich über Dritte unterhalten, verdienen die Dritten an der getauschten Beachtung mit. Mehr noch, die mittelbare Teilhabe ist, woraus das soziale Ansehen der Dritten gemacht ist.[7] Die Beachtung, die da abgezweigt wird, ist ein Mehrwert im wörtlichen Sinn. Der Mehrwert entsteht, weil diejenigen, die sich da austauschen, mehr an Beachtung produzieren, als ihr Austausch verbraucht. In den Genuß dieses Mehrwerts können freilich auch bloße Repräsentationen kommen. Etwa, wenn die beiden sich über das Fernsehen unterhalten oder Geschichten aus Klatschspalten kolportieren. Zur Trennung der Sphären ist es dann allerdings schon vorher gekommen. Nämlich durch den Umstand, daß die Betreffenden ferngesehen haben anstatt sich zu unterhalten, oder Zeitung gelesen haben anstatt einander Geschichten zu erzählen. Die Aufmerksamkeit, die sie für den Konsum mediatisierter Information ausgegeben haben, ist Mehrwert, den sie ohne gegengeleistete Einnahme weggegeben haben.

Es ist hier, wo die Bruchlinie zwischen der Entlohnung lebendiger Arbeit und der Belohnung für Besitz verläuft. Die Bruchlinie wird zur Front, wo der Kampf um die Aufmerksamkeit von den Besitzern der Attraktionsmittel mit System betrieben und technologisch perfektioniert wird. Allerdings kann der Bruch nun auch auf ganz zivile Art zustande kommen. Er kann durch die Ausdifferezierung von Märkten geschehen. Die Märkte nicht nur der Massenkultur, sondern auch des traditionellen Kulturbetriebs sind Konsummärkte. Ob im Fernsehen, Kino, Konzert, Theater, Buchhandel oder Ausstellungsbetrieb: Es wird kulturelle Information geboten und von Endabnehmern konsumiert. Die Märkte, nämlich die Foren und Medien des Betriebs, werden in der Regel nicht von den Produzenten direkt beliefert. Die typischen Anbieter auf den Märkten für kulturelle Information sind Vermittler: Sendeanstalten, Filmverleiher, Spielstätten, Verlage, Veranstalter. Diese kaufen Dienstleistungen und Vorprodukte ein, um konsumierbare Information zu liefern. Die Märkte, auf denen sie einkaufen, sind Kapitalmärkte, nämlich Märkte für kulturelles Kapital.

Die klassischen Anbieter auf diesen Kapitalmärkten sind Künstler, Schriftsteller, Architekten, Wissenschaftler. Zu den nach wie vor handwerklich Produzierenden sind inzwischen Zulieferindustrien hinzugekommen, die die Nachfrage der Sendeanstalten, Filmverleiher, Spielstätten, Verlage, Veranstalter bedienen. Diese Zulieferindustrien sind es, die jene Spitzentechnik der Attraktion entwickeln. Allen Lieferanten kulturellen Kapitals ist gemeinsam, daß ein erheblicher

Teil ihrer Produktion ohne Umweg über das Publikum wieder in die kulturelle Produktion eingeht. Künstler, Schriftsteller, Designer und Wissenschaftler achten zunächst einmal auf ihresgleichen, lernen voneinander, imitieren, plagiieren einander. Für diesen Transfer wird nicht in Geld, sondern nur eben in Aufmerksamkeit bezahlt. Die Acht, die die Produzenten kulturellen Kapitals aufeinander geben, ist ein ausgezeichnetes Maß für Produktivität. Die höchste Stufe der Produktivität erklimmt in der kulturellen Produktion, wer Schule macht. Schule macht, wessen Produktion von Mitproduzenten nachgeahmt, zitiert, weiterentwickelt wird. Die Nachahmung, das Zitat, die Weiterentwicklung belegen, daß die Erfindung oder Entdeckung als Produktionsmittel aufgegriffen und verwertet wurde.

Der Unterschied, den Bourdieu zwischen hoher und populärer Kultur macht, hat auch – um nicht zu sagen, vor allem – mit der Rolle zu tun, die diese internen Kapitalmärkte des Kulturbetriebs spielen. Für eine Disziplin macht es nämlich einen entscheidenden Unterschied, ob die Produzenten direkt den Konsum bedienen, oder den Austausch erst einmal untereinander pflegen. Von der Rolle dieses internen Austauschs hängt das Anspruchsniveau ab, das es Sinn hat anzustreben. Zur hohen Kultur gehören diejenigen Disziplinen, in denen die Produktion sich zunächst einmal auf internen Kapitalmärkten durchsetzen muß. Höhe in diesem Sinn hat nicht zunächst mit dem Anspruch des Publikums, sondern damit zu tun, daß das Urteil der Mitproduzenten Maß gibt. Nur dort, wo man auch unter Künstlern bekannt werden kann, haben Erfindungen und Entdeckungen eine Chance, die dem allgemeinen Geschmack und breiten Verständnis weit voraus sind. So hat denn auch die Frage nach der Autonomie eines Felds kultureller Produktion damit zu tun, ob ein interner Markt etabliert und meinungsbildend ist. Autonom ist die Produktion, die nur ihren eigenen Kriterien und nur den von innen heraus artikulierten Ansprüchen verpflichtet ist. Diese eigenen Kriterien sind die, die von den Mitproduzenten hochgehalten werden. Die von innen heraus artikulierten Ansprüche sind die, die sich in der Gemeinschaft der Produzenten durchgesetzt haben.

Auch in den Fächern der populären Kultur gibt es Künstler, die zunächst einmal von anderen Künstlern wahrgenommen werden. Auch hier umgibt diese Künstler-Künstler ein besonderer Nimbus. Allerdings trifft es nun zu, daß die Produktion für die Produzenten in den Fächern der hohen Kultur eine signifikant wichtigere Rolle spielt. Sowohl im musealen wie auch im avantgardistischen Sektor der hohen Kultur müssen zunächst einmal die internen Kapitalmärkte – einschließlich des Markts der professionellen Meinung – bedient werden, um den Weg zu breiteren Publika zu nehmen. Auf diesen Vorrang der Produktion für die Produzenten wird im vierten Kapitel zurückzukommen sein. Hier gilt es anzuerkennen, wie nahe Bourdieu dieser Umdeutung des Systems differentieller Geltung in ein System differenzierter Märkte schon war. Er hat den internen Märkten ein eigenes Buch gewidmet: *Die Regeln der Kunst* (Bourdieu 1992). In den Regeln der Kunst zeichnet Bourdieu die Entwicklung der literarischen Felds zu der Hochkultur nach, die im Frankreich des 19. Jahrhunderts blühte. Für diese Entwicklung war bezeichnend, daß es zu Beginn die Stückeschreiber, später die Romanciers und schließlich die Lyriker waren, die den Ton im literarischen Diskurs angaben.[8] Die Lyriker sind diejenigen unter den Literaten, die den kleinsten Markt – um nicht zu sagen, fast nur den internen Markt – bedienen. Lyriker werden vor allem von anderen Lyrikern gelesen.

Von hier stammt die Berechtigung für die verfängliche Bezeichnung der hohen als elitärer Kultur. Verfänglich ist die Bezeichnung, weil sie insinuiert, die hohe sei diejenige Kultur, die von elitär gesinnten Konsumenten bevorzugt wird. Berechtigt ist die Bezeichnung der hohen als elitärer Kultur insofern, als sie von den kulturellen Produzenten selber bevorzugt wird. Die Kultur, die von den Produzenten bevorzugt wird, ist ausgezeichnet. Ihre Auszeichnung besteht darin, daß sie als Produktionsmittel der kulturellen Produktion dient. Die selber produzierten Produktionsmittel der kulturellen Produktion sind die auf den internen Kapitalmärkten gehandelten. Die Ausdifferenzierung solcher Kapitalmärkte ist gleichbedeutend mit der Auswahl der Teilnehmer, die zugelassen sind und deren Nachfrage zählt. Diese Auswahl erfolgt nicht durch demokratische Wahl oder im Namen höherer Autorität, sondern durch Kooption. Niemand anderes als die, die im Club schon sind, entscheiden über die Aufnahme. Die einzige Legitimation des Verfahrens liegt in dem Prestige, welches das Feld in der Gesellschaft genießt. Wer das Sagen drinnen hat, das machen die Mitglieder des Clubs untereinander aus. Sie nehmen intern eine Umverteilung der Beachtung vor, die das Feld von außen verdient. So entstehen Eliten.

So entstehen auch Voraussetzungen für herausragende Leistung. Das Niveau, das mit dem Wort Hochkultur assoziiert wird, steht für mehr als nur die Häufung außergewöhnlicher Einzelleistungen. Es bezieht sich auf kollektive Standards und die Leistung mehrerer Generationen. Solche Höhe wird nur durch die koordinierte Anstrengung vieler gewonnen. Die typische Form dieser Koordination ist, daß eine vom Publikumserfolg abgekoppelte Selektion funktioniert, in welcher Sachverstand und Kennerschaft das Sagen haben. Diese Abkoppelung birgt Chancen, aber auch Risiken. Sie ist eine prekäre Operation, denn sie muß ohne unabhängige Kriterien auskommen. Es gibt keine Kriterien für Sachverstand und Kennerschaft, die von außen kämen. Ob sich jemand auf einem anspruchsvollen Gebiet auskennt oder nicht, können nur die beurteilen, die sich selber auskennen. Die Auswahl der Kompetenten setzt also immer schon die Auswahl Kompetenter voraus. Diese Selbstbezüglichkeit ist der Selbstorganisation förderlich, sie birgt aber auch alle Gefahren der Selbstbedienung. Nicht einmal die Verselbständigung als solche hat unabhängige Kriterien des Gelingens. Sie ist erfolgreich, wenn die interne Auswahl dem äußeren Erfolg vorauseilt. Sie bedeutet ein Scheitern, wenn dem internen Erfolg kein äußerer folgt. Allerdings ist die Anerkennung jenseits des Clubs nun wiederum kein ganz unabhängiger Test. Das Publikum reagiert nicht unbefangen auf die Werke, sondern auch darauf, wie sie angekündigt, besprochen und – eben – unter die Leute gebracht werden. Der kulturelle Konsum ist immer durch Vorkenntnis und Vorinformation konditioniert. Er ist kaum je frei von Suggestion – und Selbstsuggestion. Das einzige Mittel gegen die Manipulation ist, daß Sachverstand und Kennerschaft auch auf Seiten des Publikums wachsen.

Trotz – oder wegen – dieser Klippen birgt die Entkoppelung enorme Chancen. Bestes Beispiel, um die Chancen zu illusrieren, ist die Wissenschaft. Die Wissenschaft ist dasjenige Feld kultureller Produktion, das die höchste Autonomie errungen hat. Charakteristisch für die Disziplinen, denen die Wissenschaft ihr enormes Prestige verdankt, ist, daß die internen Kapitalmärkte den eindeutigen Vorrang vor den Märkten haben, auf denen Endabnehmer versorgt werden. In den Naturwissenschaften, in den technischen Disziplinen der Sozialwissenschaften, in der formalen Logik und Linguistik und zumal in der Mathematik zählt nur das Urteil derer, die auf demselben Gebiet forschen. Der Kapitalmarkt, auf dem alles erscheinen muß, was wissenschaftlichen Wert beansprucht, ist die wissenschaftliche Kommunikation. Die Information, die auf diesem Markt abgesetzt wird, geht ohne Umweg über externe Märkte wieder in die wissenschaftliche Produktion ein. Abgesetzt ist die Information, die zitiert wird. Das Zitat hat keinen – jedenfalls keinen direkten – Bezug zur Nutzanwendung der Information jenseits des Clubs der Forscher. Die Wissenschaft ist eine in sich geschlossene, durchaus entkoppelte, um nicht zu sagen, freischwebende Sphäre kultureller Produktion. Dennoch stellt sie seit mehr als drei Jahrhunderten ein Feld kollektiver Hochleistung dar. Mehr noch, sie ist das Feld, das den Primat unter den Feldern kultureller Produktion errungen hat. Im 20. Jahrhundert ist sie zur Leitkultur aufgerückt. Sie ist das Feld, welches das Weltbild – auch für die anderen Felder – prägt. Inzwischen hat sie sogar als Industrie Vorrangstellung errungen. Der wissenschaftliche Forschungsbetrieb ist die führende Industrie in der nachmodernen Gesellschaft.

Man könnte erwarten, daß die Wissenschaft auch in Bourdieus Bild der Kultur eine zentrale Rolle spielt. Diese Erwartung wird enttäuscht. Der *homo academicus* ist zwar auch Wissenschaftler. Zunächst ist er aber Lehrender an der Universität. Im universitären Betrieb spielen das kulturelle und soziale Kapital zwar eine – nicht unwichtige – Rolle. Die Wichtigkeit leitet sich aber nur bedingt von der Nachfrage nach Produktionsmitteln für die Produktion von Wissen ab. Der universitäre Betrieb produziert zunächst einmal akademische Titel. Die Welt des *homo academicus* ist noch ständisch organisiert und trägt vernehmbar feudale Züge. So ist auch die wissenschaftliche Produktion im wesentlichen noch handwerklich. Nicht das Konto der Zitate, der Rang der akademischen Titel wird maximiert. Statt einer Industrie, in der spezialisierte Linien der Produktion Inputs für spezialisierte andere Linien der Produktion herstellen, malt Bourdieu das Bild einer Kaderschmiede, deren vorrangige Aufgabe in der beruflichen Qualifikation liegt.

Dieses Bild des Forschungsbetriebs läßt aufhorchen. Der Gegensatz zum literarischen Betrieb ist frappant. Dabei ist der *homo academicus* kein Vertreter des 19. Jahrhunderts, sondern lebt in den Jahren um 1968. Waren die Verhältnisse an den französischen Universtitäten in den Sechziger-

und Siebzigerjahren des 20. Jahrhundets besonders rückständig? Oder wäre es Bourdieu nicht eingefallen, die Wissenschaft als ein sich selbst organisierendes System von Märkten zu beschreiben? Schilderte er die Verhältnisse am Vorabend einer industriellen Revolution? Oder war ihm der Gedanke ganz einfach fremd geblieben, daß die Suche nach der Wahrheit zum Gegenstand einer Industrie wird?

Kapitel 3
Die Wissensindustrie

Die Produktion von Wissen ist Inbegriff der geistigen Produktion. Wissenschaft ist die Produktion von Wissen mittels vorproduzierten Wissens und frischer Aufmerksamkeit. Aufmerksamkeit ist sowohl Mittel als auch Zweck der wissenschaftlichen Produktion. Wissenschaftler investieren eigene Aufmerksamkeit, um an die Aufmerksamkeit anderer Wissenschaftler zu kommen. Nur diejenigen Ergebnisse der Forschung, die Beachtung in der Gemeinschaft der Forschenden finden, nehmen wissenschaftlichen Wert an. Der Zyklus der wissenschaftlichen Produktion schließt sich, wenn die Aufmerksamkeit, die in die Forschung investiert wurde, in das Einkommen an Aufmerksamkeit umgewandelt ist, die die Publikation der Ergebnisse verdient.

Die Wissenschaft ist nicht nur Inbegriff der geistigen Produktion, sie ist auch Musterbeispiel für die Bildung kulturellen und sozialen Kapitals. Theorien, Theoreme und wissenschaftliche Fakten sind kulturelles Kapital in objektivierter Form; Expertise, formales Training und eingeweihte Routine sind kulturelles Kapital in verinnerlichter Form; Doktoren- und Professorentitel sind kulturelles Kapital in institutionalisierter Form. In allen diesen Formen ist das Kapital sowohl Ergebnis als auch Mittel der Umwegproduktion. Das Ergebnis wird wieder zum Produktionsmittel durch den Absatz auf dem Markt für wissenschaftliche Information. Effektiv abgesetzt ist das Ergebnis, dessen Wiederverwendung durch Zitat belegt wird. Das Zitat mißt zum einen die Produktivität, die ein Stück wissenschaftlicher Information entwickelt, und zum anderen das Einkommen, das der Autor in der Form sachverständiger Aufmerksamkeit bezieht. Aus der Akkumulation und Kapitalisierung dieses Einkommens geht wissenschaftliche Reputation hervor. Wissenschaftliche Reputation ist ein typisches Beispiel für soziales Kapital. Ansehen, Bekanntheit und Berühmtheit des Wissenschaftlers sind soziales Kapital in objektivierter Form; das professorale Selbstwertgefühl und die Selbstsicherheit der Koryphäe sind soziales Kapital in verinnerlichter Form; der klingende Namen des Lehrstuhls, die nach dem Autor benannte Theorie und der Nobelpreis sind soziales Kapital in institutionalisierter Form.

Der Kapitalismus ist eine höchst dynamische, alle Kräfte mobilisierende und aggressiv auf Expansion gerichtete Wirtschaftsweise. Die Wissenschaft ist eine dynamisch wachsende, bis zur Leidenschaftlichkeit motivierte und unablässig expandierende Industrie, seitdem die wissenschaftliche Kommunikation einen funktionierenden Kapitalmarkt darstellt. Die treibende Kraft hinter dieser Dynamik ist der freigesetzte Drang zu forschen, aber nicht nur. Es ist der innere Drang im Verein mit dem äußeren Sog. Der Sog geht aus von der Gratifikation. Seitdem die wissenschaftliche Kommunikation als Kapitalmarkt funktioniert, ist es nicht länger die Macht, die das Wissen bedeutet, wofür Wissenschaftler arbeiten. Es ist auch nicht – jedenfalls nicht in erster Line – der kommerzielle Gewinn. Wissenschaftler arbeiten von nun an für die Anerkennung seitens derer, mit denen sie ein leidenschaftliches Interesse, Hingabe in der Sache und die Gewißheit teilen, der Lösung von Weltenrätseln auf der Spur zu sein. Dieses Motiv zieht die brillantesten Köpfe an und mobilisiert die besten Talente. Liegt hier das Rezept für den historischen Erfolg des Unterfangens Wissenschaft?

Was heißt: Fortschritt der Erkenntnis?

Die Frage hat es in sich. Sie hat es in sich, weil der Erfolg sich zunächst einmal auf das Prestige bezieht, das die Wissenschaft in den Gesellschaften genießt, die sich den teuren Betrieb leisten. Der Sinn und der Zweck des Betriebs liegt jedoch im Fortschritt der Erkenntnis. Die Wissenschaft ist zweifellos erfolgreich im Vermitteln des Eindrucks, daß ihre Herangehensweise und Organisation den kollektiven Fortschritt der Erkenntnis maximieren. Eine ganz andere Frage ist, ob dieser Eindruck begründet ist. Um den Eindruck zu begründen, müßte der Fortschritt irgendwie gemessen werden. Noch hat aber niemand den Fortschritt der Erkenntnis gemessen.

Man könnte meinen, der Fortschritt der Erkenntnis bestehe darin, daß sich der Abstand zwischen dem Wissen und dem Gegenstand, der da erkannt wird, verkürzt. Bei Licht betrachtet existiert ein solcher Abstand nicht. Das Wissen bestimmt seinen Gegenstand selbst; es ist nichts, das von seinem Gegenstand gelöst und mit diesem verglichen werden könnte. Der Gegenstand, wie er unabhängig von dem Wissen existiert, das um ihn weiß, ist uns selber nur mittels Vorstellung zugänglich. Wohl ist es unter Umständen möglich, einen Gegenstand, den wir vorstellen, mit einem Gegenstand, den wir beobachten, zu vergleichen. Tatsächlich vergleichen wir dann aber nicht die Vorstellung mit der Realität, wie sie unabhängig vom Vorstellen existiert, sondern eine Vorstellung mit einer anderen. Es ist uns schlicht und einfach verwehrt, die Schranken des vorstellenden Bewußtseins zu überschreiten. Wesen, die im Zustand wachen Bewußtseins *da* sein müssen, um der Erkenntnis fähig zu sein, sind in ihrer Vorstellungswelt gefangen. Sie ordnen, wenn sie die Wirklichkeit begreifen, immer nur Vorstellungen. Wenn dieses Ordnen dadurch erfolgt, daß die Vorstellungen analysiert werden, ist noch nicht einmal ein Entkommen aus dem »Text«. Eine Analyse ist eine Beschreibung in symbolischer Sprache.

Die Präokkupation mit dem Text und die Schwierigkeit, den Fortschritt der Erkenntnis zu messen, sind, was der *homo academicus* waidlich nutzt. Sein hervorstechendes Merkmal ist, daß ihm der Fortschritt der Erkenntnis nicht sonderlich am Herzen liegt. Am Herzen liegt ihm das Prestige, das mit der akademischen Stelle verbunden ist. Er genießt den Ruf des *homme de lettre*. Keineswegs ist er der *homo oeconomicus* der geistigen Produktion. Er ist der Hochschullehrer, der um Posten kämpft. Seine Heimat ist die Universität. Die Universität ist wohl auch, aber keineswegs nur ein Ort der Forschung. Ihre primäre Funktion liegt in der Reproduktion der Funktionseliten in Staat und Wirtschaft. Also hat auch das *ranking* der Universitäten weniger mit der Erfolgsbilanz in Sachen Forschung als mit den Karrierechancen zu tun, die der Abschluß vermittelt. Das Spitzenfeld belegen diejenigen Schulen, deren Abgänger für die Funktionseliten in Staat und Wirtschaft auserwählt sind. Innerhalb der Universitäten sind die Fakultäten nach dem Status, den die Abgänger in der Gesellschaft genießen werden, sortiert. An oberster Stellte rangiert die Medizin, gefolgt von Jurisprudenz, Philosophie und Geisteswissenschaften. Die Kerndisziplinen der Wissensindustrie, die Naturwissenschaften, haben in der französischen Universität der sechziger und siebziger Jahre des 20. Jahrhunderts den geringsten Status.[1]

Man könnte versucht sein, auf mangelnden Unternehmergeist im Forschungsbetrieb zu schließen, wäre da nicht ein anderes Portrait aus ebenfalls französischer Feder mit demselben Erscheinungsdatum wie der *Homo academicus*. Es ist Bruno Latours »Portrait eines Biologen als wilder Kapitalist« (1984). Latours Kapitalist ist der *homo oeconomicus* der wissenschaftlichen Produktion. Er ist der Unternehmer, der hart, rücksichtslos und seines Ziels bewußt

Zitate maximiert. Latour zeichnet dem Typus des Wissenschaftlers, der ohne Wenn und Aber den Anreizen des Marktes folgt. Das Verhalten wird in keiner Weise beschönigt. Die Typologie macht aber deutlich, daß der *homo academicus* kein Repräsentant des wissenschaftlichen Kapitalismus ist. Deutlich wird vielmehr, daß Bourdieu eine Gesellschaft in noch früh- wenn nicht gar vorkapitalistischem Zustand zeigt.

Der Biologe verläßt das Frankreich Bourdieus. Er flieht, weil »nur die symbolische Ökonomie der Positionen und der feinen Unterschiede zählt. Demgegenüber zählt im amerikanischen System der wirkliche Wert der jungen Wölfe, nicht nur ihre Position. Trotz dieses ›französischen Übels‹ wäre er geblieben, gesteht er, wenn er die Gewißheit gehabt hätte, selbst an die Macht zu kommen. Aber der Mai 68 fegte selbst diese Möglichkeit vom Tisch. Zu dem drückenden Einfluß der Mandarine gesellt sich nun noch der ›Triumph der Mittelmäßigkeit‹, die ›Nivellierung von unten‹.«[2]

Wir sind zurück bei der Frage, ob – und wenn ja, wie – der Fortschritt der Erkenntnis gemessen wird. Was heißt »Triumph der Mittelmäßigkeit«, wenn die geistige Leistung kein auswendiges Maß hat? Wenn es immer nur das subjektive Erlebnis des Weiterkommens ist, an dem sich die Produktivität eines Stücks wissenschaftlicher Information bemißt? Wir können die Realität, wie sie unabhängig vom vorstellenden Bewußtsein existiert, nun einmal nicht neben die Vorstellung halten, die wir von ihr haben. Wir können Theorien nur mit Beschreibungen und Beschreibungen immer nur mit anderen Beschreibungen vergleichen. Auch unser ganz konkretes Wahrnehmen ist begrifflich präformiert. Kaum je werden Theorien aber durch direkte Wahrnehmung überprüft. Die empirische Prüfung erfolgt im typischen Fall durch Messungen, die interpretiert und eben beschrieben werden müssen, damit ein Vergleich mit der

Theorie möglich wird. Auch experimentell erzeugte Fakten sind deshalb keine unmittelbaren Zeugen. Noch nicht einmal die technische Nutzanwendung gibt hinreichend Auskunft. Der allergrößte Teil der wissenschaftlichen Information geht ohne Umweg über ein Draußen wieder in die wissenschaftliche Produktion ein. Es ist ganz die Verwertung drinnen, die entscheidet, ob die Information wissenschaftlichen Wert hat oder nicht.

Also kommt es ganz und gar auf die Organisation der Produktion und auf den Prozeß der Verwertung an, der den Wert der Information bestimmt. Es kommt, anders gesagt, darauf an, ob das System der Anreize in die richtige Richtung weist. Von diesen Anreizen hängt ab, ob es im Kollektiv gelingt, aus der immer nur subjektiven Sphäre auszubrechen. Ob das Bild, das aus der Analyse der subjektiven Erlebnisse hervorgeht, die Realität, wie sie unabhängig vom vorstellenden Bewußtsein vorzustellen ist, zu fassen bekommt. Die Antwort auf die Frage, ob – und wenn wie – der Fortschritt der Erkenntnis gemessen wird, liegt in der Beschreibung des Verhaltens, das nichts anderes im Sinn hat, als die wissenschaftliche Reputation zu maximieren. Schauen wir uns den Biologen als wilden Kapitalisten also näher an.

Das Erfolgsrezept des wissenschaftlichen Unternehmers setzt sich aus verschiedenen Komponenten zusammen. Der erste und wichtigste Punkt: Man produziert für den Markt. Wissenschaftlichen Wert hat nur, was einschlägig publiziert, rezipiert und durch Zitat belegt weiterverwendet wird. Zweitens kommt es darauf an, Marktlücken ausfindig zu machen und zu besetzen. Weil Wert nur hat, was verwertet wird, muß man produzieren, was andere brauchen. Seine Zeit verschwendet, wer nur seiner Neugier, nur dem eigenen Drang zu forschen nachgeht. Drittens zählt der Wirkungsgrad. Die verfügbaren Ressourcen müssen effizient eingesetzt werden. Dazu ist große Beweglichkeit und ein stetes Reagieren auf die Marktlage erfordert. Projekte, die sich als unergiebig erweisen, müssen aufgegeben, Märkte, die überfüllt sind, gemieden werden. Viertens, es ist der Markt, der über den Wirkungsgrad entscheidet. Es gibt keine Effizienz und keine Produktivität an und für sich. Effizient war die Strategie, die im Rennen um die Erstveröffentlichung einen Vorteil verschaffte, produktiv waren die Ressourcen, die die Konkurrenz auf die Plätze verwiesen. Die Forschung ist ein Rennen, bei dem der erste, der ankommt, den ganzen Gewinn einstreicht. Fünftens kommt es darauf an, Positionen auf dem Markt zu besetzen, die andere nicht ignorieren können. Von strategischer Bedeutung sind solche Publikationen, von denen andere nicht umhin können, Gebrauch zu machen, wenn sie selber weiterkommen möchten. Gekämpft wird also um die Anteile am Markt der einschlägigen Information. Sechstens reicht es nicht, die Information anzubieten, man muß die Kundschaft auch bearbeiten. Man darf das Angebot nicht sich selbst überlassen, sondern muß sich auch um die Vermarktung kümmern. Es kommt darauf an, wo der Artikel publiziert wird. Er sollte in dem Journal herauskommen, das die Wahrscheinlichkeit am größten macht, daß er zitiert wird. Die Wichtigkeit der Entdeckung muß aber auch denen vermittelt werden, die für Wirkung über den engen Kreis der Forscher auf dem Gebiet hinaus sorgen. Es müssen Kontakte zu Wissenschaftsjournalisten und Autoren des populären Fachs gepflegt werden. Siebtens, und schließlich muß der Erfolg selber vermarktet werden. Es reicht nicht, ein Geheimtip unter denen zu bleiben, die von der Sache etwas verstehen. Man muß auch in anderen Disziplinen bekannt und zitiert werden, um wirklich reich an Zitaten zu werden. Nur wer wirklich reich an Zitaten ist, wird auch deshalb zitiert, weil er oder sie es so weit gebracht hat.

Das Portrait liest sich wie eine Illustration der These, daß es nicht die Produktivität der Produktionsfaktoren ist, die über die Verteilung der Einkommen bestimmt, sondern die Verteilung der Einkommen, woraus die Produktivität folgt. Allerdings weckt die Maximierung der Zitate, wie sie der Kapitalist betreibt, nun nicht den Eindruck, eine perfekte Ersatzlösung für den verschlossenen Zugang zur Realität jenseits des Wahrnehmens und Denkens zu sein. Vielmehr sieht man sich mit der dunklen Seite des Kapitalismus konfrontiert. Im Vordergrund steht die Bereicherung. Worum es in der Sache geht, ist sekundär.

Ein Ruch des Zynismus umweht den Kapitalisten. Das Portrait ist aber nicht unrealistisch. Es mag überzeichnen, was die Kühle und Berechnung betrifft, mit denen der wissenschaftliche Unternehmer sein Geschäft betreibt. Die Schilderung trifft aber die Wirkung der Anreize. Der Gewinn lockt unabhängig davon, was sich die Leute, die Karriere machen und Erfolg haben möchten, bei ihrem Tun und Lassen denken. Die Anreize sind genau deshalb effektiv, weil sie voraussichtlich erfolgreiches von absehbar erfolglosem Handeln unterscheiden. Sie programmieren die Art von Verhalten, die sich immer wieder als gut für die Karriere erwiesen hat. Mit der Karriere des Autors ist die Durchsetzung seiner Auffassungen verbunden. Also bestimmen die Anreize auch darüber, welche Theorien, Theoreme und Fakten sich durchsetzen. Sollten die Anreize den falschen Auffassungen den Vorzug geben, dann wäre die Sache für die Wissenschaft verloren. Nicht einmal die Gabe gewisser Menschen, die Realität jenseits der menschlichen Vorstellung zu erschauen, könnte die Sache dann noch retten.

Das Zitat: Maß für den wissenschaftlichen Wert?

Latours Portrait ist in einem Punkt unvollständig. Es zeigt den Unternehmer, der Zitate maximiert, nicht aber den Forscher, der selbst zitiert. Auf den Prozeß des aktiven Zitierens geht Latour in *Science in Action* (1987) ein. Er beschreibt dort, wie und warum zitiert wird. Das Zitat dient der Vernetzung. Es koppelt die eigene Leistung an die Leistung anderer. Zitiert wird, um die eigenen Behauptungen zu untermauern, um die eigenen Thesen von Angriffen zu schützen, um die eigenen Vorschläge mit dem Prestige klingender Namen zu munitionieren.[3] Zitiert wird natürlich auch, um mit Belesenheit zu beeindrucken. Kurz: Zitieren ist *impression management*. Das Zitat hat die Funktion, dem Gegner Schrecken einzujagen und potentielle Opponenten abzuschrecken.

Das Zitieren ist auch geeignet, Seilschaften zu knüpfen. Durch Zitieren holt man andere ins Boot. Gemeinsam ist man stärker, wenn man die richtigen Leute ins Boot holt. Also ist der Kapitalist auch beim Zitieren ganz in seinem Element. Die Auswahl derer, die in einem bestimmten Zusammenhang zitiert werden, ist Verkaufsstrategie, Marketing. Nur wer verkaufen kann, hat in der Wissenschaft Erfolg. Soweit Latour. Natürlich hat er recht. Und doch drängt sich die Frage auf, ob das denn alles ist. Geschieht da nicht noch etwas anderes, das an den guten oder schlechten Absichten vorbeizieht? Kommt es denn nicht zu einer Verwertung – und damit Bewertung – der zitierten Information? Folgt dieser Prozeß der Verwertung nicht seine eigene Logik? Und ist es nicht diese Logik, die dem Geschäft den Marsch bläst?

Die Schläge, die der Kapitalist austeilt, müssen sitzen. Damit sie sitzen, müssen die Zitate nicht nur gut plaziert sein, sondern auch formalen Anforderungen genügen. Das Zitieren unterliegt den Regeln des Umgangs mit fremdem

Eigentum. Durch Zitieren wird der Anteil anderer an der eigenen Leistung markiert. Es bedeutet, daß man einen Teil der Beachtung, die das eigene Werk verdient, weiterreicht. Auch von daher will überlegt sein, ob – und wenn, wie – man zitiert. Wer zu großzügig zitiert, verschenkt, was er selber einnehmen könnte. Also kommt es nicht nur darauf an, die eigenen Argumente zu munitionieren, sondern auch darauf, mit der Anerkennung fremder Leistung zu geizen. Selbst dieser Geiz hat wiederum seine Grenzen. Es ist riskant, zu wenig zu zitieren. Die unterlassene Kennzeichnung erfüllt den Tatbestand des strafbaren Plagiats. Wer des Plagiats überführt wird, ist seine Reputation los; auf Wiederholung steht der Verlust der wissenschaftlichen Existenz. Rational im Sinn der egoistischen Vorteilsuche ist also diejenige Art des Zitierens, die zwar beeindruckt, aber sowohl die Verschwendung wie auch den riskanten Diebstahl meidet.

Diese Nebenbedingungen verleihen den besonderen Umständen Gewicht. Was Verschwendung ist, hängt ganz von der Situation ab. Unter Umständen wirkt die Großzügigkeit Wunder. Sie ist alles andere als eine Verschwendung, wenn sie diejenigen wohlgesonnen macht, die über die Publikation entscheiden. Das Gefälligkeitszitat ist verschenkt nur, wenn es keine Wirkung hat. Tut es Wirkung, dann war es eine gelungene Bestechung. Von den Umständen hängt es auch ab, wie hoch das Risiko der Entdeckung ist, wenn man sich ohne zu fragen mit fremden Federn schmückt. Nur dort, wo die Konkurrenz wacht, ist das Risiko hoch; nur dort, wo die Konkurrenz hart ist, wird der Diebstahl hart bestraft. Die Umstände, von denen abhängt, wie weit man gehen soll und darf, haben einen Namen. Er ist: soziale Kontrolle.

Der wildeste Kapitalist verhält sich wie der ehrbarste Geschäftsmann, wenn man ihn zwingt, unter Bedingungen vollkommenen Wettbewerbs zu agieren. Gefälligkeitszitate verstoßen keineswegs nur gegen die Regeln der Fairness. Sie setzen auch voraus, daß – stille oder vielleicht sogar ausdrückliche – Absprachen möglich sind. Das Plagiat wird nicht entdeckt, wo die Konkurrenz schläft. Bei laschem Wettbewerb wird nicht einmal das entdeckte Plagiat hart geahndet. Bei laschem Wettbewerb können sich denn auch regelrechte Zitationskartelle bilden. Eine Frage des funktionierenden Wettbewerbs ist es auch, ob Gutachter und Herausgeber es sich leisten können, vom Pfad der Tugend abzuweichen. Platz für sachfremde Gesichtspunkte ist nur, wo monopolistische Positionen ausgenutzt werden können. Es gehört zur Definition der vollkommenen Konkurrenz, daß weder Nachfrager noch Anbieter Definitionsmacht über die *terms of trade* haben.

Natürlich wird unser Kapitalist versuchen, monopolistische Positionen zu besetzen beziehungsweise aufzubauen. Die Frage ist, ob die Umstände ihn lassen. Er ist nicht allein. Er ist auch kein Wolf unter Schafen. Er ist unter seinesgleichen. So wenig Gnade er mit den anderen kennt, so wenig Gnade kennen die anderen mit ihm. Er wird zwar wenig Hemmung haben, den Anreizen zum falschen Spiel zu folgen, wo die Umstände es ihm erlauben. Er wird aber Disziplin an den Tag legen, wo die soziale Kontrolle funktioniert. Unter den Umständen, unter denen es am klügsten ist, fair zu zitieren, wird er das Angebot an brauchbarer Information nach bestem Wissen und Gewissen prüfen. Mehr noch, er wird sein reiflich erwogenes Urteil offen und ehrlich äußern. Er wird es nämlich in einer Sprache äußern, in der es sich nicht lohnt zu lügen. Er zahlt nämlich, wenn er zitiert. Er überweist einen Teil der Beachtung, die sein Werk verdient, an die zitierten Autoren. Wo sich weder das Plagiat noch das Gefälligkeitszitat lohnt, wird er all seinen Sachverstand aufbieten, um das Angebot zu prüfen. Er wird alle Sorgfalt und Umsicht walten lassen, um nicht zu wenig und nicht zu viel zu zitieren. Und er wird mit seinem Urteil auch nicht hinter dem Berg halten, weil er es in der Bereitschaft äußert, für die Benutzung des fremden Eigentums zu bezahlen.[4]

Wir sehen, was im Portrait des wilden Kapitalisten zu kurz kommt. Latour vergißt die Ökonomie über der Schilderung des Kampfs. Unter den Tisch fällt die kooperative Seite des kompetitiven Spiels »Tausche wissenschaftliche Information gegen sachverständige Aufmerksamkeit«. Kooperativ ist das Verhältnis zwischen dem zitierenden und dem zitierten Autor, wenn beide sich an die Regeln halten. Die Regeln schreiben vor, welchen Standards das Angebot zu genügen hat, und was zu tun ist, damit die Nachfrage effektiv wird. Werden die Regeln auf beiden Seiten eingehalten, dann wird das Zitieren zu einem Messen des pragmatischen Werts der wissenschaftlichen Information. Es wird zur Auskunft darüber, welche Erlebnisse des Weiterkommens in der Sache die Verwendung des fremden Eigentums vermittelt. Das Kontieren der Zitationen, die es verdient, wird zu einem Messen der Produktivität, die das Stück Information entwickelt. Erhoben wird die Bereitschaft derer, die von der Sache etwas verstehen, für die Verwendung eines Stücks Information zu bezahlen, das sie in die Lage versetzt, etwas zuwege zu bringen, das ohne seine Verwendung nicht zu schaffen wäre.

Diese Messung der pragmatischen Information wirft ein neues Licht auf den ruchlosen Maximierer. Unter den Umständen, unter denen sich das falsche Spiel nicht lohnt, läuft die Maximierung der Zitate auf ein Maximieren des pragmatischen Werts der wissenschaftlichen Produktion hinaus. Dieser pragmatische Wert ist selbstverständlich kein direktes Maß für den Fortschritt der Erkenntnis. Er ist aber das indirekte Maß, das den bestmöglichen Ersatz für die nicht mögliche direkte Messung darstellt. Die Zahlungsbereitschaft derer, die von der Sache etwas verstehen, ist die bestmögliche Auskunft, die dem Erleben zu entlocken ist. Weil es für uns keinen Gesichtspunkt jenseits des Erlebens gibt, ist es illusorisch, auf mehr zu hoffen. Die beste Auskunft, die über den Fortschritt der Erkenntnis verfügbar ist, liegt im Besten, das aus dem wohlinformierten Eindruck des Weiterkommens gemacht wird.

Was aus dem Eindruck des Weiterkommens zu machen ist, hängt von den Umständen ab, unter denen produziert und verwertet wird. Es hängt im besonderen davon ab, wie gut und wie lange schon der Markt für wissenschaftliche Information funktioniert. Entscheidend ist erstens die soziale Kontrolle, die die Produzenten fühlen, zweitens ihre Motivation, einander zuzuarbeiten, und drittens die offene Äußerung der Zahlungsbereitschaft für die Verwendung fremden Guts. Keiner dieser Umstände reicht für sich genommen hin, um aus dem individuellen Erlebnis des Weiterkommens ein Maß für den Fortschritt der Erkenntnis zu machen. Ein jeder dieser Umstände ist aber hoch synergetisch, was die Wechselwirkung mit den beiden anderen betrifft. So ist die soziale Kontrolle gewiß kein Mittel gegen Irrtum. Sie ist aber eines gegen aktive Täuschung. Die motivierte Zusammenarbeit schützt nicht vor kollektivem Wahn. Sie macht es aber möglich, daß jeder Teilnehmer am Markt die Fähigkeiten aller anderen Teilnehmer nutzt. Das offen und ehrlich geäußerte Urteil über den Wert schließt krasse Fehlurteile keineswegs aus. Es bedeutet aber, daß die verfügbare Expertise, Erfahrung und gebildete Intuition in Anschlag gebracht werden. Je gewissenhafter produziert wird, um so mehr nützt die Zuarbeit und um so zuverlässiger wird die Auskunft, die die Zahlungsbereitschaft gibt. Je motivierter die Zuarbeit, um so sorgfältiger lohnt es sich zu arbeiten, und um so mehr kommt es auf das Urteil derer an, denen man Urteilskraft zutraut. Je zuverlässiger die Messung der pragmatischen Information, um so klarer wird die Auskunft, was den anderen nützt, und um so mehr steigen die Chancen, daß die Industrie effizient arbeitet. Schließlich gilt, daß dieser synergetische Zirkel um so mehr an Moment gewinnt, je länger er sich schon dreht. Es dauert seine Zeit, bis er sich eingespielt hat und bis er das Milieu des Forschens bestimmt. Hat er sich aber eingespielt, dann sind die Voraussetzungen für eine epistemische Hochkultur gegeben.

Die motivierende Kraft kongenialer Beachtung

Im Gegensatz zur Gabe, die Realität jenseits der menschlichen Vorstellung zu erschauen, kann die epistemische Kultur gefördert werden. Die soziale Kontrolle ist eine Funktion des Grads der Kompetitivität auf den Märkten für wissenschaftliche Information. Die Motivation zur Zuarbeit wächst mit dem Wert, der auf die Beachtung seitens der Mitforschenden gelegt wird. Die triftige Beurteilung der Beiträge von Kollegen wird zur Ehrensache, sobald es zu einer Ehre wird, zum Club der Forschenden zu gehören. Die Intensität der Konkurrenz ist eine Frage der Anzahl derer, die das kompetitive Spiel mitspielen, und der Begehrtheit des Gewinns, um den gespielt wird. Unter den Bedingungen theoretisch perfekter Konkurrenz ist die soziale Kontrolle wasserdicht. Der Wert, der auf die Beachtung der Mitforschenden gelegt wird, wächst mit dem gesellschaftlichen Status, den Wissenschaftler genießen, und mit der Exzellenz, die den Erwartungswert der Leistung bestimmt. Je höher die Auszeichnung, die es bedeutet, in den Club der Forschenden aufgenommen zu sein, um so bestimmender wird auch der Chorgeist, der die soziale Kontrolle verinnerlicht.

Wider die Assoziationen, die das Wort Industrialisierung weckt, verträgt sich die epistemische Hochkultur mit der Industrialisierung der Wissensproduktion ausgezeichnet.

Es war die Industrialisierung, die in der analytischen Arbeit und in der Nutzung der Intersubjektivität neue Maßstäbe gesetzt hat. Teilung der Arbeit und Produktion mittels vorproduzierter Produktionsmittel bedeuten die ständige und automatische Prüfung der intersubjektiven Übertragbarkeit. Die Bewaffnung der forschenden Aufmerksamkeit mit analytischem Gerät und schließlich die Maschinierung der geistigen Arbeit bedeuten, daß die Standards für die Präzision und Konsistenz des Bilds, an dem da gebaut wird, steigen. Nicht einmal der kapitalistische Charakter der Industrialisierung hat der epistemischen Kultur Abbruch getan. Im Gegenteil. Der mentale Kapitalismus hat sich zusammen mit der Ausdifferenzierung der internen Kapitalmärkte des Forschungsbetriebs entwickelt. Er steckt hinter dem – wie Bourdieu ihn nennen würde – elitären Zug der Kultur. Die epistemische Kultur ist elitär in dem speziellen Sinn, daß nur die internen Märkte für die Bewertung der Produktion maßgeblich sind.

Nicht dadurch, daß es zu einem Ausbruch aus der Sphäre des subjektiven Erlebens gekommen wäre, sondern dadurch, daß die Arbeit am Weltbild sich differenziert und industriell organisiert hat, hat die Wissenschaft es zur epistemischen Großmacht gebracht. Die Höhe der Kultur ist eine Frage des Wirkungsgrads, mit dem die Hinweise auf eine Realität jenseits des Erlebens aus dem Erleben selber herausgeholt werden. Diese Effizienz bleibt im Portrait des wilden Kapitalisten verdeckt. Latour sieht nicht – oder jedenfalls nicht scharf – was der selbstsüchtige Maximierer für die Gemeinschaft der Forschenden leistet. Latour hat, um es auf den Punkt zu bringen, keinen Begriff von der ökonomischen Rationalität des kapitalistischen Betriebs. Er sieht den Anreiz zur Bereicherung, er sieht aber nicht, worin die Bereicherung besteht. Er tut, als stellten die Zitate einen Selbstwert dar. »Was akkumuliert er [der Kapitalist]? Nichts im besonderen, außer vielleicht mangels Hemmung eine Art freier Energie, die, gleich wo, investiert werden kann.«[5] Die Rede von der freien Energie zeigt, wie nahe Latour am Punkt ist, und wie scharf er ihn gleichwohl verfehlt. Wenn es eine Energie ist, die der Kapitalist akkumuliert, dann ist es die, die er absorbiert, wenn er Beachtung findet. Latour denkt aber weder an das Investieren noch an das Einnehmen mentaler Energie. Er sieht noch nicht einmal den Unterschied zwischen kommerziellem und mentalem Kapitalismus. »Es gibt keine zwei Formen von Kapitalismus: einen industriellen – mit seinen industriellen Revolutionen – und einen wissenschaftlichen – mit seinen wissenschaftlichen Revolutionen –, sondern ein einziges Kapital und, wenn man darauf bestehen will, eine einzige Revolution.«[6]

Mit dieser Annahme des einen – und einzigen – Kapitalismus ist der Blick für die ökonomische Rationalität der nicht kommerziellen Forschung verstellt. Latour sieht zwar den kapitalistischen Charakter der wissenschaftlichen Produktion, ja er gelangt zu der Hypothese, daß die Forschung dort am erfolgreichsten ist, wo sich ein kapitalistischer Zyklus der Akkumulation organisiert. Diese »Hypothese hat das Verdienst, einfacher zu sein als die gewaltige Masse an galileischen Revolutionen, Mentalitätsveränderungen, epistemologischen Einschnitten – lauter Wunder, welche die Wissenschaftsphilosophen glaubten erfinden zu müssen, um zu erklären, warum die Wissenschaft erst aufgetaucht ist und warum sie immer mehr Wissen akkumuliert.«[7] Latour kann aber nicht erklären, warum der wissenschaftliche Unternehmer sich auf das Maximieren von Zitationen verlegt, statt auf kommerziellen Gewinn aus zu sein. Ihm entgeht der besondere Reiz des Gewinns, der auf wissenschaftliche Leistung steht. Er sieht nicht, daß das Zitat ein Maß für das Einkommen an kongenialer Aufmerksamkeit ist.

Der historische Erfolg der Wissenschaft bleibt unverstanden, solange die Rolle dieses Einkommens nicht verstanden ist. Das Einkommen an kongenialer Aufmerksamkeit ist nicht nur überlegen in seiner motivierenden Kraft, es ist auch überlegen, was sein Zustandekommen betrifft. Das Einkommen muß nämlich nicht eigens geschöpft werden, sondern entsteht nebenbei. Es beginnt zu fließen, sobald Wissenschaftler die Produktion anderer Wissenschaftler rezipieren. Diese Rezeption gehört zum operativen Geschäft des Forschens. Also müßte die Energie auch ausgegeben werden, wenn sie keine Kraft als Mittel der Gratifikation entwickeln würde. So aber wird sie doppelt – nein dreifach! – genutzt. Sie leistet erstens Arbeit, wirkt zweitens motivierend und wird drittens zur Bewertung des Outputs genutzt. In dieser Bewertung liegt der Schlüssel zur kollektiven Effektivität des Betriebs. Die Messung muß nicht perfekt sein, um Maß zu geben. Sobald sie aber Maß gibt, organisiert sie eine Tendenz zur Effizienz. Sie sorgt dafür, daß das Einkommen an kongenialer Aufmerksamkeit zum Maß für den Wirkungsgrad wird, den die forschende Aufmerksamkeit in den Augen derer annimmt, die selber im Geschäft sind.

Tauschwert und Gebrauchswert

Mit dieser Ehrenrettung des wilden Kapitalisten ist der wissenschaftliche Kapitalismus noch nicht rehabilitiert. Wir verstehen zwar den historischen Erfolg, wenn wir bedenken, daß die Konkurrenz in den Disziplinen schon immer hart war, denen die Wissenschaft ihr enormes Prestige verdankt. Auch im Fall der vollkommenen Konkurrenz erfolgt die Produktion aber nicht aus reinen, sondern gemischten Motiven. Das Interesse an der Sache wird von nicht-epistemischen Motiven überflügelt. Nicht der Gebrauchswert, der Tauschwert ist es, der maximiert wird.

Die Orientierung am Tauschwert ist anfällig für Neben-wirkungen. Bekannt sind das Eigenleben und die Neigung zur Eigenmächtigkeit. Die kapitalistische Logik der Verwer-tung setzt den Gebrauchswert der Produktion als lediglich notwendige Bedingung voraus. Der Gewinn in der Sache gerät aber ins Hintertreffen, wo er in Konflikt mit dem Prin-zip der Gewinnmaximierung gerät. Von diesem Vorrang des Tauschwerts rühren die moralischen Vorbehalte und die sozialen Konflikte her, die den Kapitalismus wie Schat-ten begleiten.

Der Vorrang des Tauschwerts birgt Gefahren. Erstens muß mit Zielkonflikten gerechnet werden. Zweitens droht ein Gefälle zwischen Reich und Arm. Drittens ist die kapita-listische Verwertungslogik für die Schwierigkeiten berüch-tigt, die sie ihrer gesellschaftspolitischen Zähmung bereitet. Es wäre überraschend, wenn diese Gefahren nicht auch den kapitalistisch organisierten Forschungsbetrieb unsicher ma-chen würden.

Zielkonflikte drohen ausgerechnet von der Autonomie der Wissenschaft. Deren Freiheit vom Zwang, auf äußeren Märkten zu verkaufen, ist erkauft. Sie ist erkauft dadurch, daß die öffentliche Hand einspringt. Der Forschungsbe-trieb ist teuer. Die öffentliche Hand gibt Steuergelder aus. Die Zahlungsbereitschaft der öffentlichen Hand hängt von der öffentlichen Meinung ab. Die öffentliche Meinung ist für die Wissenschaft ein externer, ja sie ist derjenige Markt, in den die wissenschaftliche Kommunikation als Teilmarkt eingebettet ist. Die wissenschaftliche Kommunikation ist von diesem größeren Ganzen abgegrenzt, aber nicht iso-liert.

Die Wissenschaft muß Rücksicht auf die öffentliche Mei-nung nehmen, denn vom Prestige, das sie dort genießt, hängt der Anteil des geldwerten Sozialprodukts ab, das ihr zur Verfügung steht. Insofern, als es dieses Prestige hochzu-halten und zu pflegen gilt, ist die äußere Abhängigkeit hilfreich für die innere Disziplinierung. Allerdings gibt es für Wissenschaftler nun auch die Möglichkeit, auf den äußeren Märkten der öffentlichen Meinung direkt aktiv zu werden. Nicht nur andere Wissenschaftler interessieren sich für wissenschaftliche Information, auch die Massenmedien und die Unterhaltungsindustrie haben Interesse. Wer sich aufs Bedienen der Bedürfnisse eines breiteren Publikums versteht, kann sich ein erkleckliches Zubrot sowohl in Geld als auch Aufmerksamkeit verdienen. Mit der Kolumne in der Boulevardpresse, mit der Präsenz in Talkshows und mit einem Händchen für plakative Aufmachung kann man es auch mit bescheidener Forschungsleistung zu einer bekannten Größe bringen. Der äußere Gewinn ist zwar drinnen anrüchig, die Anrüchigkeit verliert sich aber, sobald der Reichtum an Beachtung selber beachtlich wird.

Das weiß der schlaue Kapitalist. Darum achtet er nicht nur darauf, an guter Stelle zu publizieren, sondern auch darauf, über die Grenzen des Fachs hinaus bekannt zu werden. Den Sprung über die Grenzen des Fachs kann man auf zweierlei Art schaffen. Man kann unter Kollegen so bekannt werden, daß die Bekanntheit überschwappt. Oder man kann das breitere Publikum direkt ansprechen. Wenn einem der erste Weg versagt ist, bleibt immer noch der zweite. Besonders erfolgversprechend ist die gemischte Strategie. Man mache einen Fund, der wissenschaftlich dubios sein mag, der aber die Augen der Interviewer zum Leuchten bringt. Gerade die Molekularbiologie, in der unser Kapitalist ja tätig ist, bietet hier Gelegenheit. Ist man einmal in aller Munde, dann hat man auch intern bessere Karten. Nicht nur, daß man dann in der Fachwelt wahrgenommen wird, man ist auch interessant als Partner geworden. Nichts besser als bekannte Namen auf dem Antrag, um an Forschungsgelder zu kommen.

Gut möglich, daß das Aufsehen draußen wenig zu tun hat mit wissenschaftlichem Wert. Trotzdem ist es höchst funktional, um wirklich reich an – eben auch wissenschaftlicher – Beachtung zu werden. Nur, wer wirklich reich an Beachtung ist, wird auch von denen zitiert, die von der Sache nicht so viel verstehen, aber Belesenheit zeigen möchten. Und es ist nun einmal so, daß man wirklich reich an Zitaten nur wird, wenn man auch jenseits des Fachs zitiert wird. Also finden sich die erfolgreichen Maximierer in einem typischen Zielkonflikt zwischen Sache und Karriere. Sie stehen am Scheideweg zwischen kleinen aber feinen Einkommen an kongenialer Aufmerksamkeit und großen aber unfeinen Einkommen an gewöhnlicher Aufmerksamkeit. Dieser Scheideweg – und nur dieser Scheideweg – markiert die Grenze zwischen wissenschaftlicher Kommunikation und den umliegenden Märkten der Meinung.

An diesem Scheideweg stehen die, die Erfolg haben. Die Erfolgreichen lockt eine weitere Belohnung. Sie können sich den Erfolg noch extra belohnen lassen. Der Reichtum an wissenschaftlicher Beachtung neigt zur Selbstverstärkung, sobald er denen, die von der Sache weniger verstehen, Vertrauen einflößt. Ein berühmter Name wirkt wie das Paradigma: Er immunisiert gegen Einwände und gibt denen Sicherheit, die gerne vertrauen. Diese Sicherheit hat Gewicht in einem Geschäft, in dem alles so unsicher ist wie in der Wissenschaft. Deshalb sollte es nicht wunder nehmen, wenn auch noch dieses Sicherheitsbedürfnis durch die Verwertungslogik ausgebeutet wird.

Der Zyklus der Verwertung ist mit der Umwandlung der wissenschaftlichen Information in produktives Sachkapital noch nicht zu Ende. Es schließt sich die Umwandlung des Gewinns in das soziale Kapital der Reputation an. Im idealen Fall, also dann, wenn nicht nur die internen Märkte perfekt funktionieren, sondern auch die Abgrenzung nach außen trennscharf ist, ist diese Umwandlung im Wert neutral. Die Sache ändert sich, wenn Gewinne möglich werden, die mit der Produktivität des Sachkapitals nichts zu tun haben. Die Umwandlung in soziales Kapital wird zu einem eigenen Abschnitt der Wertschöpfung, wenn die außerordentlichen Gewinne davon abhängen, zu welcher Größe es das soziale Kapital bereits gebracht hat. Diese sich selbst bedienende Wertschöpfung ist parasitär und kann sich eben deswegen auch selbst verstärken. Der Gewinn, der dann realisiert wird, setzt sich zusammen aus einem regulären Profit und einer ökonomischen Rente. Der Unterschied zwischen Profit und Rente liegt darin, daß der Profit funktional, die Rente hingegen ohne ökonomische Funktion ist. Die Rente ist ein Surplusgewinn, der gar nicht nötig wäre, das Angebot auf dem Markt erscheinen zu lassen. Sie hat nicht mit der Produktivität, sondern nur mit den zufälligen Umständen zu tun, die es gewissen Privilegierten erlauben, Mehrwert abzuschöpfen.[8]

Es gibt Anzeichen, daß ökonomische Renten in der Wissensindustrie eine beträchtliche Rolle spielen. Seitdem Statistiken im Zitationswesen geführt werden, fällt den Beobachtern auf, daß die Verteilung der Zitate extrem schief ist. Ganz wenige Forscher erhalten sehr viele Zitate und ganz viele Forscher erhalten ganz wenige. Die Verteilung der Zitate ist derart schief, daß von Anfang an Zweifel aufkamen, ob sie mit Unterschieden in der Produktivität zu erklären ist. Am Fleiß liegt der Unterschied nämlich nicht. Der publizierte Output ist normal verteilt. Auch daß die Arbeit der vielen so unbedeutend wäre, kann nicht ganz stimmen. Die geduldige Arbeit am Detail ist, aufs Ganze betrachtet, nicht weniger wichtig als der große Wurf. Die schiefe Verteilung der Zitate spricht so deutlich für eine Selbstverstärkung des Reichtums, daß er einschlägig benannt wurde. Robert Merton, Gründungsvater der Wissenschaftssoziologie, hat ihn den Matthäus-Effekt genannt.[9] Im Matthäus-Evangelium 25, 14-30 steht geschrieben: »Denen, die haben, wird gegeben, und denen, die nicht haben, wird genommen.«

Der Matthäus-Effekt spricht dafür, daß die *scientific com-*

munity einiges von einer *rent-seeking society* hat. Und er sorgt dafür, daß sich auch in der Wissenschaft ein steiles Gefälle zwischen Reich und Arm auftut. Das Gefälle versteht sich gar nicht von selbst, denn alle, die in der wissenschaftlichen Produktion tätig sind, können publizieren. Es gibt nicht die Klasse von Kapitalbesitzern und die Klasse, die keinen Zugang zu Produktionsmitteln hätte. Alle, die publizieren, sind potentielle Kapitalisten. Nicht Arbeiter und Unternehmer, sondern nur Klein- und Großunternehmer stehen einander gegenüber. Auch gibt es niemanden, der durch ein reiches Erbe von der Arbeit freigesetzt wäre. Wissenschaftliches Kapital ist nicht vererbbar. Weder das publizierte Sachkapital noch die wissenschaftliche Reputation kann übertragen werden. Also hilft es auch wenig, in eine Dynastie von Wissenschaftlern geboren zu sein. Jede Wissenschaftlerin und jeder Wissenschaftler fängt von vorne an.

Es ist sehr enttäuschend, daß diese Egalisierung die Trennung von Besitzklassen nicht verhindern kann. Es ist enttäuschend nicht nur aus Gründen der distributiven Gerechtigkeit, sondern auch aus Gründen der Effizienz. Erstens werden die begünstigt, die es ehedem schon zu etwas gebracht haben, zweitens setzt Selbstverstärkung des Reichtums kontraproduktive Anreize. Dem Gewinn ist nicht anzusehen, wie er sich aus Profit und Rente zusammensetzt. Vielmehr erscheint alles als produktiv, was Gewinn abwirft. Auch und gerade das soziale Kapital erscheint produktiv, obwohl die Reputation des Autors doch wahrlich nichts zur Schöpfung pragmatischen Werts beitragen kann. Je höher der Anteil der Rente am Gewinn, um so mehr leidet die Genauigkeit, mit der die Zitate Auskunft über die Produktivität geben. Je höher der Anteil der Rente, um so stärker wird zudem der Anreiz, auf anderes als die wissenschaftliche Produktivität zu achten. Dieser Anreiz steckt nicht nur hinter der Misallokation von Zeit und Energie. Er ist es, der Wissenschaftler dazu bringt, alles auszuprobieren, was Echo in der medialen Öffentlichkeit verspricht. Dieser Drang zur *publicity* mag harmlos sein in der Astronomie und in den Wirtschaftswissenschaften. Er ist aber alles andere als harmlos in den Lebenswissenschaften, in denen unser Biologe tätig ist.

Von seinem Hang, das *impression management* über alles zu stellen, geht der Ruch des Zynismus aus, der das Portrait des wilden Kapitalisten umweht. Der Biologe geht über Leichen, wenn es Aufsehen in der Fachwelt – und erst recht, wenn es Aufsehen darüber hinaus – erregt. Er ist der Typ des gentechnischen Ingenieurs, der zu jeder Monstrosität bereit ist, wenn sie verspricht, als Sensation gehandelt zu werden. Er geht über Leichen im nicht nur übertragenen Sinn. Weder kümmert ihn die Empfindlichkeit der Materie, mit der er experimentiert, noch zählt das bewußte *da* Sein der Lebewesen, die er auf dem Altar der Wissenschaft opfert. So fällt ihm auch gar nicht auf, wie zwiespältig er handelt, wenn er einerseits alles tut, um Aufmerksamkeit zu verdienen, und andererseits keinen Gedanken an das Bewußtsein seiner Opfer verschwendet. Als Theoretiker hält er das Denken an das bewußte *da* Sein für unwissenschaftlich, während er praktisch an nichts anderes denkt als an das Bild seiner Person im anderen Bewußtsein.

Zu den Opfern dieses Zwiespalts gehören nicht nur die Versuchstiere. Zu den Opfern gehört auch der Schaden, den die ökonomische Rationalität des wissenschaftlichen Unterfangens nimmt. Ökonomisch rational ist die Wissenschaft so und nur so lange, wie diejenigen, die vom Fortschritt des Wissens profitieren, diejenigen kompensieren könnten, denen er Leiden bringt. Der überwältigende epistemische Erfolg der Wissenschaft hat diese (wohlfahrts-) ökonomische Bedingung lange in den Hintergrund gedrängt. Es gab zwar religiöse und weltanschauliche Vorbehalte gegen den rücksichtslosen Stil der Rationalität und gegen den Materialismus des wissenschaftlichen Weltbilds.

In der Bilanz schien der Gebrauchswert aber fraglos positiv. Das hat sich in der zweiten Hälfte des 20. Jahrhunderts geändert. Hier kam es zu einer nicht nur intellektuellen, sondern ganz konkreten Verunsicherung. Sie kam in drei Wellen. Die erste war, daß die Unkontrollierbarkeit der Wissensproduktion ins öffentliche Bewußtsein trat. Das kollektive Schlüsselerlebnis waren die militärische und später zivile Anwendung der Kernphysik. Die Folgekosten der Kernspaltung ließen die Frage aufkommen, ob nicht vielleicht schon der Wert der möglich machenden Erkenntnis negativ war. Die zweite Welle konkreter Verunsicherung ging von dem Gewahren aus, daß die großtechnische Anwendung wissenschaftlich produzierten Wissens geeignet ist, die biosphärischen Grundlagen des Lebens zu zerstören. Die dritte Welle wurde von der Molekularbiologie ausgelöst. Es gibt ernste und gut begründete Zweifel, ob der Wert, den die Entschlüsselung des menschlichen Genoms auf mittlere Frist zeitigen wird, in der sozialen Bilanz positiv sein wird.[10]

Es ginge zu weit, diese Wellen der Verunsicherung als späte Rache für die Mißachtung des Gebrauchswerts zu bezeichnen. Es ginge auch zu weit, die Schuld dem Schielen der einzelnen Wissenschaftler nach dem spektakulären Fund zuzuschieben. Schließlich ginge es zu weit, die Wissenschaft dafür verantwortlich zu machen, was die militärische und kommerzielle Anwendung aus dem Wissen macht. Dennoch liegt es an der Organisation der wissenschaftlichen Produktion, daß die Bedürfnisse derer, die letztlich betroffen sind, eine nur ganz bedingte Rolle spielen. Es ist nicht die Sorge um das Wohl der Menschheit, die den Gang der Forschung bestimmt. Es ist der Kampf um die Beachtung und das Schielen nach der Sensation. Die Marken des Fortschritts in der Erkenntnis werden durch die spektakulären Entdeckungen gesetzt.

Präsenz und Realität

Die Zweifel am Vorzeichen der Gebrauchswertbilanz machen aus den Zweifeln am Forstschritt der Erkenntnis Makulatur. Die Schwierigkeiten der sozialpolitischen Zähmung strafen die Befürchtung Lügen, die theoretische Produktion produziere nur Text. Text kann dekonstruiert werden. Zur Dekonstruktion bedarf es immer nur wieder anderen Texts. Das Erschrecken aber, das bis hin zum Zweifel an dem Wert wissenschaftlicher Erkenntnis führt, läßt sich nicht dekonstruieren. Auch das Erschrecken ist zwar ein Phänomen des Bewußtseins, dieses Bewußtsein ist aber alles andere als nur theoretisch. Das Erschrecken ist Re- beziehungsweise Prä-Presentation konkreten Leidens. Auch dieses Leiden ist subjektiv. Das allerdings heißt nicht, daß es bloßer Nervenkitzel wäre. Im wirklichen Leben ist das subjektive Erleben eine Wirklichkeit, der wir uns nicht entziehen können – es sei denn für immer durch den Tod. Auch im wirklichen Leben spielen rein theoretische Vorstellungen eine Rolle. Das Vorstellen reicht hier aber vom abstraktesten Begriff bis zum konkretesten Erleben. Der immer nur mögliche Vergleich von Vorstellung mit Vorstellung besagt hier nicht mehr, als daß wir, solange wir leben, in der Sphäre des subjektiven Erlebens gefangen sind.

Weil Wissenschaftler Menschen sind, und weil Menschen die Sphäre ihres subjektiven Erlebens nicht verlassen können, hat sich auch die Wissenschaft noch nie jenseits des Spektrums zwischen abstrakten und konkreten Vorstellungen bewegt. Es ist aber dieses Spektrum, das aus dem Weltbild der Wissenschaft wie auch aus dem Bild, das die Theorie der Wissenschaft vom Leben der Wissenschaft zeichnet, herausfällt. Die Konkretion ist vom Modus der Präsenz nicht zu trennen. Konkret ist, was dem wachen Bewußtsein in sinnlicher Fülle gegeben ist. Die Konkretion setzt sowohl geistesgegenwärtiges *da* Sein als auch zeitliches Gegenwärtigsein voraus. Das Konkrete fällt der Ausgrenzung aller subjektiven Momente aus dem Weltbild zum Opfer. Die Tilgung geht so weit, daß nicht nur die mentale Präsenz, sondern auch das temporale Präsens aus dem Weltbild der Wissenschaft herausfällt.[11]

Die Tilgung der Präsenz aus dem Bild der Realität ist ein Maßstab für die Verselbständigung des wissenschaftlichen Weltbilds von seinem Ursprung im konkreten Erleben. Die Tilgung der letzten Reste ist ein Triumph, wenn es um das Bild der Realität geht, wie sie unabhängig vom vorstellenden Bewußtsein existiert. Die Frage ist allerdings, ob dieses Bild sich so weit verselbständigen kann und darf, daß es die Existenz dieses seines Ursprungs verleugnet. Das Bild, soviel ist gewiß, ist nie fertig. Es ist immer nur vorläufig und darf daher mit seinem Gegenstand nicht verwechselt werden.

Auf diese nicht zu tilgende Abhängigkeit hat die Soziologie der wissenschaftlichen Erkenntnis aufmerksam gemacht.[12] Sie spricht vom Finitismus und meint damit, daß alles Wissen bedingt und endlich ist.[13] Als bedingt und endlich bleibt das Wissen auf seinen Ursprung, das heißt, auf die Situation seiner Entstehung und auf den Gesichtspunkt der historisch besonderen Perspektive bezogen. Diese Relativierung hat der Wissenschaftssoziologie den Vorwurf des Relativismus eingebracht. Zu ihren Verdiensten gehört, daß sie sich durch diesen Vorwurf nicht einschüchtern ließ. Bruno Latour gebührt das Verdienst, daß er den Relativismus sogar auf eine relative Spitze getrieben hat. Er gesteht den Objekten, die als unabhängig vom vorstellenden Bewußtsein existierend vorgestellt werden, eine lediglich relative Existenz zu. Mit relativer Existenz ist gemeint, daß die Objekte nur als Referenten der Begrifflichkeit existieren, durch die sie zu Gegenständen der Erkenntnis gemacht werden.[14] Die Begrifflichkeit, also die Sprachgemeinschaft rückt damit in den Vordergrund. Ontologisch primär ist nicht mehr die Realität, die das wissenschaftliche Weltbild abbildet, sondern das Bild selbst. Das Weltbild der Wissenschaft stellt eine Wirklichkeit in dem Sinn dar, daß es praktisch gelebt, als gesellschaftlich verbindlich erlebt und in der technischen Zivilisation materialisiert wird.

Latour kommt damit der Auffassung des mentalen Kapitalismus recht nahe. Er kommt sogar so nahe, daß die Lücke Gestalt annimmt. Die Lücke wird an der Art und Weise deutlich, wie er die Natur der Naturwissenschaft in der Zeit relativiert. Er bindet die Existenz der Objekte an den Zeitpunkt ihrer begrifflichen Konstitution.[15] Die These des mentalen Kapitalismus bindet die Existenz des Gedachten an die lebendige Gegenwart des Denkens. Der Unterschied ist der zwischen dem chronologischen Zeitpunkt und dem gegenwärtigen Moment. Dieser Unterschied ist unscheinbar und doch fundamental. Auch dadurch, daß das Gedachte an den Quellpunkt der Präsenz gebunden wird, kommt es zu einer Relativierung der Existenz. Im selben Zug wird allerdings klar, daß die Objekte sich vom Ort ihrer Konstitution verselbständigen können. Sie verselbständigen sich in dem Maß, in dem es gelingt, die Reste der Präsenz aus dem Weltbild zu tilgen. Hier liegt der entscheidende Unterschied. Die These des mentalen Kapitalismus unterstellt die Relativität nicht einfach. Sie relativiert die Existenz nur solcher Objekte, die Gegenstand noch vorläufigen und unfertigen Wissens sind. Weil alles menschliche Wissen vorläufig und unfertig ist, mag dieser Unterschied unwesentlich erscheinen. Er ist es aber nicht, denn die Relativität der Existenz wird nun zu einer Frage, wie weit es gelingt, Realität und Präsenz effektiv zu trennen.

Die Differenz zwischen dem chronologischen Zeitpunkt und dem gegenwärtigen Moment wird zum fundamentalen Unterschied, sobald der Blick auf die Ökonomie fällt, die durch die Gegenwart in Erscheinung tritt. Weil er von der Präsenz nichts wissen will, schließt Latour die Ökonomie der Aufmerksamkeit aus. Er kommt nicht dazu, nach dem Wirkungsgrad der mentalen Energie und nach der besonderen Gratifikation wissenschaftlicher Leistung zu fragen. Es gibt keine Denkökonomie und keine Ökonomie der Selbstwertschätzung, noch können diese Ökonomien in Wechselwirkung geraten. Die Effektivität dieser Wechselwirkung muß Latour Prozessen ganz anderer Natur zumuten. Auch in dieser Zumutung geht er bemerkenswert weit. Er ruht nicht, bevor der Unterschied zwischen Organismen mit Bewußtsein und Dingen ohne Bewußtsein eingeebnet ist. Die Agenten, die seine Soziologie bevölkern, sind nicht nur menschlicher, sondern auch unbeseelter, ja unbelebter Natur. Alles, was sich zu Wirkungsketten vereinigt – Menschen, Tiere, Maschinen, Werkzeuge, Begriffe – werden unter den Begriff »Aktant« zusammengefaßt. Besser als mit der Soziologie der Aktanten kann man nicht klar machen, worauf die Tilgung der Präsenz aus dem Bild der sozialen Wirklichkeit hinausläuft.

Kapitel 4
Massengeschäft und Hochfinanz

In der wissenschaftlichen Ökonomie der Aufmerksamkeit sind alle Bestandteile eines veritablen Kapitalismus versammelt. Da ist eine arbeitsteilige Industrie, die durch interne Märkte integriert ist. Da ist die Bewertung der produktiven Beiträge durch die Verteilung des sozialen Produkts. Da sind die Besitzverhältnisse, die eine Klasse von Reichen tragen. Es existiert ein Zahlungsmittel und eine Währungseinheit. Nur etwas fehlt noch zum Bild eines hoch entwickkelten Kapitalismus. Es fehlen die Institutionen, die dem Kapitalismus zur Hochblüte verhelfen. Es fehlen die Finanzinstitute, nämlich die Agenturen, die mit Kapital nicht als Produktionsmittel, sondern als akkumuliertem Reichtum handeln.

Bank und Börse

Will man reich an Zitaten werden, dann muß man an geeigneter Stelle publizieren. Nur das Erscheinen an reputierter Stelle verspricht eine bemerkenswerte Ausbeute an Zitaten. Reputiert sind diejenigen Medien, die bekannt dafür sind, von denen beachtet zu werden, die sich auskennen. Medien, die bekannt dafür sind, einschlägig bekannt zu sein, können als Kreditgeber fungieren. Sie können garantieren, daß die Publikation ein bestimmtes Maß an Beachtung findet. Sie können, anders gesagt, den Kredit an Beachtung gewähren, den man als Autor in Anspruch nehmen muß, wenn man reich an Zitaten werden will.

Hat man es zu Reichtum gebracht, dann hat das Medium kräftig mitverdient. So, wie der zitierende Autor Beachtung an den zitierten Autor überweist, überweist der publizierte Autor Beachtung an das Medium der Publikation. Und so, wie der zitierende Autor sich überlegen muß, ob es sich lohnt, die Lizenz zu erwerben, muß das Medium überlegen, ob es sich lohnt, den Autor herauszubringen. Wissenschaftler investieren eigene Aufmerksamkeit, um an die Beachtung anderer Wissenschaftler zu kommen. Publikationsmedien re-investieren die abgezweigte Aufmerksamkeit, um an reputierte Autoren zu kommen. Sie verdienen an der Beachtung mit, die die Kreditnehmer mit Hilfe des eingeräumten Kredits lukrieren. Die Publikationsmedien sind im mentalen Kapitalismus, was die Banken im Kapitalismus des Gelds sind.

Wo sind die Anleger, die ihren Gewinn auf die Bank tragen, um ihn als Reichtum zu kapitalisieren? Die Anleger sind die Autoren, die bereits Reputation mitbringen, wenn sie publizieren. Aus dieser Reputation bestehen die Einlagen der Bank beziehungweise des Mediums. Ein Medium, das solche Einlagen akquiriert, arbeitet auf erweiterter Stufenleiter. Es legt sich Potenz als Kreditgeber zu und wird als Geschäftspartner für potente Anleger interessant. Potente Anleger sind Autoren, die Reichtum mitbringen. Das Medium arbeitet mit diesem Reichtum. Es re-investiert ihn, indem es ihn in Kredite zurückverwandelt. Daran verdient das Medium und der Anleger. Je besser das Medium verdient, um so attraktiver wird es für reputierte Autoren. Und je höher der Gewinn, den reputierte Autoren erwarten können, um so größer ist die Reputation, die das Medium genießt.

Hier wird deutlich, warum das Geschäft mit der Aufmerksamkeit als Finanzierungsmittel im Bild des wissenschaftlichen Kapitalismus nicht heraussticht. Im Rahmen der rein wissenschaftlichen Kommunikation sind die Möglichkeiten des Kreditgeschäfts nämlich beschränkt. Wissenschaftliche Redaktionen und Verlage können relativ wenig tun, um in reputierte Autoren zu investieren. Sie können die Beziehung pflegen, sie können reputierte Reihen herausbringen und besondere Sorgfalt bei der Edition walten lassen. Sie können die Präsentationsfläche aber nicht wesentlich vergrößern. Um einen Autor wirklich groß herauszubringen, müssen wirklich große Publika angesprochen werden. Große Publika werden vom populären Fach und vor allem von den Massenmedien angesprochen. Die Massenmedien arbeiten auf derselben Geschäftsgrundlage wie die kleinen, spezialisierten Publikationsmedien. Sie verfügen aber über Präsentationsflächen in anderer Größenordnung. Sie erreichen Hunderttausende, wenn nicht Millionen. Sie haben Titelseiten, die an jeder Straßenecke, und Programme, die zur *prime time* in jeder Wohnstube aufscheinen. Auch sie bringen Information heraus, die mittels vorproduzierter Information und lebendiger Aufmerksamkeit produziert wird. Sie rechnen aber nicht in der Währungseinheit des Zitats, sondern in Auflagehöhe, Einschaltquote, Reichweite. Auch die Massenmedien verstehen sich auf die Selbstverstärkung des Reichtums. Die Größenordnung, auf die sie spezialisiert sind, ist aber nicht die Reputation, sondern die Prominenz.

Prominent ist, wer nicht nur einer Fachöffentlichkeit, sondern der Öffentlichkeit als solcher ein Begriff ist. Der Unterschied ist einer der Größenordnung, aber nicht nur. Er ist einer, bei dem die Quantität in eine neue Qualität umschlägt. Der Schritt zur Prominenz bedeutet, daß die Gründe, die ursprünglich zum Reichtum geführt haben, überlagert werden. Prominent ist man nicht nur aus sachlichen Gründen, sondern auch – wenn nicht vor allem – deshalb, weil man als Großverdiener bestaunt wird. Man muß nicht nur allgemein bekannt, sondern auch bekannt dafür sein, daß einen alle kennen. Diesen Grad der Bekanntschaft erlangt nur, wer auf den Konsummärkten für Information präsent ist. Er oder sie muß in den Massenmedien als prominente Person gehandelt werden. Und zwar gehandelt sowohl im Sinn von eingesetzt wie eingekauft. Eingesetzt werden die Prominenten als Zugpferde, denn nichts sehen und hören die Massen lieber als die Gesichter, die alle Welt kennt. Eingekauft werden die bekannten Gesichter als Anleger, denn sie müssen ihren Reichtum einbringen und dem Medium erlauben, mit diesem Reichtum zu wuchern.

Ökonomisch besagt dieser qualitative Umschlag, daß andere Märkte ins Spiel kommen. Die Märkte der Fachöffentlichkeit sind im typischen Fall Märkte für kulturelles Sachkapital. Die Umsätze auf diesen Märkten sind durch das spezielle Interesse beziehungsweise durch das eingeschränkte Aufkommen an sachverständiger Aufmerksamkeit beschränkt. Die Märkte, die die Massenmedien bedienen, sind Konsummärkte. Nur dadurch, daß Information von allgmeinem Interesse angeboten wird, die ohne besondere Vorkenntnisse konsumiert werden kann, kommen die Mengen an Aufmerksamkeit zusammen, die eine Klasse von Schwerreichen ernähren können. Allerdings sind die Konsummärkte für Information nun nicht die einzigen Märkte, die neu ins Spiel gekommen sind, wenn es eine Person geschafft hat, in den Club der Schwerreichen aufzusteigen. Sie wurde dann auch auf dem Markt gehandelt, auf dem die Medien in ihrer Eigenschaft als Investoren mit Anlegern verhandeln. Dieser Markt ist nicht identisch mit dem, auf dem die Medien die Vorprodukte und Produktionsmittel ihrer Informationsproduktion einkaufen. Diese Zuliefermärkte sind solche der Fachöffentlichkeit. Sie liefern kulturelles Sachkapital: Kompositionen, Filmskripts, Agenturmeldungen, Konzepte für Shows und Seifenopern. Auf die Vermarktung des Reichtums an Beachtung ist eine andere Art von Kapitalmärkten spezialisiert. Der Reichtum muß als

Anlagevermögen gehandelt und als rentierliche Anlage bewertet werden. Das geschieht, indem ein Kurswert notiert wird.

Prominente sind nicht nur Kapitalisten, sie sind auch Rentiers. Sie verdienen mehr, als nötig wäre, um sie zum Auftritt zu bewegen. Charakteristisch für die Existenz einer prominenten Person ist sogar, daß sie mehr Beachtung findet, als ihr lieb ist. Inbegriff der prominenten Person ist die von den *paparazzi* verfolgte. Sie kann sich der Gier des Publikums kaum erwehren. Charakteristisch ist freilich auch, daß die Nachstellungen schmerzlich vermißt werden, wenn sie tatsächlich versiegen. Es ist nun einmal schöner, Angebote auszuschlagen als keine zu bekommen. Die Nachstellungen gehören zur Preisbildung für das Anlagevermögen. Sie messen nämlich indirekt die Bereitschaft der Medien, in die Präsentation der Person zu investieren. Diese Bereitschaft ist die Zahlungsbereitschaft, die den Kurswert bestimmt.

Das Gesicht kann nur dann an jeder Straßenecke auftauchen und nur dann zur *prime time* in jeder Wohnstube erscheinen, wenn die Medien bereit sind, Präsentationsfläche und Sendezeit in der teuersten Kategorie zu investieren. Diese Investition ist mehr als nur eine Anlage. Sie ist eine Anlage, die öffentlich bekannt gemacht wird. Sie ist ökonomisch äquivalent zu der Art des *going public*, das sich vollzieht, wenn ein Kapital an der Börse notiert wird. Die Notation erfolgt nicht durch Bekanntgabe des Betriebsergebnisses – also der Auflagen, Zuschaltquoten, Reichweiten –, sondern durch Bekanntgabe der Investition – also der Sendezeit und Präsentationsfläche. Die Plazierung an der Börse hat geklappt, wenn es möglich geworden ist, ein für alle sichtbares *ranking* vorzunehmen. Das *ranking* der Prominenz erfolgt durch den Vergleich der Präsentationsfläche und Sendezeit, die die Massenmedien in die Person investieren. Dieser Vergleich gibt zugleich

Auskunft darüber, welchen Platz eine Person in der Parade der Prominenten einnimmt.

Das Finanzwesen und die Mengenexpansion des Zahlungsmittels

Durch die Einbeziehung der Konsummärkte und des Finanzwesens weitet sich der Begriff des mentalen Kapitalismus. Mit den Massenmedien kommt eine Infrastruktur ins Spiel, die die Bevölkerung flächendeckend mit Information versorgt, für deren Konsum mit Aufmerksamkeit bezahlt wird. Mit der Ausdifferenzierung der Finanzmärkte differenziert sich das System der Märkte, auf denen Information gegen Beachtung getauscht wird, als solches. Kurz, der mentale Kapitalismus zeigt sich als ein System, das alle Verhältnisse der geistigen und kulturellen Produktion durchdringt. Die Massenmedien bedienen nicht irgendeine Sparte des kulturellen Konsums; sie machen allen anderen Sparten Konkurrenz. Die Finanzmärkte, die den Kurswert der Medienprominenz notieren, fungieren nicht nur in eigener Sache; sie drücken dem ganzen Rest der Berühmt- und Bekanntheiten das *ranking* auf.

Der Kapitalismus ist, um es auch hier noch einmal zu wiederholen, eine höchst dynamische, alle Kräfte mobilisierende und aggressiv auf Expansion gerichtete Wirtschaftsweise. Diese Virulenz führt der Kapitalismus des Gelds in den täglichen Wirtschaftsnachrichten vor Augen. Mit der Komplettierung um Konsum- und Finanzmärkte schließt der mentale Kapitalismus zum Stand der Binnendifferenzierung des kommerziellen Kapitalismus auf. Daß damit auch der Anschluß an die expansionistischen Tendenzen geschafft ist, versteht sich nicht ganz von selbst. Immer noch herrscht ein gewaltiger Unterschied zwischen der Ökonomie des Gelds und der Ökonomie der Aufmerksamkeit. Nicht nur, daß die Aufmerksamkeit erst durch Anonymisierung und Homogenisierung zur Währung wird.* Sie kann auch nicht beliebig vermehrt werden. Die Geldmenge kann theoretisch ohne Ende wachsen. Die verfügbare Aufmerksamkeit ist organisch begrenzt.

Die Umsätze auf den Märkten der Aufmerksamkeit können nur wachsen, wenn es gelingt, daß Aufmerksamkeit aus anderen Beschäftigungen abgezogen wird. Auch der Reichtum einer Klasse mentaler Kapitalisten kann nur wachsen, indem das Sozialprodukt an getauschter Beachtung umverteilt wird. Also versteht es sich keineswegs von selbst, daß die Massenmedien es geschafft haben, flächendeckend eine ganze Bevölkerung zu versorgen und eine neue Klasse von exorbitant Reichen zu ernähren. Wie schaffen sie es, den größeren Teil der frei verfügbaren Aufmerksamkeit zu absorbieren? Wie kann es sein, daß sie Prominente wie am Fließband herausbringen?

Diese Frage führt in den Zusammenhang zwischen Konsum- und Finanzmärkten. Die Zunahme der Aufmerksamkeit, die in den Massenmedien umgesetzt wird, bedeutet,

---

* Um einem immer wieder einrastenden Mißverständnis vorzubeugen: Die Aufmerksamkeit ist als solche alles andere als ein Zahlungsmittel. Sie ist durch und durch individuell. Das aufmerksame *da* Sein ist nur seinem eigenen Subjekt zugänglich. Auch der Wert der Beachtung, die wir einnehmen, ist durch und durch individuell. Er hängt erstens davon ab, wie hoch wir die Person, die uns beachtet, schätzen, und zweitens von den Gefühlen der Wertschätzung, die in die Beachtung verpackt ist. Zum anonymen Zahlungsmittel wird die Aufmerksamkeit erst dadurch, daß sie in einem gleichmachenden Verfahren der Messung anonymisiert, homogenisiert und auf das schiere Quantum reduziert wird. Solch gleichmachendes Messen geschieht, wenn Zitate gezählt, Auflagenhöhen bestimmt, Zuschaltquoten ermittelt, Reichweiten getestet werden. Nur die derart gemessene und ihrer Individualität entkleidete Aufmerksamkeit nimmt den Charakter einer Währung an.

daß die Menge der Aufmerksamkeit wächst, die als Zahlungsmittel im Umlauf ist. Zahlungsmittel ist die Aufmerksamkeit, die anonym gespendet und in homogenisierenden Maßen wie Zitat, Auflage, Reichweite oder Zuschaltquote quantifiziert wird. Die Menge dieses Zahlungsmittels wächst, indem der Konsum an konfektionierter Information expandiert. Sie wächst, anders gesagt, wenn die Menschen mehr lesen, fernsehen, ins Kino gehen, im Internet surfen. Wie bringt man die Menschen dazu, statt sich mit anderen zu unterhalten zur Zeitung zu greifen oder in den Fernseher zu gucken? Zunächst müssen die Gelegenheiten geschaffen werden. Es muß Gedrucktes in Hülle und Fülle geben, es muß eine kommunikationstechnische Infrastruktur entstehen. Dann aber, und das ist entscheidend, muß die Nachfrage genau beobachtet, die Zahlungsbereitschaft ausgelotet werden. Es muß ermittelt werden, was die Leute lesen, sehen und hören möchten. Es muß herausgefunden werden, wie weit das nötige Vorwissen und wie weit die erforderliche Konzentration gesenkt sein will, damit die Auflage oder Quote das Maximum erreicht. Dieses Austesten der Bereitschaft, Aufmerksamkeit auszugeben, ist alles andere als trivial. Es erfordert Keativität und ausgeklügelte Empirie. Der Wunsch nach immer Neuem, Überraschendem und Aufregendem will bedient, es wollen Künste der Verführung entwickelt werden. Allerdings gibt es nur ein Verfahren, das diesen Dienst mit dem Testen der Zahlungsbereitschaft in idealer Weise verbindet. Es besteht im Notieren der Kurswerte für die Prominenz. Das Verfahren ist ideal, nicht nur, weil die Leute sich nicht sattsehen können an bekannten Gesichtern. Es ist ideal auch, weil es den Medien erlaubt, in die Rolle zu schlüpfen, in der das Kreditwesen immer schon Geldschöpfung war.

Banken schöpfen Geld aus dem Nichts, indem sie mehr an Krediten gewähren, als sie über Einlagen verfügen. Diese Praxis war immer schon gang und gäbe, wenn sie auch bis in die Neuzeit hinein als unlauter, ja kriminell* galt. Die Bank kann sich nämlich darauf verlassen, daß nicht sämtliche Anleger auf einmal ihre Einlagen zurückziehen. Also reicht es, wenn sie nur über einen Teil der Einlagen als liquide Mittel verfügt. Auf der Möglichkeit dieser Geldschöpfung aus dem Nichts beruhen die phantastischen Vermögen, die im Bankgeschäft gemacht wurden. Es wäre phantastisch, wenn auch die Medien in der Lage wären, die »Geldmenge« durch das Ausspielen ihrer finanzierenden Funktion zu expandieren.

Über das Fernsehen. Noch einmal Bourdieu

Schon die Medien älteren Stils waren als Kreditgeber tätig. Auch der Verleger, der einen *Newcomer* herausbringt, gewährt einen Kredit in der Höhe der Beachtung, die eine Neuerscheinung bei ihm erwarten läßt. Auch der Filmproduzent, der junge Schauspieler neben bekannten Größen auftreten läßt, verwandelt Einlagen in Aufbaukredite. Auch schon diese Weise der Vorfinanzierung expandiert das Quantum der Aufmerksamkeit, die als Zahlungsmittel im Umlauf ist. Die Höhe der Auflage, die Zahl der Kinobesucher sind Maße, die individuell ausgegebene Aufmerksamkeit zu einem anonymen Zahlungsmittel prägen. Sie expandieren die »Geldmenge« allerdings nicht bis zur Neige, denn es bleiben Schwellen des Zugangs aktiv. Der Kon-

---

* Diese Schöpfung von Geld aus dem Nichts war das Geschäft der Banken seit je, wenn es auch lange gedauert hat, bis sie sich vom Ruch der betrügerischen Machenschaft befreien konnte. Berühmtes Beispiel ist der Bankrott der Bank von Amsterdam 1568. Heute ist die Potenz der Kreditinstitute, Geld zu schöpfen, durch die sogenannte Mindestreserve geregelt. Die Mindestreserve regelt, welcher Anteil der gewährten Kredite durch Einlagen gedeckt sein muß.

sum stellt noch Forderungen. Er verlangt den aktiven Entschluß, in die Buchhandlung, ins Musikgeschäft, ins Kino zu gehen, und er kostet nicht nur Aufmerksamkeit, sondern auch Geld. Auch auf der Seite der Anbieter sind noch Hemmschwellen eingezogen. Das Bedienen des breitest möglichen Geschmacks gilt als suspekt. Das Angebot ist noch differenziert nach dem Anspruch, den der Konsum an die Konsumenten stellt. Das künstlerische und journalistische Gewissen spricht mit nicht bloß moralischer, sondern auch noch kaufmännischer Stimme.

Diese Hemmschwellen fallen, wenn das Fernsehen – genauer: das private Fernsehen – zum Markt wird, der den Konsum kultureller Information dominiert. Das private Fernsehen nutzt erstens eine technische Infrastruktur, die die Bevölkerung flächendeckend und rund um die Uhr mit audiovisueller Information aus mehreren Kanälen versorgt. Der Konsum kostet zweitens kein Geld, sondern wird kostenlos frei Haus geliefert. Die Produktion des Programms wird nicht aus dem Verkauf der Information oder aus Gebühren bezahlt, sondern ganz und gar aus Werbeeinnahmen. Damit sind die Voraussetzungen geschaffen, um den Medienkonsum zum Gewöhnlichsten, zum Selbstverständlichsten und schießlich zu dem zu machen, dem man sich hingibt, weil man zu bequem oder zu müde für anderes ist.

Allerdings stellt dieses Fallen der Hemmschwelle eine notwendige und nicht schon hinreichende Bedingung dar. Sie reicht nicht hin zur Erklärung, warum des dem Fernsehen gelang, die Bereitschaft zur Zahlung mit Aufmerksamkeit bis zur psychologischen – wenn nicht physiologischen – Neige zu erschöpfen. Über die Infrastruktur verfügte auch schon das öffentlich-rechtliche Fernsehen. Zusätzliches Geld kostet der Mehrkonsum auch dann nicht, wenn eine Anschlußgebühr erhoben wird. Es wäre nun aber gewagt – nein, historisch falsch – zu behaupten, zur finalen Expansion der Währungsmenge sei es schon gekommen, als das Fernsehen zum Massenmedium wurde. Ein Rückblick kann darüber belehren. Pierre Bourdieu hatte in den »Feinen Unterschieden« nämlich genau die Situation beschrieben, in der das Fernsehen zwar als Massenmedium durchgesetzt, in der es aber noch nicht der Markt war, der den kulturellen Konsum dominiert. Im Inhaltsverzeichnis des umfangreichen Werks kommt das Stichwort Fernsehen überhaupt nicht vor, der Index verzeichnet fünf Fundstellen. Der Kontext an vier dieser Fundstellen ist der kleinbürgerliche Geschmack und kulturelle Konsum der Unterschicht.

Die Eliten, die das Bild der französischen Gesellschaft bis in die Siebzigerjahre hinein beherrschen, sehen nicht fern und drängen nicht ins Fernsehen. Auch die Mittelschicht bezieht ihren kulturellen Konsum nicht aus dem Fernsehen. Das journalistische Feld beherrschen die großen Zeitungen und Magazine. Für den kulturellen Konsum sind die Medien der hohen Kultur tonangebend. Die Höhe der Kultur relativiert das Gewicht der Umsätze, ja kehrt es in gewissem Sinn sogar um. Die hohe Kultur gibt Maß, weil der kulturelle Konsum von der sozialen Distanz nicht zu trennen ist, die er verschafft. Die Kultur, deren Konsum distinguiert, wird nicht frei Haus geliefert. Sie ist nicht allen und jedem zugänglich. Sie ist zumindest so kostspielig, daß die diskriminierende Wirkung bleibt. Auch will sie nicht nebenbei, ohne gefaßten Entschluß und sichtbaren Akt konsumiert werden. Ihre Höhe will den elitären Anspruch auch in der Sache begründen.

Das Fernsehen hat in der Folgezeit aber verblüffend rasch die Position des dominierenden Markts für kulturelle und journalistische Information errungen. Grund war nicht etwa die technische Revolution, die sich nebenher im Bereich der Informationsverarbeitung und -übertragung abspielte. Der Grund lag im Geschäftsmodell, das sich durchsetzte. Es ist das Geschäftsmodell, das die Anbieter sowohl vom Verkauf der Information als auch von der Mitsprache des Staats emanzipiert. Durch die Finanzierung aus Werbeeinnahmen wird die Gestaltung des Programms frei, sich auf nichts anderes als die Maximierung der anonym bezahlten Aufmerksamkeit zu konzentrieren.

Bourdieu hat diesen Wandel registriert und seinen ökonomischen Hintergrund betont. Er hat dem Fernsehen spät noch ein kleines Buch gewidmet.[1] Es ist das Buch über ein Zerstörungswerk. Nicht, daß Bourdieu den alten Eliten nachweinen würde. Er beklagt, daß die historische Chance einer Demokratisierung des kulturellen Konsums verpaßt wurde. Er geißelt den Zynismus, der den breitest möglichen Geschmack bedient. Und er registriert mit Entsetzen, wie die Maximierung demoskopischer Kennziffern die Felder der Literatur, der Philosophie, der Kunst, der Politik und der Jurisprudenz in Mitleidenschaft zieht. Allerdings fragt Bourdien – und das ist bemerkenswert – nicht, woher die Kraft der Werbung rührt, das Regime der feinen Unterschiede derart unter Druck zu setzen. Er wird nicht müde, den Terror zu denunzieren, mit dem die Einschaltquote das journalistische Feld beherrscht. Er hört aber auf zu fragen, wo die kommerziellen Interessen ins Spiel kommen. Er wundert sich nicht, warum die kommerziellen Interessen in dem Moment mit voller Wucht zuschlagen, in dem sie sich aus dem kommerziellen Verkauf der Konsumentenware zurückziehen.

Es wäre im übrigen falsch, nur Bourdieu den Vorwurf zu machen. Man wird auch aus der ökonomischen Literatur nicht schlau, woher die Werbung die Kraft nimmt, das private – und nicht nur private – Fernsehen mitsamt den weiten Teilen des Kultur- und Sportbetriebs zu finanzieren, die ihrerseits vom Fernsehen leben.[2] Es ist nämlich keineswegs einfach, den Effekt nachzuweisen, den die Werbung auf das Geschäftsvolumen und die Unternehmergewinne hat. Es ist nur klar, daß es darum geht, das Produkt bekannt – und zwar allen bekannt – zu machen.[3] Man braucht aber nicht die Werbung, von der das Fernsehen lebt, um über die Qualität der Produkte, über deren nützliche Eigenschaften und darüber zu informieren, wodurch sich das Produkt von konkurrierenden Angeboten absetzt. Es muß etwas anderes sein, etwas, das mit der Wirkung zu tun hat, die Bourdieu dem sozialen Kapital zuschreibt.

Allerdings – und das gibt nun doch zu denken – ist in Bourdieus Buch über das Fernsehen keine Rede mehr vom kulturellen und sozialen Kapital. Wie das? Es kann kein Versehen sein. Thema ist dieselbe Gesellschaft, die nur eben dreißig Jahre älter geworden ist. Will er sagen, daß mit dem Regime der feinen Unterschiede auch das System des immateriellen Kapitals zerfallen ist? Oder sind seine Begriffe des kulturellen und sozialen Kapitals so sehr an die Herstellung sozialer Distanz gebunden, daß ihnen der Gegenstand abhanden kam? Gewiß, die Gesellschaft, die sich im Fernsehen präsentiert, hat keine eindeutige Spitze mehr. Sie hat wenn, dann deren viele. Sie kennt auch keine für alle verbindlichen Kriterien der Eminenz. Was die vielen Spitzen und die partikularen Hinsichten des Herausragens eint, ist nur noch der überragende Bekanntheitsgrad. Eben diesen Bekanntheitsgrad vermag Bourdieus Begriff des sozialen Kapitals nun aber nicht zu fassen. Der Grad beruht nicht auf Beziehungen, sondern auf dem Einkommen an anonym gespendeter Aufmerksamkeit. Bourdieu mußte gewußt haben, daß die Entwicklung, die er da sehenden Auges vernahm, mit der Dynamik des Kapitalismus zu tun hatte, deren Begriff er prägte. Vielleicht sah er aber auch, daß die Revision, die nötig gewesen wäre, um die aktuelle Entwicklung zu fassen, tief gegriffen und das System als ganzes erfaßt hätte.

Die Prominenz der Sachen und Zeichen

Nur dann, wenn die Fernsehanstalten ihr Angebot für Geld verkaufen würden, wäre es gerechtfertigt, das soziale Kapital außer acht zu lassen. Die Fernsehanbieter verkaufen aber nicht Information, sondern Attraktion. Sie maximieren nicht zunächst den kommerziellen Umsatz, sondern den Umsatz an Aufmerksamkeit. Sie kämpfen um Marktanteile, aber der Anteil, um den sie kämpfen, ist Teil des Sozialprodukts an Beachtung.

Um diesen Anteil haben auch schon die Monopole des öffentlich-rechtlichen Fernsehens gekämpft. Auch sie nahmen bereits die Funktion von Finanzinstituten in Sachen Beachtung wahr. Sie verwerteten – und verwerten immer noch – den Reichtum prominenter Einleger, sie gewähren Vorschüsse an garantierter Beachtung, sie finanzieren den Aufbau von Publikumsmagneten. Sie sehen es als Erfolg, wenn die Investitionen sich auszahlen, sie verdienen mit, wenn die Zugpferde, in die sie investiert haben, prominent oder noch einmal prominenter werden. Allerdings hatte dieser Erfolg wenig Effekt auf ihre Geldmittel, solange sie nicht frei waren, die Attraktionsleistung auf dem freien Markt zu verkaufen. Das heißt, es lagen Potentiale brach. Weil die Rekrutierung und Aufzucht von Zugpferden nicht nur Aufmerksamkeit, sondern auch Geld kostet, hätte noch mehr Attraktionsleistung produziert – oder hätten die Gebührenzahler entlastet werden können, hätte man die Dienstleistung frei an Interessenten verkaufen dürfen.

Der Schlüssel zur Erklärung, was dann geschah, liegt in der Attraktionsleistung, zu der das Fernsehen in der Lage ist. Mit der Reklame, im Sinn der Anpreisung käuflicher Ware, mag ein Zubrot zu verdienen sein, eine Industrie, wie das private Fernsehen sie darstellt, unterhält sie nicht. Tatsächlich konnte das private Fernsehen aber nicht nur die

Konkurrenz mit dem öffentlich-rechtlichen aufnehmen, sondern diesem auch noch das Geschäftsmodell aufzwingen. Inzwischen agiert das gebührenpflichtige Fernsehen wie das private – mit allenfalls ein paar lästigen Auflagen, die das Geschäft mit der Werbung behindern. Was verleiht der Dienstleistung der Attraktion einen solchen Wert?

Die Frage hat noch keine wissenschaftliche Antwort. Könnte die Erklärung aber nicht darin liegen, daß die Selbstverstärkung der Beachtlichkeit, wie sie bei Personen funktioniert, auch auf Sachen und Zeichen übertragen werden kann? Die Werbung hat die Aufgabe, die Sache bekannt zu machen. Also muß die Sache in Szene gesetzt werden. Sie muß Präsenz zeigen, und die Präsenz muß, das ist entscheidend, unübersehbar werden. Sie muß auffallen und mit ihrer Auffälligkeit klar machen, daß sie allen auffällt. Für diesen massiven Auftritt bietet das Fernsehen die ideale Bühne. Die Werbung auf allen Kanälen eines die ganze Bevölkerung rund um die Uhr versorgenden Mediums kann nicht umhin aufzufallen. Die massenhafte und penetrante, die Belästigung nicht scheuende Verbreitung stellt zugleich ein Mittel dar, den Erfolg der Attraktion zu dokumentieren. Was einem auf Schritt und Tritt begegnet, drängt seine Bekanntheit nicht nur auf, sondern macht sich zugleich dafür bekannt, allen anderen bekannt zu sein. Die Sache hat sich auf primitive aber wirksame Weise den Status der Prominenz erobert. Ihr Warenzeichen ist zur Marke geworden, die alle kennen müssen, die sich auskennen wollen. Die Werbung, die definitiv mehr ist als nur Reklame, ist die Produktion der Prominenz von Sachen und Zeichen.

Die ihr anverwandelte Prominenz ist, was die Marke zum Fetisch macht. Der Markenfetischismus ist kein einfacher Spleen, er ist ein Gespür für die Unzahl der Blicke und Gedanken, die auf die Sache gerichtet sind. Dieses intuitive Wissen – wir kennen es von Kunstwerken – verleiht eine Aura.[4] Der Glanz, den das Wissen um ihre Prominenz vermittelt, verleiht der Sache einen fast schon menschlichen Zug. Sie hat es, als Sache, zum Star gebracht. Tatsächlich hat die Marke, wenn sie sich durchsetzt, Karriere gemacht. Sie ist all denen ein Begriff geworden, die mitreden können. Als dieser Begriff leistet die Marke in der Vermarktung, was das soziale Kapital in der Beziehungsarbeit leistet. Ihr Wert ist der, den sie als aufmerksamkeits-ökonomisches *asset* annimmt.

Die Marke stellt einen Finanztitel in der Ökonomie der Aufmerksamkeit dar. Marken haben, wie Stars, einen Kurswert, der in Präsentationsfläche und -zeit notiert wird. Allerdings kann die Marke nicht allein von ihrer eigenen Präsentation leben. Sie muß die Attraktivität von Personen in Anspruch nehmen, die sie ins rechte Licht rücken. Damit die Marke prominent wird und bleibt, müssen prominente Personen mitwirken – sei es direkt, indem Prominente für die Sache werben, oder indirekt, indem die Stars für die Attraktivität des Rahmenprogramms sorgen, in das die Werbung eingeblendet wird.

Die Prominenz der Marken hilft nun allerdings auch bei der Produktion persönlicher Prominenz. Deren Aufbau will nämlich doppelt finanziert sein. Er will zunächst finanziert sein durch den Vorschuß an Beachtung. Dieser Kredit stammt aus den Einlagen, über die das Medium als Bank disponiert. Einleger sind die Personen, die ihre Prominenz einbringen. Diesen Einlegern muß die Mehrung ihrer Prominenz geboten werden, aber nicht nur. Um Prominente einzukaufen oder aufzubauen, muß auch Geld in die Hand genommen werden. Dieses Geld will durch Werbung finanziert sein. Die Werbung bringt das Geld, das nötig ist, um alles, was Rang und Namen hat, im Fernsehen zu zeigen. Allerdings bringt sie es nur dann, wenn auch sie die Aufbaukredite in Anspruch nimmt, die das Medium zu vergeben hat.

Die Mischung von Werbung und Programm birgt die

Chance, daß ein sich selbst nährender Zirkel in Gang kommt. Die Werbung verschafft das Geld, das für die Rekrutierung und den Aufbau der Prominenz nötig ist, welche ihrerseits die Beachtung verschafft, die dann an die Werbewirtschaft verkauft wird. Der Zirkel entwickelt, erst einmal in Gang gekommen, einen Sog, wie er typisch für ökonomisches Wachtum ist. Er nimmt Zahlungsbereitschaft in Anspruch, schafft aber auch Zahlungskraft. Die Werbung hat es auf die Zahlungsbereitschaft der Nachfrager kommerzieller Angebote abgesehen. Sie schafft Zahlungskraft auf Seiten der Anbieter, die die Werbung in Anspruch nehmen. Die Medien haben es auf die Bereitschaft des Publikums, mit Aufmerksamkeit zu bezahlen, abgesehen. Sie schaffen Zahlungskraft, indem sie Aufmerksamkeit aus Beschäftigungen, die keine gezählten Umsätze machen, abziehen. Das Besondere an der Mischung von Werbung und Programm ist nun, daß sich das Wachstum der Umsätze in Geld und in Aufmerksamkeit verschränkt. Von den Werbebudgets hängt ab, welchen Aufwand die Medien in Sachen des Aufbaus und der Rekrutierung menschlicher Prominenz treiben können. Von den Mitteln, die in die Aufzucht von Zugpferden fließen, hängt die Bereitschaft des Publikums ab, Aufmerksamkeit für den Medienkonsum umzuwidmen.

Die Synergien, die in dieser Verschränkung stecken, müßten eigentlich alle, die ihre Freisetzung zu spüren bekamen, überrascht haben. Es war nämlich keineswegs abzusehen, daß sich das Verschenken der Information, von deren Verkauf die Medien älteren Stils und selbst noch das öffentlich-rechtliche Fernsehen leben, zum *big business* entwickeln würde. Man konnte nicht wissen, ob mit der Werbung so viel Geld zu verdienen sein würde, daß ein sich selbst nährender Wachstumszyklus in Gang kommt. Der Schlüssel zur Initialzündung muß – das ist die Hypothese – im Wandel der Werbung von der Reklame zur Produktion der Marke gelegen haben. Dieser Wandel wurde möglich,

als es gelang, Aufmerksamkeit in denjenigen Massen einzu-
fahren, die auch Sachen und Zeichen in den Stand der Prominenz versetzten. Wirklich wurde der Wandel allerdings
erst dadurch, daß die Prominenz der Sache zum zentralen
Verkaufsargument wurde. Dann erst, wenn die Nachfrager
kommerzieller Handelsware erwarten, daß die Marke im
Glanze allseitiger Beachtung erstrahlt, ist es so weit, daß die
Information, die in alle Haushalte geliefert wird, das Maximum an Aufmerksamkeit herausholen kann.

Wenn nicht alles täuscht, dann ist die Mengenexpansion
der zahlenden Aufmerksamkeit dabei, ihr – wenn nicht
natürliches, so doch lebenspraktisches – Limit zu erreichen.
Nicht nur die Zahlungsbereitschaft, die Zahlungskraft für
den medialen Konsum scheint bis in die letzten Winkel
ausgereizt. Noch nicht ausgereizt scheinen allerdings die
Möglichkeiten des verschränkten Wachstums zu sein. Auch
und gerade der kommerzielle Kapitalismus boomt an den
Schnittstellen zwischen der Ökonomie des Geldes und der
Ökonomie der Aufmerksamkeit. Von keiner Wachstums-
schwäche sind der medial vermittelte Sport, die Unterhaltungsindustrie, die Boulevard- und Regenbogenpresse be-
fallen. Unabhängig von Konjunkturen wachsen Werbung,
PR und Produktdesign. Mediendesign, visuelle Kommunikation und Branding sind die Berufsfelder, die nach wie
vor expandieren. Mode, Kosmetik, Fitness und plastische
Chirurgie wachsen zuverlässig weiter trotz des seit langem
schon hohen Niveaus der Nachfrage. Kurz, der Wunsch zu
sehen und gesehen zu werden, sorgt für Wachstum nicht
nur in der Ökonomie der Aufmerksamkeit, sondern auch
in der Ökonomie des Geldes. Die Wachstumspole liegen
entlang der Schnittstellen, durch die die Ökonomien wech-
selwirken.

Die Wechelwirkung zwischen der Ökonomie der Aufmerksamkeit und der Ökonomie des Gelds wandelt soziales Kapital in kommerzielles Kapital und kommerzielles Kapital in soziales Kapital um. Die Wechselwirkung betrifft auch die Verwertung – und damit Produktion – kulturellen Kapitals. Es ist ja nicht das soziale Kapital in der reinen Form des Reichtums an Beachtung, das die Attraktionsdienste leistet. Es ist das eingelegte Sozialkapital, das durch die Kombination mit kulturellem Kapital und schließlich mit Arbeit aktiviert wird.

Die Produktion der Dienstleistung, die als Attraktionsleistung verkäuflich ist, ist nicht so einfach. Sie hat mehr, als es den Anschein hat, mit der Produktion von Wissen zu tun. Die Massenmedien sind Informationsmärkte wie die wissenschaftliche Kommunikation. Information ist nichts Festes und Fertiges, sondern der Überraschungswert, der aus Reizmustern gezogen wird. Das Muster, das in einer Situation aufregend informativ ist, kann in einer anderen völlig uninformativ sein. Mehr noch, die Nachfrage nach Information ist eine Nachfrage, die zwar bereit ist zu zahlen, die aber nicht wissen kann, was sie will. Das Publikum will etwas Neues erfahren, es will sich aufregen, wundern, entrüsten können. Es kann aber – eben weil es überracht werden will – nicht wissen, was es genau ist, das da erregen soll. Auch die Nachfrager wissenschaftlicher Information wissen nicht genau, was sie wollen. Sie wollen, daß sich ihr Kenntnisstand ändert, sie wollen in der Sache weiterkommen, sie wollen auf neue Ideen gebracht werden. Sie können aber – eben weil sie auf der Suche sind – nicht genau wissen, was es ist, das sie suchen. In beiden Fällen versagt die übliche Annahme vorgegebener und stabiler Präferenzstrukturen. Wie die Rezipienten eines Stücks wissenschaftlicher Information im Voraus nicht wissen, wie sich ihre geistige Verfassung und Produktivität verändern wird, so wissen die Leute vor dem Fernseher nicht, wie ihr Geschmack mit dem Programm reagieren wird, wie sich ihre Erwartungen ändern werden.

Der größte Teil der Angebote, die auf Informationsmärkten erscheinen, wird zum Flop. Nicht nur in der wissenschaftlichen Kommunikation, auch beim kulturellen Angebot gilt die Regel, daß zwanzig Prozent der Anbieter achtzig Prozent des Umsatzes machen.[5] Das heißt, der Matthäuseffekt ist ein allgemeines Phänomen; die Gewinne, die auf Informationsmärkten gemacht werden, sind generell zu einem großen Teil Renten. Weil der Erfolg so unsicher ist, wären die großen Gewinne gar nicht nötig gewesen, um das Angebot am Markt erscheinen zu lassen. Die Renner hätten sich auch dann durchgesetzt, wenn sie das Rennen nicht gemacht hätten; die regelmäßigen Enttäuschungen führen zu keinem längerfristigen Rückgang der Produktion. Umgekehrt führen die großen Erfolge zwar zu Nachahmungseffekten, die Nachahmung ist aber wiederum kein sicherer Weg zum Erfolg. Die Renten machen, daß das Geschehen am Markt die Züge monopolistischer Konkurrenz annimmt. Monopolistische Konkurrenz muß nicht heißen, daß die Anbieter Monopolisten sind, entscheidend ist, daß die Konkurrenz kein Mittel ist, um die Gewinnmargen zu egalisieren. In der Wissenschaft führt dies zur schiefen Verteilung der Zitate. Im Kulturbetrieb und in den Medien kommen nun die Agenturen ins Spiel, die als Finanzinstitute fungieren. Auch sie sind von der Unsicherheit betroffen, können aber – und müssen – aktiv mit ihr umgehen. Sie können sich absichern durch die Mischung des Programms, durch die Diversifizierung des Angebots und – vor allem – durch ständiges Testen des Markts.

Mit dem Fernsehen steigt eine neue Gewichtsklasse von Agenturen in den Ring. Das Fernsehen verfügt erstens über noch einmal andere Möglichkeiten der Diversifizierung und Mischung des Angebots als die Medien, die die Information für Geld verkaufen. Das Fernsehen erreicht zweitens sein Publikum viel leichter als es Buchhandel, Publizistik, Kino und den Veranstaltern der hohen Kultur möglich wäre. Drittens agiert das Fernsehen in doppelter Rolle: Es stellt einen Konsummarkt und zugleich eine Börse dar. Fernsehprogramme eignen sich bestens zum Testen der Publikumswünsche. Sie können laufend varriert und auf Attraktivität hin getrimmt werden. Die Unsicherheit bleibt zwar auch hier, sie braucht aber nicht nur erlitten zu werden. Sie läßt sich nutzen, indem die zweite Rolle ins Spiel gebracht wird. Das Fernsehen fungiert als die Börse, die das *ranking* der bekannten Gesichter notiert. Die Präsentationszeit und -fläche verhalten sich zur Quote wie die Investition zum Betriebsergebnis. Das Verhältnis ist ein zuverlässiger Generator von Überraschungswert. Mehr noch, das Geschehen an der Börse hat immer Unterhaltungswert. Ungezählte Spielernaturen kühlen hier ihren Mut. Das Fernsehen kommt in die Lage, die Unsicherheit über die Nachfrage in Unterhaltungswert für die Nachfrager zu transformieren. Es läßt das Publikum an dem Geschehen partizipieren, das sich sonst immer nur hinter den Kulissen abspielt. Das Fernsehen bietet, was Kino, Theater und Konzerte zu bieten haben. Es kann aber noch mehr bieten. Es macht auch noch das Kritisieren und Rezensieren zur Show, es zeigt die Protagonisten in der Rolle, in der sie um Aufstieg oder gegen den Abstieg kämpfen, es vermittelt das Gefühl des Dabeiseins beim Aufbau und der Demontage bekannter Gesichter. Es jubelt nicht nur hoch, sondern inszeniert auch den Skandal. Es unterhält und richtet über die Unterhalter. So war es nur konsequent, daß schließlich eigene Formate von Sendungen entwickelt wurden, die all diese Funktionen mischen. Die Container- und Castingshows sind Veranstaltungen, die das Monopoli der Kapitalgeber als Millionenspiel fürs konsumierende Publikum inszenieren.

Die Container- und Castingshows stellen die von Bourdieu beschriebene Ordnung auf den Kopf. Sie versprechen, daß jede und jeder es schaffen kann, einmal im Leben ein Star zu sein. Sie schaffen es, das Privileg, das einst den Spitzen der Gesellschaft vorbehalten war, zu sozialisieren. Die Shows vollbringen nun aber das Kunststück, daß sie mit dem Reiz der Sozialisierung locken, ohne das Mindeste an der extrem ungleichen Verteilung zu ändern. Die Formate dienen einzig und allein der Maximierung des Gewinns für Einleger und Medium. Gewiß, auch der Erfolg dieser Informationsprodukte war nicht von vornherein sicher. Der Erfolg besagt aber im Rückblick, daß da eine Nachfrage war, die darauf wartete, bedient zu werden. Die Nachfrage wußte von sich noch nicht so recht; und auch die Anbieter hatten nur geraten. Viele Stimmen warnten und versuchten, die Nachfrage zu verpönen. Die Zahlungsbereitschaft, die sich in den Einschaltquoten offenbarte, sagt aber mehr als tausend Worte abstreiten können. Sie besagt, daß die Prominenz zum Lebenstraum der Vielen geworden ist. Der Inbegriff des Elitären hat sich von der Assoziation mit dem hohen Anspruch und der exzeptionellen Leistung emanzipiert.

Die Kultur des Narzißmus

Der mentale Kapitalismus macht es möglich, die Mehrung des Selbstwerts im Sinne freien Unternehmertums in die Hand zu nehmen. Was früher ein Ausdruck von Größenwahn gewesen wäre, wird nun zum *business plan*.[6] Zwei Geschäftszweige stehen dem Ehrgeiz der Selbstliebe offen. Man kann sich an die Selbstvermarktung machen oder um die Produktion von Finanzdienstleistungen kümmern. Die Selbstvermarktung wird durch die Möglichkeiten der Aufbaufinanzierung zum regulären Geschäft. Die Chancen wachsen, wenn erstens professionelle Dienstleistungen für die Finanzierung in Anspruch genommen werden können, und wenn zweitens das Sozialprodukt an zahlender Aufmerksamkeit um eine Größenordnung wächst. Am Wachstum dieses Sozialprodukts war die Produktion der Finanzdienstleistungen in ihrerseits doppelter Weise beteiligt. Erstens ist die Währungsmenge dem Kreditvolumen nachgewachsen, zweitens hat die Bank an der Realisierung der Kredite stets mitverdient. So hat sich mit dem Unternehmertum auch das Volumen der Wertschöpfung etabliert, das die Klasse der neuen Reichen ernährt. Ein Ehrgeiz, der einst pathologische Züge trug, wurde zur realistischen Option. Die neue Klasse stellt die alten Eliten, was personelle Stärke und die Größe des Reichtums betrifft, in den Schatten.

Der Aufstieg der Medienprominenz ist sagenhaft. Das Geschäftsmodell der Finanzdienstleistung in Sachen Aufmerksamkeit wurde zum historischen Erfolg. Ein solcher Erfolg stellt nicht nur Vorgänger in den Schatten. Er stellt auch für alle, die nicht auf der Woge schwimmen, eine Zumutung dar. Wo der Erfolg machbar wird, wird man auch für den Mißerfolg verantwortlich. Aus der Möglichkeit wird die Herausforderung, etwas für die Selbstwertschätzung zu tun. Diese Herausforderung macht das Leben noch ungemütlicher, als es schon war. Sie schiebt Verantwortung für etwas zu, das einmal als unverfügbar galt. Der Selbstwert war Sache der Selbstachtung. Nun wird er zu etwas, das ernährt sein will. Mehr noch, er wird zum Spielball einer Ökonomie, die eigenen Regeln folgt und der es gefällt, Lotterie zu spielen. Der Selbstwert nimmt, um es hart zu sagen, die Züge eines ökonomischen Preises an.

Das will etwas besagen. Wo die Sorge um den Selbstwert zur Aufforderung wird, die Selbstwertschätzung zu versorgen, da lauert eine tiefe narzißtische Kränkung. Dem Selbst, das sich zu Markte tragen muß, um das zu werden, was es von sich beansprucht zu sein, ist es nicht mehr erlaubt, sich als souveräne Einheit der Kontrolle zu verstehen. Es mag sich groß und selbständig fühlen, wo der Markt ihm günstig ist. Es bekommt aber eine substantielle Abhängigkeit zu spüren, wenn es schlechtere Karten zieht. Das Leiden an der Fragilität des Selbstwertgefühls verliert sein Schicksalhaftes. Es wird zu einem Fall für die Therapie. Je deutlicher spürbar der Zusammenhang mit dem Selbstwert, um so schwieriger wird es, Verluste und den Entzug von Beachtung zu verkraften. Die Beschaffung ähnelt dem Drogenhandel. Das Geschäft mit der Aufmerksamkeit wird härter, nervöser, schneller.

Dieser Wandel ist Beobachtern des Zeitgeists in den siebziger Jahren des letzten Jahrhunderts aufgefallen. Christopher Lasch hat den Begriff von der Kultur des Narzißmus geprägt.[7] Charles Derber sah den *pursuit of attention* den *pursuit of happiness* beerben.[8] Beide registrierten ein epidemisches Um-sich-Greifen eines suchtartigen Verlangens nach Aufmerksamkeit. Die Kultur des Narzißmus ist die soziale Erscheinungsform eines Verhaltens, das einmal als abweichend galt. Die narzißtische Störung bezeichnet ein gestörtes Verhältnis zwischen der Selbstliebe und der Zuneigung, die die Person von außen erfährt. Der Narziß, so Lasch, kann nicht leben ohne bewundernde Zustimmung. Er muß sein Ego ständig bestätigt fühlen, sei es durch direkten Bezug von Beachtung oder dadurch, daß er sich an Zelebritäten bindet, in deren Abglanz er sich wärmt.[9] Diesen Drang nach dem Mittelpunkt, diese so viel wichtiger als gezeigt genommene und so viel leichter als zugegeben irritierbare Selbstwertschätzung beobachtet Charles Derber im familiären und geschäftlichen Umgang. Er beobachtet den Wandel am Stil der Konversation und der alltäglichen Umgangsformen. In einem umfangreichen Vorwort zur zweiten Auflage seines *Pursuit of Attention* im Jahr 2000 dehnt er seine Beobachtungen auf den kulturellen Betrieb und das politische Geschäft aus. Er bekennt, daß die Konkurrenz um Beachtung in einem Maß an Härte und Professionalität zugenommen hat, die er sich seinerzeit in den siebziger Jahren nicht hätte vorstellen können.

Identität und Politik

Lasch und Derber ordnen sich nicht in den postmodernen Diskurs ein. Auch der Narzißmus wurde zu keinem Schlüsselbegriff dieses Diskurses. Die Flexibilisierung des Selbst fand hier anderen Ausdruck. Der postmoderne Diskurs stieß zu keinem geringeren Befund vor als dem, daß das Subjekt im Sterben liegt.

Das Subjekt ist die zentrale Instanz verantwortlichen Denkens und Handelns. Es kann Verantwortung nur übernehmen als identisches und identisch mit sich bleibendes. Identisch ist das Subjekt, das auch für vergangene und künftige Taten verantwortlich ist. Identisch muß das Subjekt mit sich bleiben, wenn es konsistent denken und planen soll. Allerdings hängt die Identität des Subjekts mit sich davon ab, daß sich das Bewußtsein an frühere Zustände seiner selbst erinnert – und sich mit dem, woran es sich erinnert, als früherem Zustand seiner selbst identifiziert.

Diese Bedingung ist anspruchsvoller, als es den Anschein hat. Die Erinnerung ist unzuverlässig. Frühere Zustände sind uns aber nur durch die Erinnerung zugänglich. Wir können in der Zeit nicht zurückgehen, um nachzusehen, wie es damals war. Was also garantiert, daß das Bewußtsein, das sich erinnert, identisch ist mit dem Bewußtsein, dessen Zustand erinnert wird? Bereits Wittgenstein hatte sich diese Frage gestellt. Eine skeptische Antwort liegt dem berühmten Privatsprachenargument zugrunde.[10] Wie, so fragt Wittgenstein, kann ich mit Sicherheit wissen, ob die Bedeutung der Wörter, die ich gestern gebrauchte, heute noch dieselbe ist? Ich kann mich nur auf meine Erinnerung stützen. Ich kann meinen, mich an den Gebrauch gestern zu erinnern. Ich kann die Tatsache aber nicht überprüfen. Wir meinen uns recht zu erinnern, finden uns aber immer wieder widerlegt. Also kann ich, ganz auf mich alleine gestellt, nicht gewiß sein, daß ich identische Begriffe verwende. Nur eine Gemeinschaft von Sprechenden, die den Gebrauch der Sprache kontrolliert, kann die Identität des Gebrauchs und damit die Bedeutung der Worte garantieren. Ergo gibt es keine private Sprache.[11]

Das Privatsprachenargument mußte nur ausgebaut werden, um die Identität des Subjekts der Dekonstruktion auszuliefern. Mehr noch, es zeigte sich, daß die Reduktion des Subjekts auf die Instanz, die die bewußte Verarbeitung von Information von zentraler Stelle aus kontrolliert, dieses selbst in Gefahr bringt. Es mag überleben als das Subjekt, das am kollektiv kontrollierten Gebrauch der Sprache partizipiert. Es ist aber angeschlagen als die Instanz, die moralische und geltungslogische Ansprüche stellt. Michel Foucault ging so weit, im Anklang an Nietzsches »Gott ist tot!« den Tod des Subjekts zu verkünden.[12] Diese Botschaft wurde vernommen. Nicht, daß sie in der Philosophie ein Aufsehen erregt hätte, das mit demjenigen Nietzsches zu vergleichen wäre. Sie wurde aber zum Schlagwort in einem politischen Diskurs. Sie gab das Stichwort zum Engagement, das unter den Bezeichnungen Identitätspolitik und *political correctness* Breitenwirkung entfalten sollte.

Der Befund der Identitätsschwäche des sich einsam reflektierenden Subjekts verlieh dem affektiven Selbstbewußtsein unverhoffte Bedeutung. Er besagt, daß das Selbstwertgefühl eine tragende Rolle spielt beziehungsweise spielen kann. Diese Nachricht mag für die Mitglieder stabiler Mehrheiten oder herrschender Schichten wenig bedeuten. Sie kann aber viel für die Mitglieder von Minderheiten bedeuten, die nicht genügend oder nicht die Art der Beachtung beziehen, die nötig ist, um ein intaktes Selbstwertgefühl zu ernähren. Die Botschaft, die vernommen wurde, war die, daß ethnische, subkulturelle und Minderheiten, die sexueller Präferenzen wegen diskriminiert werden, etwas für die Identität tun können, unter deren Schwäche sie leiden. Sie müssen sich die öffentliche Anerkennung – und das heißt zunächst einmal, die Menge an öffentlicher Beachtung verschaffen, die es ihnen erlaubt, sich problemlos zu ihrer Identität zu bekennen.

Die Identitätspolitik wurde zum Sammelbegiff für einen neuen Umgang mit den Leiden am Status der Gruppenidentität. An die Stelle der Anpassung an eine herrschende Identität sollte die Gleichberechtigung verschiedener – ethnischer, sexueller, kultureller – Identitäten treten.[13] Dieser Kampf um Gleichberechtigung hat ein direktes und ein mittelbares Ziel. Das direkte Ziel liegt in der gleichen Berechtigung verschiedener Identitäten, das indirekte in der Durchsetzung eines freien Markts für die Mittel der Identitätspolitik. Die Strategien zur Durchsetzung der Gleichberechtigung haben es ganz selbstverständlich auf die mediale Öffentlichkeit abgesehen.[14] Sie drehen sich um die Herstellung medialer Präsenz, also um die Eroberung von Präsentationsfläche und -zeit. Das Projekt dieser Eroberung setzt nun allerdings voraus, daß die Freiheit der Wahl zur selbstgewählten Identität besteht. Es darf nicht sein, daß bestimmte Identitäten ein für allemal bestimmt oder anderen wesentlich überlegen sind. Alle müssen formal gleich behandelt werden. Es darf, anders gesagt, keine strukturelle Diskriminierung geben. Diese formale Gleichbehandlung ist es, wofür sich die Bezeichnung »politische Korrektheit« durchgesetzt hat. Sie müßte eigentlich »identitätspolitische Korrektheit« heißen.

Selbstachtung und Selbstverachtung

Identitätspolitik und politische Korrektheit verstehen sich als Strategien der Emanzipation. Anliegen ist die Egalisierung der Chancen im Kampf um die Beachtung, von der das affektive Selbstbewußtsein sich nährt. Mit der Identitätspolitik steigen die in den Ring, die immer nur Acht gegeben haben, ohne Beachtung zu finden. Die politische Korrektheit artikuliert, was Gleichheit der Chancen im Verteilungskampf heißt. Nimmt man sie zusammen, dann wird nun allerdings klar, daß sie mehr bedeuten als eine einfache Ausweitung der Konkurrenz. Sie bedeuten, daß sich die Landschaft der Parteien, die im Verteilungskampf engagiert sind, verändert hat. Der organisierte Kampf um die Beachtung hat aufgehört, ein Privileg derer zu sein, die über die Mittel der Attraktion verfügen. Die Konkurrenz hat nicht länger den Charakter der bloßen Verwertungskonkurrenz. Die Klasse der Nichtbesitzenden beginnt sich zu organisieren. Der Kampf um die Verteilung des Sozialprodukts an Beachtung nimmt, anders gesagt, Züge des Klassenkampfs an.

Diejenigen, die sich im Klassenkampf engagieren, sind nicht immer die Ärmsten. Es sind diejenigen, die aufgehört haben, ihre Klassenlage als Schicksal hinzunehmen. Arm im mentalen Kapitalismus sind die, die nicht genug Beachtung verdienen, um das affektive Selbstbewußtsein gut zu ernähren. Die Aktivistinnen und Aktivisten der Identitätspolitik sind zur Arbeit auch am reflektiven Selbstbewußtsein übergegangen. Sie arbeiten an der Entstabilisierung der Vorstellung, daß die Identität, auf die das Selbstbewußtsein reflektiert, vorgegeben sei. Sie attackieren die Vorstellung, die Identität des Ich sei ein Wesenskern. Sie haben die Botschaft der Dekonstruktion verstanden. Oder anders: Sie haben angefangen, von der Dekonstruktion praktischen Gebrauch zu machen.

Die Leiden am Selbst sind nicht auf Probleme der Unterernährung beschränkt. Sie sind es nicht, weil der Selbstwert von zweierlei Instanzen beurteilt wird.[15] Er wird erstens beurteilt von dem Selbstwertgefühl, das sich von empfangener Wertschätzung ernähren muß. Der Selbstwert wird aber auch beurteilt von der unmittelbaren Selbstachtung. Die unmittelbare Selbstachtung ist das Urteil, das in den Spiegel der Selbstreflexion schaut. Sie ist die moralische Instanz, vor der das Selbst ebenfalls bestehen muß, wenn es sich gut fühlen will. Wie das Selbstwertgefühl, so ist auch die Selbstachtung nicht ganz unflexibel. Wenn das Selbst gut verdient, dann ist die Selbstachtung nicht immer so streng. Zum Schweigen kann die Selbstachtung aber nur um den Preis der Selbstverachtung gebracht werden.

Die Selbstachtung ist jene moralische Instanz, an die der Aufruf zur Solidarität mit den Leidensgenossen im Klassenkampf appelliert. Diese Solidarität ist für die Besitzlosen, was die Verfügung über die Attraktionsmittel für die Besitzenden ist. Sie ist die Waffe in der Hand derer, die über nichts als ihre Arbeitskraft verfügen. Auf Arbeitskraft – nämlich auf die Kraft zu geistiger Arbeit – ist die kulturelle Produktion angewiesen. Aller Besitz an sachlichen Mitteln nützt nichts, wenn diese nicht mit frischer Aufmerksamkeit kombiniert werden. Charakteristisch für die Arbeiter der Kultur ist nun aber, daß sie nicht völlig mittellos sind. Arm sind zwar die armen Künstler und die Debütantinnen. Arm ist die große Zahl der kulturell Arbeitenden aber nur, wenn man sie mit dem schweren Reichtum der Medienbesitzer und der Medienprominenz vergleicht. Im typischen Fall sind sie Aufsteiger, die im gehobenen Dienst der besitzenden Klasse stehen.

Aufsteiger im mentalen Kapitalismus sind all die, die von der Mengenexpansion der medial umgesetzten Aufmerksamkeit profitieren. Die Solidarität, mit der sie in Konflikt kommen, ist die der Geistesarbeiter, die sich nicht kaufen lassen wollen. Dieser Konflikt wirkt bis hinein in die Wissenschaft. Ohne das Zahlungssystem der Zitation wäre es nicht zur Ausbildung des geistigen Eigentums gekommen, das hinter dem Wandel vom amateurhaften Forschen zur professionellen Forschung steckt. Ohne die Solidarität der in der Forschung Arbeitenden wäre es aber nicht zur Ausbildung eines autonomen Forschungsbetriebs gekommen. Die Solidarität der Forschenden besteht darin, daß sie auf die Herkunft der Beachtung achten, die sie verdienen. Diese Solidarität ist ein anderer Ausdruck für das Berufsethos der Forscherin und des Forschers. Ihre Instanz ist die Selbstachtung. Ihr Verlust ist, woher der Zynismus im Betrieb herrührt. Allerdings ist die Solidarität der Forscher nun keine Frage der bloß privaten Moral. Sie hat sich als Berufsethos durchgesetzt, weil sie eine wichtige Funktion erfüllt. Nur darauf nämlich, daß die Beachtung seitens der anderen Produzenten mehr zählt als die Aufmerksamkeit des konsumierenden Publikums, gründet die Selbststeuerung der Wissenschaft.

Das Achten auf die Herkunft der Beachtung gehört auch zum Berufsethos von Künstlern und Publizisten. Es ist, worauf der Anspruch der hohen Kultur und das Gefälle zwischen hoher und populärer Kultur beruht. Daß es auf die Herkunft der Beachtung zu achten gilt, will sagen, daß es den Beifall von der richtigen und den Beifall von der falschen Seite gibt. Die Unterscheidung zwischen einer richtigen und einer falschen Seite wird nun aber zum Luxus, wenn es darum geht, die kritische Masse an Beachtung zusammenzubringen, die man braucht, um den Effekt der Selbstverstärkung zu zünden. Auf diesem Effekt beruht die Technik, mit der es gelingt, Personen und sogar Sachen in den Starhimmel zu schießen. Bei diesem Geschäft wird es unprofessionell, ja kontraproduktiv, heikel zu sein. Man muß nehmen was kommt. Schließlich kann man sich die Wahllosigkeit leisten. Hat der Effekt einmal gezündet, dann fragt niemand mehr, woher der Beifall ursprünglich kam. Der schlagende Erfolg macht die fraglichen Mittel vergessen.

Die professionelle Wahllosigkeit hatte es im Kulturbetrieb auch früher gegeben. Sie hatte aber unter schweren Vorwürfen zu leiden. Sie war es, auf die die Kulturkritik sich eingeschossen hatte. Und die traf schwer mit dem Vorwurf des Zynismus. Der Preis der opportunistischen Anpassung an den populären Geschmack war der Ausschluß aus der hohen Kultur. Die Moderne hielt die populäre und die hohe Kultur scharf getrennt. Das steile Gefälle war noch bezeichnend für die Situation, die Bourdieu in seiner großen Bestandsaufnahme beschrieb. Das Ende der Moderne war nun aber der Anfang einer schweren Erosion. Die populäre Kultur hat aufgehört, die Errungenschaften der elitären Kultur unters Volk zu bringen. Das Verhältnis hat sich umgekehrt. Die hohe Kultur ist in den Sog der populären geraten.

Nicht einmal dieser Sog ist völlig neu. Schon immer hat die hohe Kultur sich vom Volkstümlichen inspirieren lassen. Allerdings waren die volkstümlichen nicht die Genres, die die Maßstäbe in der technischen Performanz und ökonomischen Effizienz setzten. Sie waren für das Schlichte und Anrührende zuständig. Das hat sich umgekehrt. Die populären Genres bieten inzwischen die härteren Sachen, die stärkeren Reize und raffinierteren Effekte. Die populäre Seite ist überlegen im professionellen Geschäft der Attraktion. Sie ist technisch überlegen, was die Effizienz des Sachkapitals, sie ist ökonomisch überlegen, was die Produktivität des sozialen Kapitals betrifft.

Die Umkehr des Sogs bedeutet, daß der Kulturbetrieb als ganzer in das Spannungsfeld zwischen den Massenmedien und dem Finanzwesen der Beachtlichkeit gerät. Dieses Spannungsfeld überlagert die Spannung, in der die künstlerisch und intellektuell Produktiven ehedem standen. Es war ja nicht so, daß Auflagenhöhen, Besucherzahlen und Auslastungsquoten unwichtig gewesen wären. Nur war es eben auch nicht zu viel gefragt, gegen den Strom zu schwimmen. Der unbeugsame Dienst an der Sache war das Zeichen avancierten Künstlertums und fortgeschrittener Intellektualität. Sie wurden geschützt durch die Solidarität der Produzenten untereinander. Sie wurden geschützt durch den Vorwurf des Opportunismus, der Prostitution oder gar des Zynismus an die, die vom rechten Pfad abwichen.

In dem Moment, in dem der Betrieb der hohen Kultur in den Sog der Massenmedien gerät, bekommt dieser Vorwurf etwas Hagestolzes. Unglücklich macht sich hier nicht nur, wer den hohen Anspruch verrät. Unglücklich macht sich auch, wer an den rigorosen Maßstäben eisern festhält. Nicht überall sind die Verhältnisse so klar wie in der Wissenschaft. Und selbst hier wirkt der Sog aus den umliegenden Märkten der Beachtlichkeit. Mit dem Festhalten an den rigorosen Maßstäben vertut man die Chance, an der Mengenexpansion der zahlenden Aufmerksamkeit zu partizipieren. Das Risiko, auf das man sich einläßt, ist die Existenz am unbedeutenden Rand des Geschehens.

Ein Berufsethos, das die Bereitschaft zur Existenz am unbedeutenden Rand des Geschehens verlangt, wird dysfunktional. Wie dieses Ethos nun aber aufweichen, wenn nicht durch Korruption? Retten kann eine neue Deutung und Definition der Situation. Retten kann eine Theorie, die die Ansprüche relativiert. Am besten, die Theorie macht klar, daß es naiv wäre, an den rigorosen Ansprüchen festzuhalten. Je anspruchsvoller die Theorie, um so weiter reichen die Möglichkeiten einer radikalen Redefinition der Situation.

Die Theorie, die diesen Dienst leistet, braucht nicht – ja sollte nicht einmal – für diesen Zweck gedacht sein. Am besten, die Relativierung erfolgt aus ganz unabhängigen Gründen. Am allerbesten, die entlastende Funktion kommt nicht einmal in den Blick. Ganz unabhängig waren die

Gründe des Zweifels, die an der Identität in der Zeit aufkamen. Keine entlastende Funktion kam in den Blick, als die Rede vom Tod des Subjekts aufkam. Bemerkenswert war allerdings, wie groß die Bereitschaft zur Aufnahme der traurigen Botschaft war. Der wahrlich nicht populären Rede vom Ende des Subjekts, der Kunst, der Philosophie und so weiter wurde ein geradezu populärer Erfolg zuteil. Der postmoderne Diskurs kam an trotz der Hermetik des poststrukturalistischen Jargons. Ein wahrer Furor der Relativierung brach los. Nicht nur die Identität des Bewußtseins, auch die Differenz der Geschlechter, die biologische Konstitution des Körpers, die Natur der Naturwissenschaften wurden als Konstruktionen entlarvt, die anders sein könnten, wenn die Gesellschaft nur wollte.

Mit keiner Stringenz des Denkens und keiner Brillanz der Argumentation läßt sich erklären, warum der Funken der Relativierung einen solchen Flächenbrand entfachte. Tatsächlich wurde die Relativierung der Ansprüche aber zur Signatur der Zeit. Die Moderne erschien plötzlich als die Epoche, die sich verbohrt und hartnäckig auf scharfe Grenzen, harte Gegensätze und puristische Grundsätze festgelegt hatte. Als typisch modern gerieten die scharfe Trennung von Natur und Kultur, von männlich und weiblich, von hoher und populärer Kultur, von Kunst und Wissenschaft ins Visier. Der Epochenbruch wurde erlebt als Durchbruch einer umfassenden Tendenz zur Auflösung und Verflüssigung. An die Stelle der Wesensunterschiede traten Systeme der Variation und Differenz. Wo vorher die scharfen Schnitte und binären Dichotomien gesucht wurden, kamen gleitende Übergänge, unsaubere Schnittstellen, hybride Mixturen hervor.

Ganz und gar nicht unverständlich ist diese Tendenz, wenn man sie in den Zusammenhang mit dem Wandel stellt, den der Kulturbetrieb im mentalen Kapitalismus durchmacht. Der postmoderne Diskurs hat unschätzbare

Dienste für die Umdeutung der Situation und die Rede-finition der Ansprüche geleistet. Er hat denen die Argu-mente geliefert, die sich weder der ökonomischen Rationa-lität verschließen noch sich den Vorwurf des Opportunis-mus gefallen lassen konnten. Er lieferte die Theorie für die gebotene Flexibilität. Die Botschaft von der sozialen Kon-struiertheit der Identität kam gerade nicht nur bei den Min-derheiten an, die traditionell unter ihrer Identität zu leiden haben. Sie wurde zur frohen Botschaft für alle, die sich in Loyalitätskonflikte mit ihrer künstlerischen oder intellek-tuellen Gruppenidentität verwickelt sahen. Die Last der Legitimierung, die der postmoderne Diskurs geleistet hat, wird deutlich, wenn man bedenkt, daß an der Stelle des Rigorismus in Sachen der künstlerischen und intellektuel-len Moral ein desillusionierter Pragmatismus zum Zeichen avancierten Künstlertums und fortgeschrittener Intellek-tualität wurde.

Vom Höhenmaß der Kultur zum spezifischen Alter des Kapitals

Daß sie unter Druck geriet, heißt nicht, daß die hohe Kul-tur verschwunden wäre. Es heißt, daß sie sich, um zu über-leben, auf veränderte Rahmenbedingungen einlassen muß-te. Auch mit der Erosion des Gefälles ist nicht gemeint, daß der Unterschied zwischen hoher und populärer Kultur ver-schwände. Gemeint ist, daß der Unterschied nicht länger ein Oben von einem Unten trennt. Die Märkte der hohen Kultur sind Teile eines gemeinsamen Markts, der durch eine gemeinsame Währung definiert ist. In der Währungs-union der zahlenden Aufmerksamkeit sind es nicht zu-nächst die sachlichen Unterschiede, denen die Differenzie-rung der Märkte folgt. Die Märkte differenzieren sich nach der Maßgabe von Unterschieden, die sich in der Sprache der Zahlungsbereitschaft artikulieren.

Maß für die Höhe der hohen Kultur war die Autonomie, die durch die Ausdifferenzierung interner Kapitalmärkte errungen werden konnte. Die Ausbildung interner Kapitalmärkte bedeutete zweierlei. Sie bedeutete erstens, daß in der kulturellen Produktion die Produktion von Produktionsmitteln einen eigenen Status erobert. Sie bedeutete zweitens, daß aus der Menge der Teilnehmer am Markt für kulturelle Information Personen ausgewählt werden, deren Nachfrage besonders zählt. Die Verwendung vorproduzierter Produktionsmittel vertieft den Prozeß der Produktion und begünstigt die Arbeit an Problemen, die lange Zeit und das Schaffen mehrerer in Anspruch nehmen. Die Auswahl der Teilnehmer, deren Nachfrage besonders zählt, erfolgt durch Kooptation, nämlich durch die wechselseitige Anerkennung von Kennern. Das klassische Beispiel von Problemlösungen, die nur durch langen Atmen und gemeinsames Bohren an dicken Brettern zustande kamen, sind die später dann klassisch gewordenen Genres und Formensprachen. Bei allen Gefahren, die das Prinzip der Kooptation mit sich brachte, gelang es auf ihre Weise, die Standards im Ton, im Genre und in den Gegenständen durchzusetzen, die den Rang des Klassischen begründen. Dieser Rang lieferte im Nachhinein die Legitimation für die Ausdifferenzierung der internen Kapitalmärkte und für das Verfahren der Selektion.

Mit dem Finanzwesen der Beachtung kommt ein neuer Typ von Kapitalmärkten ins Spiel. Die Finanzmärkte unterscheiden sich sachlich durch den Vorrang des sozialen Kapitals und personell durch den Einfluß der Investoren. Für Investoren sind Qualitätskriterien der Produzenten zweitrangig. Im Vordergrund stehen die Chancen der Verwertung. Während Produzenten auf die pragmatische Information achten, sind die Investoren ganz auf die Schöpfung der Einkommen konzentriert. Kurz, während die Produzenten noch eine Art des Gebrauchswerts im Sinn haben, zählt für die Investoren nur der Tauschwert.

Dennoch verschwinden die Märkte nicht, an denen das kulturelle Sachkapital gehandelt wird. Es bleibt ein Unterschied, wo einst ein Oben von einem Unten sich abhob. Er taucht auf der Seite des sozialen Kapitals wieder auf. Es ist der Unterschied, den das Einkommen derer macht, die Acht geben. Auch dort, wo es so aussieht, als gehe es nur um Besucherzahlen, gibt es eine Lounge für VIPs; auch dort, wo sie nur im Publikum auftaucht, wird die Prominenz registriert; auch dort, wo Besprechungen nur als Erwähnungen maximiert werden, zählt die Bekanntheit der Rezensenten. Der Grund ist nicht, daß qualitative Unterschiede eben doch eine Rolle spielen. Der Grund ist, daß das Rechnungswesen des sozialen Kapitals die Berücksichtigung des Einkommens der Zahlenden verlangt. So, wie der Wert des sozialen Kapitals von dem Einkommen abhängt, das der Reichtum verschafft, hängt der Wert des Einkommens von dem Reichtum ab, über den die Acht gebende Person verfügt.

Auf diese Komponente des Werts haben es die Investoren abgesehen. Sie ist von zentraler Bedeutung für die Verwertung des Reichtums. Aber nicht nur. Sie ist auch entscheidend für das spezifische Alter des sozialen Kapitals. Sie bringt ein Prinzip der Anciennität ins Spiel. In dem Moment, in dem das Einkommen derer, die Acht geben, in die Rechnung eingeht, stellt sich eine Linie der Übertragung ein. Es zählt dann nicht nur das Einkommen der unmittelbar beachtenden Personen. Es zählen dann die Einkommen all derer, die die jetzt beachtende Person schon beachtet haben sowie die Einkommen all derer, die diese Personen schon beachtet haben, und so weiter ad infinitum.

Das *infinitum* verläuft sich im Dunkel der Geschichte. Der entschwundene Anfang ändert nun aber nichts daran, daß das Prinzip der Ancienität wirksam wird. Je größer der Einfluß des mitgebrachten Reichtums, um so wichtiger wird die Tradition. Dieses Gewicht der Tradition hat nun allerdings nichts mit der Macht der Gewohnheit zu tun, die das Hergebrachte nur eben fortgesetzt. Es ist ein Gewicht, das Brüche in der Fortsetzung des Hergebrachten überdauert. Was zählt, ist nur die Linie der Übertragung von Kompetenz. Die Ancienität des sozialen Kapitals ist das Prinzip der Kontinuität in den Kulturen, die Hochkulturen bleiben, obwohl sie reich an epochalen Brüchen und Schüben revolutionärer Erneuerung sind.

Das Prinzip der Ancienität begründet Kontinuität im sachverständigen Urteil. Kompetenz im Urteilen über künstlerische, musikalische, literarische oder wissenschaftliche Qualität kann man nicht einfach dadurch erwerben, daß man Sinn für die Sache entwickelt. Kompetenz erwirbt man, indem man Urteilskraft zugeschrieben bekommt. Man muß denen auffallen, die sich selbst für kompetent erachten, weil die Urteilskraft ihnen zugeschrieben wird. Das eigene Urteil muß, anders gesagt, die Beachtung derer finden, deren Urteil seinerseits Beachtung findet. Worauf es ankommt im Urteil über künstlerische Qualität und kulturellen Rang, ist nicht der Konsens in der Sache. Starke Übertragungslinien von Kompetenz vertragen sich mit schärfstem Dissens in der Sache. Entscheidend ist, daß man Gehör bei denen findet und von denen adressiert wird, die Kompetenz verkörpern.

Kulturelle Kompetenz verkörpert, wem Definitionsmacht darüber zugestanden wird, was die Kultur ausmacht. Diese Definitionsmacht entsteht nicht in allen Sparten des Kulturbetriebs gleich. Es gibt Fächer, in denen die Definitionsmacht immer wieder neu errungen werden muß, und es gibt solche, in denen sie nur durch Übertragung von Generation zu Generation zustandekommt. Dieser Unterschied ist es, in dem nun der wieder auftaucht, der einmal zwischen hoher und populärer Kultur gemacht wurde. Im populären Fach werden die Karten ständig neu gemischt, im hohen Fach entsteht Kompetenz durch Übertragung. Kompetent im populären Fach wird man – als Impresario, Kritiker oder was immer – dadurch, daß man aufs richtige Pferd gesetzt hat. Kompetent im hohen Fach wird man, indem man von denen anerkannt wird, die in den Augen der Öffentlichkeit Kompetenz erworben haben. Der Schlüssel zur Kompetenz im populären Fach liegt im Publikumserfolg. Der Schlüssel zur Kompetenz im hohen Fach liegt in der Konsekration durch einen Kulturpapst, der seinerseits schon durch einen Kulturpapst auserwählt wurde.[16]

Der Einkauf in den Parnaß

An den Unterschieden, die das Prinzip der Anciennität macht, können auch die Investoren nicht vorbei, denen jede kulturelle Kompetenz fehlt. Sie können nämlich an dem Sachverhalt nicht vorbei, daß das soziale Kapital nicht nur groß oder klein ist, sondern auch ein spezifisches Alter hat. Das spezifische Alter ist keine Eigenschaft, die das Kapital zusätzlich oder von außen her annähme, sondern eine Eigenschaft, die aus dem prozeßhaften Charakter des Kapitals folgt. Es ist eine Eigenschaft, die das Kapital auch dort hat, wo nicht darauf geachtet wird. Das spezifische Alter nimmt nun aber Bedeutung an, wo nicht nur auf die Größe des Reichtums, sondern eben doch auch auf Distinktion geachtet wird. Das Alter des Reichtums ist dort zu einer bestimmenden Kategorie geworden, wo Exklusivität zum Verkaufsargument im Geschäft der Kapitalverwertung geworden ist.

Auf diese Weise spielt das Gefälle zwischen hoher und populärer Kultur nun eben doch eine Rolle im Finanzwesen der Beachtlichkeit. Das spezifische Alter des Reichtums, der im hohen Fach erworben wird, ist höher als das im populären. Dieser Unterschied läßt sich ausmünzen im Handel mit der Attraktionsleistung des Reichtums. Es macht einen Unterschied, ob eine Marke im Fernsehen oder im Programmheft der Staatsoper auftaucht. Es ist etwas anderes, ob man Sponsor eines Sportvereins oder Sponsor eines Kunstmuseums ist. Das Publikum ist zwar kleiner, wenn man sich im Kontext hoher Kunst präsentiert, der Abglanz ist aber auch feiner, der auf einen, beziehungsweise auf die Marke fällt. Da man die Attraktionsleistung, die man kaufen kann, sowohl für die Präsentation einer Marke als auch für die Präsentation der eigenen Person kaufen kann, ist das Sponsoring klassischer Fächer und zumal musealer Kunst besonders interessant für Leute, die sehr viel Geld haben. Mit viel Geld kann man sich – zum Beispiel als Stifter eines Museumsflügels, der den eigenen Namen trägt – Prominenz von der feinsten Sorte kaufen. Dieses Geschäft ist ziemlich interessant, wenn man bedenkt, daß man als Förderer der hohen Kultur im Feuilleton auf einer Stufe mit berühmten Künstlern, Schriftstellern, Komponisten oder Architekten erscheinen kann.

Das kulturelle Kapital überlebt diese Transformation in soziales Kapital nicht ganz unbeschädigt. Der Grund ist nicht, daß die Kunst so schrecklich leiden müßte, wenn Logos im Programmheft auftauchen oder Museen die Namen von Milliardären tragen. Der Grund ist, daß die hohe Kultur zur Privatsache wird. Die Finanzierung aus dem Sponsoring unterscheidet sich nicht wesentlich von der Finanzierung aus der Werbung. Sie erlaubt es der öffentlichen Hand, sich aus der Finanzierung der hohen Kultur zurückzuziehen. Das hohe Fach zeigt sich imstande, sein Geld selbst zu verdienen. Es zeigt sich in der Lage, das Geschäftsmodell des privaten Fernsehens zu adaptieren. Diese Wende kann den Kulturbetrieb nicht unberührt gelassen haben. Sie muß ihn – nicht nur punktuell und nicht nur dort, wo er sichtlich im Dienst der Werbung steht – in Mitleidenschaft gezogen haben. Ein Kulturbetrieb, der sich darauf einstellt, aus der Werbung finanziert zu werden, erlebt eine Transformation – ob bewußt und willentlich oder nicht. Er erlebt eine Transformation, wie sie Ökonomien erleben, die von lokalen Währungen und abgeschotteten Sektoren auf eine homogene Währung und ein durchlässiges System von Märkten umgestellt werden. Ein Kulturbetrieb, der sich auf das Geldverdienen durch Werbung einstellt, stellt sich auf ein Maß der Produktivität ein, das sämtliche Sektoren vergleichbar macht. Solche Umstellungen bedeuten mehr, als daß das Bisherige nur effektiver und effizienter erledigt wird. Sie bedeuten auch mehr, als daß Nischen und Inseln des Eigensinns verschwinden. Sie bedeuten, daß ein System wird, wo vorher ein lockerer Verband war, und daß das System als ganzes einer ökonomischen Logik folgt.

Dieser Wandel muß, um anschaulich zu werden, am konkreten Beispiel gezeigt werden. Am besten, die Demonstration erfolgt an einer Disziplin, die nicht so leicht aus der Bahn zu werfen ist. Ein solches Beispiel gibt die Architektur. Das Bauen ist notorisch teuer, bindet Ressourcen auf lange Frist und kann, wenn aus der Mode geraten, nicht einfach weggestellt werden. Die Architektur ist, aus Gründen der Kostspieligkeit und der funktionalen Eigenlogik, daran gehindert, sich so wendig wie die weniger erdenschweren Disziplinen auf wechselnde Trends einzustellen. Also sei, als Beipiel zur Demonstration, die Entwicklung genommen, die die Architektur im Zug der vollen Entfaltung des mentalen Kapitalismus genommen hat.

Kapitel 5
Funktionalismus der Auffälligkeit

Die moderne Architektur war nie populär. Sie war keine Architektur, wie das Publikum sie liebt. Die Moderne hatte eine Architektur für Architekten gebaut. Sie war elitär, wenn auch wider Willen. Ihre Sprache war gedacht als die Logik der Form, die aus der Industrialisierung des Bauens folgt. Das machte die Sprache intellektuell interessant, legte den Ausdruck aber fest auf Standardisierung und Abstraktion. Die Vorstellung einer rationalen Herleitung der Form nahm Tendenzen der Philosophie ihrer Zeit auf, die Abstraktion als Mittel der Gestaltung schloß zu Tendenzen in den bildenden Künsten auf. Das Paradigma der Moderne setzte sich durch in der Art, wie sie für die theoretische Produktion typisch ist: Die neue Tendenz gewann zunächst einmal Anteile am internen Markt der architektonischen Kommunikation, fand dann die Unterstützung maßgeblicher Meister des Fachs, um schließlich Positionen mit Definitionsmacht zu besetzen.

Es waren die internen Kapitalmärkte der architektonischen Produktion und nicht die Erfolge in der Industrialisierung des Bauens, die der abstrakten Architektur zum Durchbruch verhalfen. Die paradigmatisch gewordenen Bauten der Vorkriegszeit sollten aussehen wie aus der Fabrik, der Anschein serieller Fertigung war aber mit großer Sorgfalt und handwerklichem Können hergestellt.[1] Die Industrialisierung des Bauens wurde in Manifesten – herausragend die »Fünf Punkte« Le Corbusiers (1927) – gefeiert, die gebaute Demonstration überzeugte jedoch durch Maßfertigung. Die allmählich sich durchsetzende Industrialisierung des Bauens sollte zum großen Problem für die abstrakte Architektur werden. Die abstrahierenden Mittel des Ausdrucks zeigten sich überfordert, die Masse zu gestalten, deren Produktion zu fördern sie gedacht war. Die Durchsetzung auf breiter Front läutete das Ende der Moderne ein. Die moderne Architektur ging zugrunde in der Flut seriell gefertigter Baumasse.

Von bleibender Wirkung waren hingegen die Neuerungen auf dem Gebiet der geistigen Produktion. Enorme Wirkung sollte der Ausbau der architektonischen Kommunikation entfalten. Architektonische Kommunikation, das waren in den Zeiten des Historismus die Übertragung der Kompetenz von Meistern auf Schüler, die Bildung von Schulen, die Aufarbeitung der Baugeschichte und Ausarbeitung der Bauformenlehre. Eine Publizistik, die über das aktuelle Baugeschehen informiert und die laufende Produktion rezensiert, kam im Vorlauf der Moderne auf. Die etablierte Publizistik der Architektur ist ein modernes Phänomen. Sie ist modern erstens insofern, als die Rezension und die Kritik entscheidenden Anteil an der Durchsetzung der Moderne hatten, und zweitens, weil die Moderne der Rezension und Kritik zu festen Plätzen in der architektonischen Produktion verhalf. Die Etablierung der Architekturpublizistik bedeutete, daß aus dem informellen Austausch zwischen Architekten ein Markt wurde, der die Produzenten und darüber hinaus ein fachlich interessiertes Publikum mit einschlägiger Information versorgt.

Diese Veränderung hatte stillschweigende, aber tiefschürfende Wirkung auf die Verhältnisse der architektonischen Produktion. Sie machte eine Nebensache zur Hauptsache. Publizität war immer schon förderlich, um Bauherrn zu erreichen, die für Baukunst zu zahlen bereit sind. Das Verdienen von Aufmerksamkeit blieb aber eine schöne Dreingabe zum harten Brot, das im Dienst des Bauherrn verdient wurde. Diese Dreingabe erfuhr durch das Aufkommen der Fachpublizistik eine enorme Aufwertung. Mehr und mehr stellte sich heraus, daß die Architektur zweierlei Märkte bedient: den Markt der Bauherrn und den Markt der öffentlichen Meinung. Mehr und mehr wurde die öffentliche Meinung sogar zur Hauptsache. Wer als Architekt reüssieren wollte, mußte zunächst einmal besprochen und publizistisch herausgebracht, um dann an Ausstellungen beteiligt und von wichtigen Kritikern wahrgenommen zu werden.

Das revolutionär Neue der modernen Architektur lag gerade nicht nur in der Präokkupation mit dem industriellen Bauen. Das revolutionär Neue lag in der Veränderung der architektonischen Produktion selbst. Architektonisch ist die Produktion, die den Unterschied zwischen der Architektur und dem einfachen Bauen definiert. Diesen Unterschied machte in vormodernen Zeiten die überlieferte Baukunst. Die moderne Architektur wollte nichts als zweckmäßig sein, ließ aber den Anspruch, eine Kunst zu sein, keineswegs fallen. Sie löste den drohenden Widerspruch, indem sie den Anspruch der Kunst von den Eigenschaften des Bauwerks ablöste und in die Rezeption verlagerte. Auf der Seite der Rezeption liegt der Unterschied zum einfachen Bauen darin, daß die Architektur zweierlei Märkte bedient. Sie bedient den Markt, auf dem professionelle Dienstleistungen gegen Bezahlung gehandelt werden, und sie bedient einen Markt, auf dem publizierte Meinung gegen kulturell interessierte Aufmerksamkeit getauscht wird. Letzterer Markt ist es, der das *ranking* der Architekten als Künstler ermittelt.

Der Unterschied zwischen der Architektur und dem einfachen Bauen wandert damit in den sogenannten Diskurs. Sogenannt, weil die Bezeichnung Diskurs mißverständlich ist. Sie suggeriert einen Prozeß des diskursiven Aushandelns, was architektonischen Wert hat und was nicht. Die Bezeichnung Diskurs verdeckt den Sachverhalt, daß es in der architektonischen Kommunikation nicht zunächst die Argumente sind, die zählen. Wichtiger als alles andere ist die Häufigkeit, mit der das Werk oder die Person genannt

werden. Es gibt nämlich keine Einigung über die Rangordnung der Werke und die Reputation der Architekten. Das
ranking erfolgt weder auf diskursivem Weg noch dadurch,
daß die Fachleute zu einem Beschluß fänden. Die Fachwelt
einigt sich jedenfalls nicht, was die aktuelle und jüngst vergangene Produktion betrifft. Wozu es kommt, ist eine Abstimmung, wie sie auf Märkten statthat: Es werden Stimmen
abgegeben, die zu Buch schlagen. Die Stimmabgabe erfolgt
durch die Publikation von Meinungen, die Buchführung
durch den Eindruck, den die Publikation in der (fach-)
öffentlichen Meinung hinterläßt. Ermittelt wird auf diese
Weise der Wert sozialen Kapitals, gereiht werden Reichtümer nach ihrer Größe. Der Markt der architektonischen
Kommunikation bewertet nicht anders als der Markt der
wissenschaftlichen Kommunikation. Was zählt, ist das Konto der Erwähnungen.

Mit der Ankunft der Moderne hatte die architektonische
Kommunikation die Statur eines entwickelten Marktes angenommen. Mehr noch: Sie zeigte sich gewachsen, die Rolle zu übernehmen, die die Konvention gespielt hatte. Die
traditionelle Baukunst hatte sich an eine stillschweigende
Abmachung gehalten. Es galt als ausgemacht, daß nur Bau-
stile, die Tradition hatten, würdig waren, der Baukunst zu
dienen. Diese Abmachung erschloß den Zugang zu einem
reichen Schatz bewährter Verfahren, sie sicherte den Anspruch hoher Kultur. Die Moderne hätte den Anspruch
nicht halten können, hätte sie die Pflege des Erbes einfach aufgegeben. Keine Disziplin der Hochkultur, die ohne
einen Katalog kanonischer Werke – und kein Katalog kanonischer Werke, der ohne Pflege lebensfähig wäre. Der
Bruch auf der Ebene der Formensprache wurde aber möglich, weil die substantielle Pflege des Erbes von der architektonischen Produktion auf den Markt der publizierten
Meinung übergegangen war.

Gegenstand der architektonischen Kommunikation ist

nicht nur die aktuelle und jüngst vergangene Produktion, sondern die Baugeschichte insgesamt. Die Baugeschichte lebt, solange sie besprochen, rekonstruiert, neu interpretiert und neu bewertet wird. Sie lebt, anders gesagt, solange sie im Umbau ist. Die Baugeschichte ist nichts, das von der jüngst vergangenen Produktion durch scharfe Zäsuren getrennt wäre. Mit jedem neuen Werk bewegen sich alle schon existierenden weiter von der Gegenwart weg. Mit jedem Schritt wird aktuell Gewesenes historisch. Diese Bewegung vollzieht sich ohne Zutun, tut aber erstaunliche Wirkung. Während nämlich das Urteil über den Wert der aktuellen Produktion uneinig bis regelrecht zerstritten ist, nimmt die Einigkeit mit dem zeitlichen Abstand signifikant zu. So kann man, zum Beispiel, durchaus darüber streiten, ob Greg Lynn oder Lars Spuybroek bedeutende Architekten seien. Wer aber von Adolf Loos oder Giuseppe Terragni nichts hält, dem wird die Kompetenz in Sachen des architektonischen Urteils abgesprochen. Der Markt der publizierten Meinung ermittelt nicht nur ein *ranking*, das im Lauf der Zeit konvergiert, sondern bringt auch einen Katalog von Werken hervor, die in dem Sinn fraglos bedeutend sind, daß sich der Zweifel selbst disqualifiziert.

Diese Einigung käme nie zustande, würden nur die Argumente wiegen. Sie kommt auch nicht etwa in einem Prozeß des Aushandelns, sondern in einem Verfahren der Abstimmung zustande, an dem teilnimmt, wer an der Sache aktiv interessiert ist, und mitbestimmt, wer Aufmerksamkeit ausgibt. Die kanonischen Werke sind jene, die unabhängig von ihrem Alter besucht und noch einmal besucht, die immer wieder präsentiert, die wie schon so oft noch viele weitere Male besprochen werden. Diese Form der Zustimmung immunisiert gegen die diskursiven Verfahren der Auf- und Abwertung. Sie immunisiert und hält den Katalog gleichzeitig beweglich. Stabil ist nämlich nur die Auswahl der einmal kanonisch gewordenen Werke. Die Rangordnung ist ständig in leichter Bewegung. Ökonomische Preise sind dem Auf und Ab von Konjunkturen unterworfen. Sie sind in Bewegung, weil sie eben nichts durch Beschluß Herbeigeführtes, sondern etwas sind, das sich durch die laufende Verrechnung von Zahlungsbereitschaft einspielt.

Die moderne Architektur konnte es sich leisten, mit dem Formenkanon der Tradition zu brechen, weil ihr zweiter Markt es übernommen hatte, den Katalog der kanonischen Werke zu pflegen. Und die Moderne achtete auf Kontinuität. Wohl mied sie die wörtliche Fortsetzung des Hergebrachten, sie verstand sich aber als eine Bewegung, die zurück zu den Ursprüngen, zu den »zeitlosen« Themen der Architektur findet. Ihr Reduktionismus war keiner, der nur das Überflüssige, Geläufige, Auswendige weglassen wollte. Er verstand sich auch als eine Reduktion aufs Wesentliche. Paradigmatisch sollten die Werke der Moderne werden, die klassische Probleme der Baukunst aus neuer Warte aufnahmen.

Die erste Postmoderne

Durch ihre beiden Märkte vermittelt ist die Architektur auch auf zweierlei Weise in den mentalen Kapitalismus verstrickt. Sie bekommt den Wandel zu spüren, den der Markt für kommerzielle Dienstleistungen durchmacht, und sie ist in den Wandel involviert, den der Markt der publizierten Meinungen erfährt. Beide Märkte sind von der Mengenexpansion der zahlenden Aufmerksamkeit, von der Erschöpfung der medial umgesetzten Beachtung und von der Etablierung des Finanzwesens der Beachtlichkeit betroffen. Der kommerzielle Markt steht unter der Macht der Werbung, des *branding* und *sponsoring*. Der Markt der publizierten Meinung ist Teil des mentalen Kapitalismus selbst.

Weil das Spannungsverhältnis zwischen dem kommerziellen und dem kulturellen Markt zum Wesen der Architektur gehört, werden Veränderungen in diesem Spannungsverhältnis wesentlichen Einfluß auf die Architektur nehmen. Weil die Spannung mit Rivalität zu tun hat, und weil Rivalität den Ausgleich der Spannung verhindern kann, bleibt die Wirkung ungewiß, solange die Veränderung nur eine Seite betrifft. Die Rolle, die die Werbung, das Branding und das Sponsoring im kommerziellen Sektor spielt, ist wahrlich nicht neu. Sie ist mindestens so alt wie die klassische Industrie. Man kann aber nicht behaupten, das Bauen für Reklamezwecke habe die Architektur seit dem Anfang der Industrialisierung geprägt. Vielmehr hielt die moderne Architektur dem Druck im großen und ganzen stand. Nicht, daß das Bauen für Reklamezwecke unentdeckt geblieben wäre. Es entwickelte sich in den Einkaufszentren und Restaurantketten, in den Gewerbegebieten und Gebietskulissen entlang der Durchgangsstraßen, in den *gasoline alleys* und Vergnügungszentren. Es brachte sogar ein eigenes Vokabular hervor. Dieses Vokabular fand jedoch keinen Einlaß in den Diskurs der Architektur. Das Bauen für Reklamezwecke und das Vokabular der Supermärkte, Tankstellen und Spielhöllen blieb Teil einer kommerziellen Subkultur, die bedeutungslos für die architektonische Reputation war.

Anfang der siebziger Jahre des letzten Jahrhunderts begann dieses Gefälle zwischen Hoch- und Subkultur zu erodieren. 1972 erschien »Learning from Las Vegas« von Robert Venturi, Denis Scott Brown und Steven Izenour. Zur Olympiade 1972 in München wurde das BMW-Hochhaus mit Ausstellungspavillon fertiggestellt. Von Las Vegas läßt sich lernen, was eine durchkommerzialisierte Dienstleistungs- und Unterhaltungsbranche an baulichem Vokabular hervorbringt. Karl Schwanzers Bauten für die Bayerischen Motorenwerke demonstrieren, wie man die Idee des

Karl Schwanzer, BMW-Hochhaus und -Museum, München 1972

Vierzylinders in Architektur umsetzen und das Firmenlogo den anreisenden Fluggästen schon vor der Landung präsentieren kann. »Learning from Las Vegas« machte Furore in der Architekturpublizistik. Schwanzers Bauten für BMW verschmolzen mit Behnischs Olympiabauten zu einer der meistpublizierten Ikonen der Architektur jener Zeit.

Die Botschaft des Buchs von Venturi, Scott Brown und Izenour lautet, daß das Bauen für den publikumsorientierten Dienstleistungssektor eine Typologie und Formensprache entwickelt hat, vergleichbar mit jener, die der Industriebau einst hervorgebracht hatte. Das Vokabular dieser Massenkultur warte darauf, in dem Sinn zu Architektur zu werden, wie Le Corbusier die Formen der Getreidesilos und Dampfschiffe herangezogen und wie Mies van der Rohe die Details des amerikanischen Stahlbaus veredelt hatte.[2] Das Neue an Schwanzers Architektur war, daß sie sich entschieden und ohne Vorbehalt des Wandels der Städte in Werbeträger annahm. Sie nahm diesen Wandel ernst und die Sprache der Reklame auf. Sie ging daran, den Stil der effektvollen Vergröberung und griffigen Symbolisierung zu veredeln, den die Massenmedien und die Werbung hervorgebracht hatten. Der Vierzylinder und die Museumsschüssel sind durchaus funktionell. Sie sind frühe Zeugnisse des Funktionalismus der Auffälligkeit: Sie sind funktionell auf der Ebene des Erregens von Aufmerksamkeit, sie schenken dem Unternehmen ein Wahrzeichen, befördern das gewünschte Image der Firma. Die Architektur – nicht bloß das Bauen – wurde als Medium für die Werbung entdeckt. Sie wurde entdeckt und erwies sich als ausgesprochen effizient. Die Architektur erwies sich als Schlüssel zur Präsenz der Firma im redaktionellen Teil der Fachpublizistik und eines Feuilletons, wohin bislang nur die Schaltung von Anzeigen geführt hatte. Die Architektur verschafft der Autofabrik Repräsentanz in der Hochkultur – und zwar billiger, als es die Werbewirtschaft vermöchte. Teurer als durch den bauseitigen Aufwand wäre es gewesen, den Effekt durch Sponsoring und PR-Kampagnen herzustellen.

Schwanzers Architektur ist spät-, aber nicht postmodern. Sie reagiert auf den Wandel des kommerziellen Markts, bricht aber noch nicht mit dem Paradigma der modernen Architektur. Zu diesem Bruch kam es, als auch der kulturelle Markt reagierte. Der Markt für architektonische Information reagierte in durchaus eigener und eigenständiger Weise. Er behauptete seine Autonomie, indem er sich mit dem trendigen Bauen für Reklamezwecke nicht so ohne weiteres arrangierte. Die Postmoderne begann mit der demonstrativen Wiederaufnahme eines Vokabulars, das vor die Moderne zurückwies. Nicht der Griff ins architektonische Abseits, der Griff ins historische Zurück war es, der den Bruch mit der Moderne vollzog. Die Moderne war zu Ende, als eine Wiederauflage des Historismus sich Bahn brach.

Der Griff zurück war die architektonisch immanente Reaktion auf die Verödungs- und Banalisierungserscheinungen der massenhaften Proliferation abstrakter Architektur. Er verstand sich als Aktion zur Rettung des Anspruchs der hohen Kultur. Der ästhetische Überdruß hatte ein Maß erreicht, das einen entschlafen geglaubten Traum noch einmal wach werden ließ: den Traum einer Wiederbelebung der klassischen Hochsprache architektonischer Dichtung. Eine kleine Gruppe publizistisch aktiver Architekten verstand es, die Möglichkeiten der Poesie und Prachtentfaltung noch einmal vor Augen zu führen, die die Grammatik des klassischen Kanons birgt. Leon Krier, der wort- und zeichengewaltige Anführer der Gruppe, meldete unverhohlen elitäre Ansprüche an – und blieb diesen Ansprüchen bis in die Konsequenz treu, daß er kaum baute. Recht bald zeigte sich nämlich das Dilemma der Wiederbelebung. Zum einen bedarf die bauliche Realisierung der klassischen Hochsprache einer handwerklich hohen Kultur. Zum andern fordert es heroische Anstrengung, die klassische Sprache von kom-

Leon Krier, Haus des Plinius, Modell 1981

promittierenden Anpassungen an die neue Funktionalität
frei zu halten.

Die handwerkliche Kultur, deren sich die frühe Moderne
noch hatte bedienen können, war durch die Industrialisierung ausgelöscht. Das Repertoire der rechnergesteuerten
Fertigung war noch nicht erschlossen. So kam es, daß der
hochmögende Klang die Nebengeräusche handwerklicher
Unzulänglichkeit und technischer Unbeholfenheit nicht
los wurde. Ein Ausweg lag in der Zurücknahme beziehungsweise ironischen Brechung des hohen Anspruchs. Dieser
Ausweg lag insofern nahe, als er den Belangen des kommerziellen Markts entgegenkam. Die Postmoderne, die im Baugeschehen alsbald den Ton angeben sollte, war eine, die
von Vitruv und von Las Vegas lernte.

Ganz entgegen der ursprünglichen Intention zeigte der
historisierende Rückgriff bald ein populäres – um nicht
zu sagen populistisches – Potential. Er zeigte sich bestens
geeignet, Auffälligkeit mit Gefälligkeit zu mischen. Diese

Mischung war es, die aus der Moderne ausgegrenzt worden war. Sie erlebte nun ein triumphales Comeback. Sie manifestierte sich in einer Unterhaltungsarchitektur, die eben dasjenige Vokabular veredelte, das im architektonischen Abseits der *shopping malls* und Erlebniswelten, der Touristikzentren und Themenparks entstanden war. Ein gemäßigter, gebrochener, verspielter Historismus machte die Bahn frei für eine Architektur, die den breitest möglichen Geschmack in eben der Art bedient, wie ihm die Massenmedien dienen.

Die Mischung aus Reminiszenz und architektonischem Pop erwies sich als Erfolgsstrategie. Architektur erlebte eine neue Welle der Popularität. Die Publizistik und das Ausstellungswesen blühten auf. Die neue Auffälligkeit verhalf der Architektur zu einer neuen Präsenz, die bis hinein in die Massenmedien reichte. Aber nicht nur als Gegenstand der Präsentation, auch als selbständiges Medium der Repräsentation fand die Architektur Anschluß an die Märkte des kulturellen Massenkonsums. Sie entwickelte die Attraktivität, die nötig ist, um auf den einschlägigen Märkten als Anbieterin von Attraktionsleistung in Erscheinung zu treten. Sie fand Anschluß an die Medien, die das Zeug haben, Sachen und Zeichen prominent zu machen. Was in der Spätmoderne rare Ausnahme geblieben war, entfaltete nun Breitenwirkung. Die Architektur wurde zu einem zentralen Medium der *corporate identity*. Mehr noch, sie wurde zum Medium, das der Massenkultur zur Repräsentanz in der hohen Kultur verhilft. Ein sprechendes Beispiel ist die Strategie der Disney Company zur Korrektur des Images, das ihr als führender Herstellerin von Trivialkultur anhing. Sie schloß mit einer Reihe der aufsteigenden Stars der neuen Szene einen Deal zum beiderseitigen Vorteil. Die Architekten erhielten phantastische Möglichkeiten der Selbstvermarktung, mußten dafür aber die Bilderwelt der Firma in aufsehenerregende Architektur übersetzen. Die Strategie verfing. Michael Graves, Arata Isozaki und Frank Gehry bauten für den Namen Disney. Disney wurde zu einem Begriff in der Architekturpublizistik.

Die Postmoderne bescherte der Architektur neue Präsenz in der medialen Öffentlichkeit und brachte eine neue Klasse architektonischer Prominenz hervor. Die Klasse der Stararchitekten trat auf den Plan. Stararchitekt ist nicht schon, wer es als Architektin oder Architekt zur Prominenz bringt. Prominente Architekten gab es seit dem Anfang der Architektur. Stararchitekt ist die Architektin, deren Prominenz in Medien aufgebaut und gezielt vermarktet wird. Stararchitekten sind die Architekten, die man braucht, um die Architektur als ein eigenes Medium der Massenattraktion zu betreiben.

Mit der Geburt des Stararchitekten war die Architektur im Finanzwesen der Beachtlichkeit angekommen. Der Architekt, der seine Prominenz vermarktet, war keine vereinzelte Erscheinung mehr. Es kam zu einer auffälligen Vermehrung und regelrechten Proliferation von Architekten, die als Zugpferde gehandelt wurden. Ein eigener Markt für die Dienstleistung architektonischer Prominenz entstand. Dieser Markt ist weder mit demjenigen identisch, auf dem professionelle Dienstleistungen nach Honorarordnung berechnet, noch mit dem, auf dem publizierte Meinungen gegen fachlich interessierte Aufmerksamkeit getauscht werden. Auf dem Markt der architektonischen Prominenz wird die Reputation, wie in der Fachpublizistik aufgebaut, angeboten, um als soziales Kapital einen Dienst jenseits der Grenzen des Fachs zu versehen. Die Dienste der Stararchitektin werden nachgefragt, um erstens die Verhandlungsposition gegenüber Geldgebern und Genehmigungsbehörden zu stärken, und um zweitens das Projekt in der medialen Öffentlichkeit zu plazieren. Die Dienste werden angeboten nicht zunächst um des Geldes willen – auch Stararchitekten werden nach Honorarordnung bezahlt –, sondern wiederum des medialen Aufsehens wegen. Das Interesse der Medien an der Architektur gilt gleichwohl dem Architekten. Das Echo jenseits der Fachpublizistik ist es sodann, das der architektonischen Reputation den Gang an die Börse der Beachtlichkeit ebnet. Die Beachtung, deren sich die Architektin erfreut, wird zum Maßstab des bereits akkumulierten Reichtums an Beachtung, sobald die Massenmedien beginnen, Präsentationszeit und -fläche zu investieren.

Das Erfolgsrezept des Dekonstruktionismus

Stararchitekten werden nicht zunächst, aber zuletzt von den Massenmedien gemacht. Zunächst müssen sie intern, auf den Märkten der architektonischen Information, Karriere machen. Sie müssen von der Fachpublizistik entdeckt und herausgebracht werden. Auch die Fachpublizistik hat zwar ein konsumierendes Publikum, bedient aber zunächst die Nachfrage der Produzenten nach beispielhaften Lösungen. Sie stellt den Markt dar, auf dem vorproduzierte Produktionsmittel gegen sachverständige Aufmerksamkeit gehandelt werden. Aus dem Handel mit architektonischem Sachkapital geht die Reputation hervor, die dann eventuell von den Massenmedien aufgegriffen und als soziales Kapital verwertet wird.

Diese externe Verwertung schlägt auf die internen Märkte zurück. Nicht derart zwar, daß der Populismus der Massenmedien in der Fachpublizistik um sich griffe. Der Unterschied bleibt gewahrt. Die internen Kapitalmärkte sind autonom und bleiben in ihrer Autonomie gefragt. Die Rückwirkung ist subtiler. Sie besteht darin, daß die Attraktionsleistung der Architektur in den Begriff der Funktionalität eingeht. Zunächst stillschweigend, dann immer ausdrücklicher wird erwartet, daß die Architektur Aufsehen erregt. Die Architektur muß nicht nur Geld, sie muß auch Aufmerksamkeit verdienen. Und sie muß Aufmerksamkeit nicht nur für den Architekten, sondern auch für den Bauherrn verdienen. Zwar muß sie nicht den breitest möglichen Geschmack bedienen, sie muß nicht selbst zum Massenmedium werden. Als reine Unterhaltungsbranche wäre sie keine Architektur mehr, sondern nur noch Kulisse. Die Nachfrage nach Attraktionsleistung hat aber den Effekt, daß das Spannungsverhältnis zwischen dem kommerziellen und dem kulturellen Markt nun innerhalb des kulturellen Markts auftaucht. Der geweitete Begriff der Funktionalität verwickelt in Konflikte mit dem Anspruch der Architektur, Beachtung als autonome Kunst zu verdienen. Die forcierte Publizität bringt es mit sich, daß aggressive Kräfte der Inflationierung und Trivialisierung freigesetzt werden.

Am *double bind* dieser Spannungsverhältnisse ist die historisierende Postmoderne gescheitert. Sie erregte zwar Aufsehen, war aber entweder zu anspruchsvoll, um Breitenwirkung zu entfalten, oder zu willfährig, um den Kräften der Inflationierung zu trotzen. Aus dem Rückgriff vor die Moderne wurde keine neue Epoche, es blieb bei der Episode. Als besonders anfällig erwies sich das *cross-over* von Reminiszenz und Pop. Im Nu verkam es zum Kommerzstil und fiel aus der architektonischen Produktion heraus. Damit waren die Chancen vertan, Stars der Architektur hervorzubringen. Wie Pilze aus dem Boden schossen die Stars nun aber aus der Tendenz hervor, die die Reminiszenz beerbte. Die historisierende wich der dekonstruktionistischen Postmoderne. Die Dekonstruktion nahm sowohl den Auftrag des *impression management* als auch die Immanenz der architektonischen Produktion ernst. Sie erwies sich als Strategie, die Herausforderung durch die Massenmedien aufzunehmen, ohne sich in die Niederungen der Massenattraktion zu begeben.

Es war wiederum eine kleine Gruppe publizistisch aktiver Architekten, die dem Dekonstruktionismus zum Durchbruch verhalfen. Der wort- und zeichengewaltigste Sprecher der Gruppe war Peter Eisenman. Bei Eisenman verband sich das Gespür für die Folgen, die der mediale Kampf um die Aufmerksamkeit für die Architektur hat, mit dem Spürsinn für das Erschütterungswerk, das sich in der Philosophie angebahnt hatte. Er war durch seinen Intellektualismus gegen populistische Neigungen immunisiert. Allerdings war Eisenman nun nicht allein. Die Sache muß in der Luft gelegen haben, denn zugleich mit der Spur, die er aufnahm, waren auch Gefolgsleute zur Stelle. Der Dekonstruktionismus begann nicht als einsame Vorhut, sondern trat als ein ganzes Spektrum von Positionen in Erscheinung.

Zum gebauten Gründungsdokument der Dekonstruktion wurde das Wohnhaus, das Frank Gehry sich im kalifornischen Santa Monica gebaut hatte. Das Haus wurde erst zum Gründungsdokument, denn Gehry hatte *avant la lettre* praktiziert, was als dekonstruktionistischer Stil herauskommen sollte. Gehry hatte im Abseits der Architektur den Charme von Campingplätzen und Wellblechhütten entdeckt. Er griff wie die erste Postmoderne ins Off, fand aber mehr als nur den Kommerzstil der raschen Beeindruckung und effektvollen Vergröberung. Er zog aus dem Ruppigen und Unausgegorenen, dem trashig Glatten und dem Maßstab Entglittenen die Inspiration, die Eisenman den theoretischen Strategien der Dekonstruktion entsog. Der Gegensatz war prägnant und sollte für die Tendenz charakteristisch werden. Zwischen dem Gebastel zur einen Seite, das in grandioser Unbefangenheit die Tektonik zum Tanzen bringt, und dem Theoretisieren zur anderen Seite, das Hand an letzte Gewißheiten der Architektur legt, sollte sich ein überaus produktives Spannungsfeld entwickeln.

Der Gegensatz bringt zweierlei Arten Exzentrik zur Geltung: den Gestus des Extravaganten und den kalkulierten

Fehlgriff. Extravagant ist die Architektur, die das theoretische Exempel der Dekonstruktion baulich auf die Probe stellt. Kalkuliert ist der Fehlgriff, der neue Medien instrumentalisiert, um »unmögliche« Formen in die Architektur zu schleußen. Das Spektrum der Positionen dekonstruktionistischer Architektur tut sich auf, wenn man auf das Zusammenspiel dieser Generatoren von Auffälligkeit achtet. Eisenman führt architektonisch vor, worauf die Dekonstruktion theoretisch hinausläuft. Er verwendet die digitalen Medien nicht, um neue Geometrien zu erschließen, sondern um entscheidende Phasen der Formfindung dem menschlichen Entwerfer zu entziehen. Der Position Eisenmans am nächsten kommt diejenige Daniel Libeskinds. Auch Libeskind legt Hand an letzte Gewißheiten der Architektur, bemüht sich aber nicht im selben Maß um die Theorie. Er inszeniert Befremden, Bodenlosigkeit, Aus-den-Fugen-Geraten, geht aber nicht so weit, auch noch den Autor der Architektur zu dekonstruieren. Bewegt man sich entlang des Spektrums weiter, dann folgen die Positionen Thom Maynes (Morphosis), dann Coop Himmelb(l)aus, Zaha Hadids und schließlich Frank Gehrys am anderen Ende. Mayne setzt ganz auf den Gestus des Zersplitterns, läßt aber weniger an Theorie als an *science fiction* denken. Man denkt ans Kino und, wenn schon an digitale Medien, dann an *special effects*. Noch weiter nimmt sich der Intellektualismus zurück, wenn man weitergeht. Coop Himmelb(l)au evozieren zwar das Gefühl des schwankenden Bodens, inszenieren aber mit Augenzwinkern. Zaha Hadid spitzt die Winkel, biegt die Flächen, preßt die Körper, spielt aber mit Dynamisierung eher denn Entstabilisierung. Der nachlassenden Theorielastigkeit entspricht eine zunehmende Verfügbarkeit der architektonischen Mittel. Die Zuspitzung der Winkel und Betonung der Diagonalen, der Interventionismus der schiefen Wände und versetzten Raster, die Gestik der kühnen Schwünge und effektvollen Kollisionen gehen mit

Peter Eisenman, Nunotani Corporation Headquarters Building,
Tokyo 1990-1992

zunehmender Geläufigkeit von der Hand. Gehry schließlich schert sich gar nicht um die Theorie. Er bringt die
Architektur zum Wackeln und die Baukörper in Schwung,
das ist's. Den Verzicht auf Verstörung macht er wett durch
technische Innovation und Virtuosität. Er ist es, der mit
neuen Geometrien zu arbeiten begann und die inzwischen
so genannte 3D-Technik in die architektonische Produktion eingeführt hat. Neu sind die Freiform-Geometrien, die
erst in der zweiten Hälfte des 20. Jahrhunderts bewiesen
und erst durch Rechnerleistung handhabbar wurden. Als
3D-Technik wird das Arbeiten im schnellen Wechsel zwischen analogem und digitalem Modell bezeichnet.

Der Dekonstruktionismus war technisch wie ökonomisch
auf der Höhe der Zeit. Er war technisch auf der Höhe, denn
die digitalen Medien kamen nicht bloß als Hilfsmittel des
Zeichnens, Konstruierens und Präsentierens zur Geltung.
Eisenman setzte den Computer ein, um die Vorurteile und
Gewohnheiten des menschlichen Entwerfers tiefer zu unterlaufen, als die Selbstreflexion des Subjekts es vermocht
hätte. Gehry war Pionier in der Erschließung biomorpher

Thom Mayne, Morphosis, Hypo Alpe-Adria-Center in Klagenfurt

und solcher Formen, die aus nirgends gleichen Segmenten komponiert sind. Die entwerfende Aufmerksamkeit fand hier Unterstützung in ihrer Kraft, Aufmerksamkeit zu erregen. Die Digitaltechnik kam als ein Produktionsmittel zum Zug, das den Wirkungsgrad der Arbeit leistenden Aufmerksamkeit im Sinn der Wertschöpfung steigert, die im Einkommen von Aufmerksamkeit gemessen wird.

Das schon verdient, eine umwälzende Neuerung genannt zu werden. Die Innovation ging aber noch weiter. Beim Einkommen an Aufmerksamkeit zählt, anders als beim Geld, nicht bloß die Menge, sondern auch Herkunft. Es kommt darauf an, wer die Beachtung zollt, und es kommt um so mehr auf die Herkunft an, je höher der Anspruch der Kultur steigt. An der mangelnden Unterscheidung zwischen der richtigen und der falschen Seite des Beifalls war die erste Postmoderne gescheitert. Auch in dieser Hinsicht setzte der Dekonstruktionismus nun neue Maßstäbe. Er gab die Mittel an die Hand, um nicht nur die richtige durch

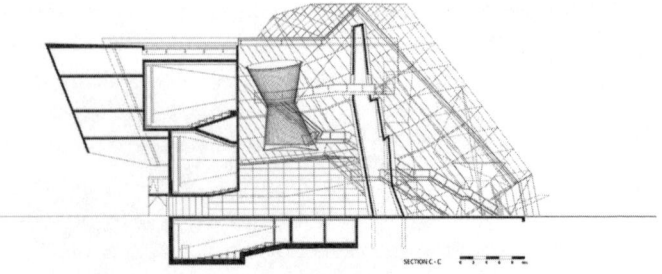

SECTION C - C

Coop Himmelb(l)au (Wolf D. Prix und Helmut Swiczinsky),
Ufa-Kino »Kristallpalast«, Dresden, 1996-1998

demonstrative Abschreckung der falschen Seite anzusprechen, sondern auch, um die Abschreckung mit solchem
Aplomb zu inszenieren, daß die Veranstaltung sogar jenseits des architektonisch gebildeten Publikums für Aufsehen sorgte. Mit den Mitteln der Dekonstruktion wurde
es möglich, die Architektur an Hochleistungskriterien der
Attraktion auszurichten, ohne Gefahr zu laufen, populi-
stischen Verlockungen auf den Leim zu gehen. Das in-
szenierte Befremden sollte sich als erste paradigmatische
Lösung der spezifisch architektonischen Probleme entpuppen, die ein Funktionalismus der Auffälligkeit stellt.

Wie Klassiker entstehen

In dem Kunststück, massenhaft Aufsehen zu erregen, ohne
sich den Massen anzubiedern, liegt das Rezept für die Produktion von Stararchitekten. Eisenman, Libeskind, Mayne,
Prix & Swiczinsky, Hadid, Gehry sind Stararchitekten von
der Art, daß ihre Präsenz im architektonischen Diskurs von
den Medien mit größerer Reichweite aufgegriffen und zur

Prominenz gesteigert wurde. Bemerkenswert ist nun aber, daß sie keineswegs unter sich blieben. Die Schule der Dekonstruktionisten war die vielleicht wichtigste Schmiede, aber gewiß nicht die einzige Produktionsstätte architektonischer Prominenz. Andere – Rem Koolhaas, Jean Nouvel, Renzo Piano, Arata Isozaki, Jacques Herzog & Pierre de Meuron, um nur einige zu nennen – schafften es auf ihre Weise, eine starke Präsenz innerhalb des Diskurses zur medialen Präsenz jenseits der Fachöffentlichkeit zu steigern.

Die Steigerung der Reputation zur Prominenz ist für sich genommen nichts Neues. Was an der Produktion von Stararchitekten neu ist, das ist die Effektivität und das zeitliche Profil der Machart. Der Aufstieg zur Prominenz war vor der Proliferation der Stararchitekten ganz wenigen vorbehalten und fiel den wenigen erst lange nach der Produktion zu, die den Ruhm einmal begründen sollte. Dieser Aufstieg mochte gefördert werden, es gab aber keine Produktion der Prominenz. Es gab keine Produktion in dem Sinn, daß ein Markt da gewesen wäre, für den hätte produziert werden können. Prominenz entsteht nicht unabhängig vom effektiven Zollen der Beachtung. Sie ist, wenn ein Produkt, dann ein Produkt des Marketing. Kein Marketing kann aber die Nachfrage ersetzen. Also muß, wenn die Stars wie Pilze aus dem Diskurs schießen, Zweierlei zusammenkommen. Es muß die Nachfrage nach den Attraktionsleistungen der Architektur so effektiv geworden sein, daß das Geld für die bauliche Realisierung der Auffälligkeit fließt. Und es muß ein Angebot entstanden sein, das diese Nachfrage mit architektonischen – das heißt nicht nur baulichen – Mitteln bedient.

Wie der Blick auf die spätmoderne und die Architektur der ersten Postmoderne lehrt, war die Nachfrage nach einer Architektur, die bekannt macht, was sie behaust, effektiv. Die kommerziellen Märkte waren auf der Suche nach neuen Medien für die Werbung. Die Schwierigkeit lag auf der Seite der Architektur. Es reicht eben nicht, auffällig zu bauen, um die Nachfrage mit architektonischen Mitteln zu bedienen. Auch und gerade als Medium der Attraktion entfaltet die Architektur ihr Potential nur dann, wenn sie ihren Stand als eine Disziplin der hohen Kultur verteidigt. Das kulturell anspruchsvolle und architektonisch gebildete Publikum will gewonnen sein und muß gewogen bleiben, wenn die Architektur zur Attraktion auch jenseits der Fachöffentlichkeit taugen soll. Um die richtige Seite des Beifalls dem Beifall von der wichtig und immer wichtiger werdenden anderen Seite nicht zu opfern, muß die architektonische Produktion sich ändern. Sie muß sich um das kümmern, was den glücklichsten unter den Produzenten bisher von außen zufiel. Die Produktion muß sich, anders gesagt, um den Aufstieg zum Parnaß kümmern.

Der klassische Aufstieg zum Parnaß ist eine Karriere mit mehreren Stufen.[3] Zunächst muß das Werk publiziert und von der Fachöffentlichkeit entdeckt werden. Es muß an mehreren Stellen und immer wieder auftauchen. Die nächste Stufe ist die der allgemeinen Bekanntheit. Das Werk muß sich beim einschlägigen Publikum durchsetzen. Der Architekt oder die Architektin muß zum Begriff werden, das Werk muß zeigen, daß es das Zeug zum Klassiker hat. Zum Begriff zu werden heißt, die Stufe der Selbstverstärkung zu nehmen. Was zum Begriff geworden ist, hat man zu kennen. Die Stufe der Selbstverstärkung ist die gefährlichste. Sie ist einerseits nötig, um einmal in den Katalog der kanonischen Werke einzugehen. Sie ist andererseits aber der Schritt zur inflationären Verbreitung. Was allen bekannt ist, ist auch dafür bekannt, in aller Augen und Munde zu sein. Diese Inflation verschafft einerseits massive Präsenz, setzt andererseits aber auch Kräfte frei, die den Neuigkeits- und Seltenheitswert aggressiv zersetzen. Den Aufstieg zum Parnaß schaffen nur diejenigen Architekten beziehungsweise Architekturen, die das Säurebad der Inflationierung überstehen. Zum Klassiker ist geworden, was bis zum Überdruß bekannt ist, ohne daß man seiner überdrüssig würde.

Klassiker in diesem gewordenen Sinn sind die großen Figuren der modernen Architektur, allen voran Le Corbusier und Mies van der Rohe. Sie haben die Stufen nach den Regeln der Kunst – das heißt ohne ruchbar werdende Selbstvermarktung – genommen. Sie waren in eben dem historischen Moment am Scheitelpunkt der Inflationierung angekommen, als die Postmoderne auf den Plan trat. Inzwischen sind sie dem ätzenden Bad entstiegen und erscheinen in neuem Glanz. Die Neuerungen von einst haben Einlaß gefunden in den Katalog der kanonischen Werke. Vergleicht man nun die Karriere dieser Klassiker mit derjenigen ihrer Nachfolger, dann fällt auf, daß die Regeln der Kunst einem regulären Management gewichen sind. Es ist nun die Selbstverstärkung der Bekanntheit, die nicht länger als schöne Dreingabe zur Durchsetzung hingenommen wird. Das für die Selbstverstärkung kritische Maß der Attraktivität ist nun Gegenstand gezielter Produktion.

Kein bekanntes Architekturbüro ist mehr ohne PR-Abteilung, kein aufsteigender Star ohne laufende Buchproduktion. Es ist wichtiger geworden, wo das Projekt erscheint, als wo das Haus steht. Die Lieferung für die Märkte der architektonischen Kommunikation – und möglichst auch für die Medien jenseits des fachlichen Diskurses – ist regulärer Bestandteil der architktonischen Produktion geworden. Und nicht nur die Lieferung für die Märkte, auch die Verwertung der Einkünfte ist in die Produktion eingegliedert. Der Gewinn wird kund getan, kapitalisiert und als Kapital aktiviert. Der Gewinn selbst noch wird – als Produktionsmittel – produziert, um dann – als soziales Kapital – eingesetzt zu werden.

Die gebaute Auffälligkeit ist teuer – ob mit oder ohne Star. Die Funktion des Stararchitekten ist es, die Investition abzusichern. Er bürgt mit dem Kapital, das aus der Reputation wird, wenn sie als solche gewinnträchtig wird. Ohne die Verbindung mit einem Star der Architektur hat das Bauwerk es schwer, sich als Medium durchzusetzen. Ganz auf sich gestellt hat es kaum eine Chance, diejenige Zeichenhaftigkeit anzunehmen, von der die Investoren träumen. Die Investoren träumen davon, daß die Architektur, die repräsentiert, selber zur Marke wird. Die zur Marke gewordene Architektur ist die mit der Kraft, alles bekannt zu machen, was sie behaust.

Ist es einmal soweit, daß die architektonische Produktion die Produktion der Architektur als Marke einschließt, dann haben sich die Produktionsverhältnisse gründlich verändert. Es ist dann zu einem Umbruch gekommen, der mit dem sich messen kann, den die Produktionsverhältnisse im Aufbruch der Moderne erfahren haben. Damals wurde die Rolle, die die Konvention gespielt hatte, von dem Markt der architektonischen Kommunikation übernommen. Jetzt hat dieser zweite Markt die Statur eines entwickelten Systems kapitalistischer Märkte angenommen. Damals wurde die architektonische Kommunikation in die Produktion integriert. Jetzt wird der Teil der Kommunikation, der nur ein Nachspiel der Produktion war, in den Prozeß der Produktion eingeholt. Damals wurde der Diskurs als interner Kapitalmarkt der Produktion aktiviert. Jetzt differenziert sich die Kommunikation in einen Markt für Sachkapital und einen Markt für Finanzkapital.

Rem Koolhaas und die Zweite Moderne

Es ist müßig zu fragen, ob die Produktionsverhältnisse das Produkt verändert haben oder das Produkt die Produktionsverhältnisse. Eine Folge der Aktivierung des sozialen Kapitals ist, daß die Inflationierung zum regulären Nebenprodukt wird. Der Dekonstruktionismus ist sprechendes Beispiel. Er bewährte sich als Strategie zur Lösung des Problems, massenhaft Aufsehen zu erregen, ohne sich den Massen anzubiedern. Das Kunststück gelang. Es gelang aber nur für einen historischen Moment. Nebeneffekt nämlich war, daß der Erfolg Verschleißkräfte auf den Plan rief, die um so aggressiver wurden, je größer das Aufsehen zunächst war und je breiter die Schule wurde, die die Strategie der Verstörung machte.

Inzwischen bauen die Meister der Dekonstruktion im Stil ihres Markendesigns zwar weiter, sie erregen Aufmerksamkeit aber nicht mehr durch die verstörende Form, sondern durch die Verwertung ihres akkumulierten Kapitals. Das Bauen in diesem Stil hatte in den neunziger Jahren den Scheitelpunkt der Inflationierung erreicht mit der Folge, daß eine neue Schule auf den Plan trat und dezidiert gegen die Dekonstruktion antrat. Es waren die *SuperDutch*, die holländische Schule Rem Koolhaas'.[4] Sie wurde auch als Zweite Moderne apostrophiert und war wiederum publizistisch – im Diskurs – vorbereitet.[5] Koolhaas selbst ist ein begnadeter Texter und nahm die erste Stufe zum Ruhm mit seinem Buch *Delirious New York* (1978).

Die Zweite Moderne übte den nüchternen Blick auf die Verhältnisse, wie sie nun einmal sind. Das Geld regiert, das Bauen ist zu teuer geworden, um noch auf Gediegenheit zu achten. Die Entwicklung der Städte ist chaotisch, das Chaos ist aber interessanter als das, was die räumliche Planung zuwege bringt. Es gilt, aus dem Dschungel der Vorschriften und dem Druck der Situation etwas zu machen, das unter anderen Umständen nicht möglich wäre. Die Büros O.M.A. (Office of Metropolitan Architecture / Rem Koolhaas), MVRDV (Maas, van Rijs, de Vries) und UN Studio (Ben van Berkel & Caroline Bos) zeigen, wie man auch dem Funktionalismus alter Schule neue und starke Formen abringen kann, wenn man nur Illusionen und Konventionen abstreift.

MVRDV, WoZoCo's Apartments for Elderly People,
Amsterdam-Osdrop, 1997

Wenn man sie als Schule betrachtet, dann war der Zweiten Moderne eine nur kurze Expansionsphase beschieden.
Viel früher schon, als es beim Dekonstruktionismus der
Fall war, tauchten Verschleißerscheinungen auf. Allerdings
ist da eine Ausnahme: Rem Koolhaas selbst. Koolhaas war
vor den Schülern da und blieb ihnen voraus. Er reagierte
schneller und schärfer auf den Wandel der Ökonomie. Was
die Dekonstruktionisten mit den Mitteln der Verstörung
und Destabilisierung schafften, schafft Koolhaas durch radikale Affirmation. Er akzeptiert den Finanzkapitalismus
ohne Wenn und Aber. Ja er kapiert, daß die Architektur
auf zweierlei Märkten finanziert wird. Es gibt die Investoren, die das Bauen finanzieren, und es gibt die Medien, die

Renommee verwerten. Die Investoren arbeiten für Anleger kommerziellen Kapitals. Die Medien arbeiten für die Einleger sozialen Kapitals. Koolhaas hat früher als andere entdeckt, daß die Architektur mehr als nur die Prominenz des Architekten verwerten kann. Sie kann sich auch mit fremden Federn schmücken. Sie kann das Renommee der Auftraggeberin aktivieren. Sie kann soziales Kapital auch im Stil eines strategischen Managements und durch das Schmieden strategischer Allianzen verwerten.

Seinen ersten Coup in strategischem Management landete Koolhaas in der Stadt- und Regionalplanung. Die Gelegenheit gab ihm der Auftrag eines Masterplans für die Stadt Lille im Norden Frankreichs. Lille ist eine der Industriestädte, die unter dem Niedergang der Schwerindustrie zu leiden hatten. Der Masterplan sollte untersuchen, wie die Industriebrache saniert werden kann, und was der Standort braucht, um vom Anschluß an die TGV-Linie unter dem Ärmelkanal zu profitieren. Der Plan erregte Aufsehen zunächst dadurch, daß er das regionalplanerische Instrumentarium zur Sanierung niedergegangener Standorte ausschlug. Statt auf Infrastruktur und Förderprogramme setzte O.M.A. auf die Arbeit am Bewußtsein.

Der Masterplan für Lille schlug vor, am Image der Stadt und an den kognitiven Karten anzusetzen, die die Menschen sich von der Region machen. Aus der Brache voll Rost und Ruß sollte ein Wallfahrtsort für den Architekturtourismus werden. Die Strategie war, einen Stadtteil – Euralille – zu kreiern, der Lille zu einem Begriff für Architekten macht. Die Architekturpublizistik sollte zum Medium für das Stadtmarketing werden. Diese Strategie, wiewohl gewagt und denn auch hart umstritten, verfing. Bereits der Plan wurde zu einem publizistischen Erfolg. Er gab den Bau einer Architektur-Schau bekannt, an der unter anderen Jean Nouvel, Christian de Portzamparc, Kazuo Shinohara und – eben – Rem Koolhaas beteiligt sind. Die bekannten Namen wurden gezielt als Zugpferde und bewußt in der Zahl eingespannt, die eine kritische Masse an Prominenz zusammenbringt. Der Plan griff, weil die Investition des sozialen Kapitals rentierte. Noch vor dem Abschluß der ersten Bauphase war Euralille überall in der Fachpresse, berichtete das Fernsehen über das Projekt und gingen Wanderausstellungen auf die Reise. Lille wurde tatsächlich zu einem Wallfahrtsort des Architekturtourismus. Es wurde zum Vorbild für Bilbao, wo die Strategie dann mit noch größerem Effekt praktiziert wurde.[6]

OMA war an Bilbao nicht beteiligt, Koolhaas dürfte aber genau gesehen haben, worauf der noch größere Gewinn zurückging. In Bilbao blieben die Architekten als Einleger sozialen Kapitals nicht unter sich. Mit ins Boot wurde eine Institution mit klingendem Namen geholt. Es gelang, eine Niederlassung des Guggenheim-Museums an den Standort zu ziehen, um dann Frank Gehry mit der Architektur zu beauftragen. Die Namen Guggenheim und Gehry brachten gemeinsam mehr an Renommee auf die Waage, als sie getrennt gewogen hätten. Der Effekt dieser Vereinigung übertraf bei weitem den, den die Beschäftigung weiterer Stararchitekten vor Ort zeitigte. Allerdings blieb die Strategie eine der Regionalpolitik. Nicht Gehry und nicht Guggenheim hatten den Deal eingefädelt, sondern die planende Verwaltung. Koolhaas ging nun daran, diese Strategie in die architektonische Produktion zu integrieren. Er schaffte es, die Marken OMA und Prada in einem gemeinsamen Logo zu vereinigen.[7] OMA baut für den führenden Modekonzern, Prada baut OMA in die *corporate identity* ein. Der Modekonzern partizipiert am Prestige der Architektur als genuiner Kunst, die Architektur partizipiert an der Präsenz der Marke Prada jenseits der Kunst.

Wiederum ist diese Art strategischer Allianz nicht ganz neu. Auch die Architekten, die Kirchen und Schlösser bauten, profitierten vom Prestige der Institution. Neu ist die Professionalität, mit der das Kapital der Beachtlichkeit verwertet wird. Neu sind die Märkte, die da funktionalisiert und erschlossen werden. Prada finanziert OMA mit einem Kredit, der es dem Büro im Gegenzug erlaubt, auf Märkten aktiv zu werden, auf denen es für die Architektur nichts zu holen gab. OMA finanziert Prada bei der Erschließung neuer Märkte für den Einkauf von *life style*. Nicht einmal diese Art von Deal ist ganz neu. Schon vorher war Jean Nouvel für Cartier aktiv geworden, gleichzeitig mit Koolhaas wurden auch Herzog & de Meuron für Prada tätig, bald darauf baute Renzo Piano für Hermès. Was Koolhaas auszeichnet, ist der Sinn für die neuen Märkte. Kein Architekt vor ihm hat die Architektur so bewußt für die Konkurrenz mit den starken Medien der Fotografie, des Journalismus, der Werbung funktionalisiert. Koolhaas demonstriert, wie es geht, daß der Unterschied zwischen der Architektur und der Werbung verschwindet, ohne daß die Architektur zum Bauen für Reklamezwecke verkommt.

Koolhaas ist der führende Architekt des mentalen Kapitalismus. Er ist es nicht, weil er der größte unter den Stars der Architektur wäre. Andere, etwa Gehry oder Herzog & de Meuron, können beim Konto der Besprechungen mithalten. Koolhaas ist der führende Architekt des mentalen Kapitalismus, weil er am entschiedensten die Machart architektonischer Geltung in die architektonische Produktion einholt. Wie kein anderer testet er die Chancen und Gesetzmäßigkeiten des Geschäfts mit dem Kapital der akkumulieten Beachtung. Er hat ein Händchen für Investitionen im großen Stil, achtet aber penibel darauf, daß der Anspruch der Architektur unter dem populären Erfolg nicht leidet. Dieser Geschäftssinn, nicht der besser entwickelte Sinn für den Formalismus der abstrakten Architektur ist es, durch den Koolhaas sich den Ermüdungserscheinungen der Zweiten Moderne entzogen hat. Er rezykliert nicht einfach die

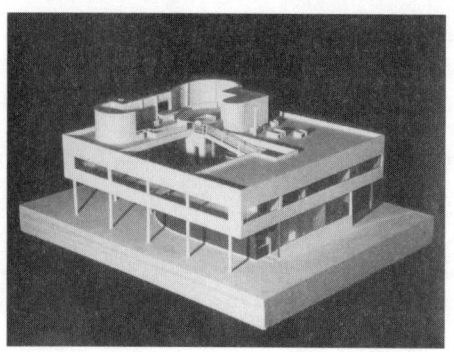

Le Corbusier, Villa Savoye,
1928-1931: Ansicht Modellfoto

Formensprache, sondern setzt das Projekt der Moderne mit anderen Mitteln fort. Er nimmt das Kapital in die Hand, das eben dadurch entsteht, daß Vertreter der ersten Moderne zu Klassikern werden.

Klassiker, re-investiert

Um deutlich zu machen, wie Koolhaas den Aufstieg Älterer für die eigene Produktion nutzt, gilt es, einen Blick auf das Material zu werfen, das er reaktiviert. Es sind – allen voran – die zentralen Erfindungen Le Corbusiers und Mies van der Rohes, an denen er seine Strategie erprobt. Die zentrale Erfindung Le Corbusiers ist das Domino-Haus und der Typ des Bauens, den er im Manifest »Fünf Punkte« darlegt. Die zentrale Erfindung Mies' ist die Ecklösung im Stahlskelettbau. Das Bauwerk, das die »Fünf Punkte« in beispielgebender Weise umsetzt, ist die Villa Savoye in Poissy bei Paris. Das Werk, in dem das Eckproblem in erstmals paradigmatischer Klarheit gelöst ist, sind die Bauten Mies' für den Campus

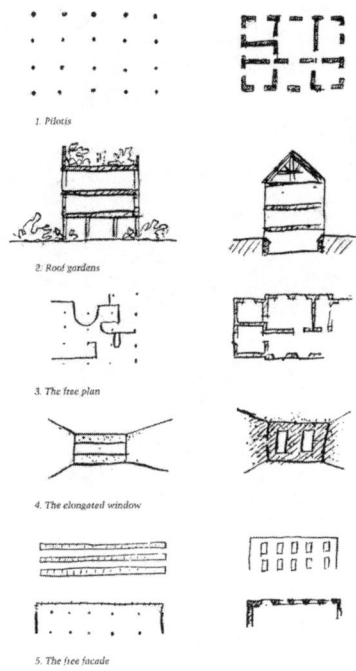

1. Pilotis

2. Roof gardens

3. The free plan

4. The elongated window

5. The free façade

Le Corbusier, »Les cinq points d'une architecture moderne«
(aus: Le Corbusier / Pierre Jeanneret 1927): Vergleich der
modernen Architektur (links) mit der traditionellen (rechts)

des Illinois Institute of Technology in Chicago. Müßte man das Wesen der modernen Architektur an zwei und nur zwei Werken demonstrieren, dann fiele die Wahl auf diese Beispiele.

Wie keine anderen Beispiele der modernen Architektur haben diese Werke zurück zu den »zeitlosen« Themen der Architektur gefunden. Sie machen deutlich, wie stark die Moderne – trotz der geschichtsfeindlichen Rhetorik – auf den Katalog der kanonischen Werke bezogen blieb. Die Villa Savoye übersetzt die Urform der Villen, die Form der Villa Rotonda des Palladio, in die Sprache des industriellen

Ludwig Mies van der Rohe,
Segram Building, New York, 1958

Bauens. Palladio ist der Erfinder des Bautyps, nämlich des
herrschaftlichen Wohnhauses im Stil des antiken Sakral-
baus. Ihm gelang es, die Formensprache der antiken Säulenordnung an die Erfordernisse des Bauens für Wohn-
zwecke anzupassen. Die Villa Rotonda ist diejenige unter
den Palladianischen Villen, die das Spiel mit der Symmetrie
und dem Anklang an die antike Tempelform am weitesten
treibt. Colin Rowe hat darauf aufmerksam gemacht, daß die
Villa Savoye diese Urform aufnimmt.[8] Die Wiederholung
fällt nicht sofort auf, zeigt sich aber schlagend, wenn man
sie einmal sieht. Gemeinsam sind der zentralsymmetrische
Grundriß, die Kombination von Quadrat und Rundform
im Grundriß, die nach allen Seiten hin gleiche Ausbildung
der Fassade, die Gliederung der Fassaden durch Säulen.
Gemeinsam ist der überwältigende Effekt des Spiels mit
Symmetrie und Säulenordnung, gemeinsam der große Ton,
den die Anspielung auf das Tempelmotiv erzeugt. In bei-

Die Ecklösung am griechischen Tempel (Parthenon auf der Akropolis)

den Fällen unterbleibt die direkte Evokation des Urbilds, in beiden Fällen setzt die Anspielung auf die hieratische Form aber einen spürbaren Kontrast zur Profanität des Wohnens. Zwar sehr diskret, aber doch spürbar ist das Tempelmotiv in der umlaufenden Säulenordnung der Villa Savoye angedeutet, die den Rahmen für die Entfaltung des freien Grundrisses im Inneren setzt. Den Kontrast bilden Rundungen, die Übergänge wie den Windfang und die Treppenpodeste, aber auch die Stellen der Wasch- und Badegelegenheiten markieren. Die stärkste Freiform bildet der Paravent des Solariums, der den liegenden Baukörper überragt. Dieser Bezug zu Sonnenbad und Körperkultur verleiht den Einblicken, die die nach außen so strenge Hülle ins Innere freigibt, einem diskreten erotischen Reiz. Es sind Einblicke, die nicht preisgeben, sondern ahnen lassen. Wie Palladio vor ihm, so treibt Le Corbusier ein nicht ungefährliches Spiel mit der sakralen Form zu einem mondänen Zweck. Nur durch den Rang des Gelingens ist die Gefahr des falschen Anspruchs gebannt.

Ludwig Mies van der Rohe, IIT Campus, Chicago 1938-1958
Ecke des Chemiegebäudes, 1945, Ostfassade

Die Mies'sche Ecklösung greift das klassischste der klassischen Probleme in der abendländischen Baukunst auf:
das der Ecksäule am griechischen Tempel. Beim griechischen Tempel wie beim modernen Stahlbau stehen die Stützen im Raster. Das Problem mit der Gebäudeecke ist, daß
der positive Querschnitt der Stütze es verhindert, daß die
Außenkante des Gebäudes mit der Achse des Rasters zusam-
menfällt. Soll das Rastermaß in der Fassade durchgehalten
werden, dann muß entweder das Eckjoch in der Tragstruktur verkürzt oder ein Stück Wand über das Jochmaß hinaus angefügt werden. Beim griechischen Tempel wurde das
Problem dadurch gelöst, daß die Eckjoche tatsächlich verkürzt, die Säulen am Eck also eingerückt werden. Diese
Ausnahmeregel wurde so geschickt angewandt, daß der Ge-
samteindruck der Tempelfront nicht leidet, sondern im Gegenteil gewinnt. Die eingerückten Ecksäulen verpassen dem
Baukörper das Kompakte, Bullige. Von einem solch kom-

OMA / Rem Koolhaas, IIT Campus, McCormick Tribune Campus Centre,
Chicago 2004: Präsentation der Ecke des Commons Building
im Innenhof des Neubaus

pakten und bulligen Eindruck könnte auch der Stahlbau
profitieren. Allerdings lassen sich die Eckjoche nicht diskret verkürzen, wenn die Stützen, statt frei zu stehen, aus-
gefacht sind. Verkürzte Eckjoche würden hier bedeuten,
daß die Zahl der Fassadenelemente zunimmt. Eben diese
Zunahme widerspricht der Sachlogik, die Mies dem Stahlbau ablauscht. Die Sachlogik des – industriell gefertigten –
Stahlbaus besagt, daß alles Überflüssige falsch ist. Es gilt,
mit einem einzigen Fassadenelement auszukommen. Mies
vollbringt das Kunststück, indem er die vorgehängte Fassade von der Ecke zurückzieht, die Tragstruktur an dieser
Stelle also ganz einfach unverhängt läßt. Er stellt die Ecke in
der äußeren Schicht frei. Diese negative Ausbildung hat den
Effekt, daß die maschinenhafte Repetition der gerasterten
Fassade an der Ecke nicht einfach abbricht, sondern auf
einen Rahmen stößt. Der Rahmen bleibt im Hintergrund,

Le Corbusier, Poissy: Villa Savoye, 1928-1931: Front

wiederholt aber auf andere Weise die Wirkung, die die ver-
kürzten Joche am griechischen Tempel haben. Der Baukörper nimmt eine gesteigerte Kompaktheit an. Hier wie dort
beruht die ästhetische Wirkung darauf, daß ihr Grund un-
terhalb der Schwelle der direkten Merklichkeit bleibt.

Höhere Weihen, als die kanonische Lösung solcher Pro-
bleme verleiht, kennt die Baukunst nicht. Koolhaas hat die
Chuzpe – und eben das Zeug –, nach dieser Glorie zu greifen. Er schafft es, den Ruhm der Villa Savoye und des IIT
Campus auf seine Mühlen zu lenken. Die Gelegenheit zur
Verwertung der Villa Savoye tut sich auf, als er den Auftrag
erhält, eine Villa in deren Nähe zu bauen. Die Gelegenheit
zur Partizipation am Prestige Mies' stellt sich ein, als er den
Wettbewerb für das neue Zentrum des IIT Campus gewinnt.
Die Fenster dieser Gelegenheiten mochte der Zufall geöffnet haben. Gar nicht dem Zufall überläßt Koolhaas, was aus
den Gelegenheiten wird.

OMA / Rem Koolhaas,
Villa dall'Ava, St. Cloud, Paris, 1985-1991: Front

Koolhaas gesteht, daß ihn die Herausforderung in Paris regelrecht eingeschüchtert hat: »Intimidation I. Two of Le Corbusier's villas are nearby. Intimidation II. The clients wanted a masterpiece.«[9] Wie geht er mit der Herausforderung um? Er nimmt sie frontal an. Er konzentriert sich auf die berühmtere der beiden Villen, ›sampelt‹ das Vokabular der Savoye und macht daraus ein ›Remix‹. Weil das Grundstück schmal und zu beiden Seiten bebaut ist, nimmt Koolhaas die Platte des Obergeschoßes der Savoye, schneidet sie entzwei und setzt die Teile asymmetrisch übereinander; er nimmt die Säulenordnung, schüttelt sie durcheinander und

Le Corbusier, Poissy: Villa Savoye, 1928: Vitrine

verteilt sie kreuz und quer und schräg unter dem Baukörper; er ersetzt das Solarium durch einen Swimmingpool auf
dem Dach, den skulpturalen Paravent durch einen lässigen
Bauzaun. Dieses ungenierte Aufbrechen der Symmetrien
und ruppige Aufmischen der Elemente nähert sich dem
großen Vorbild, indem es sich beherzt an dessen Größe vergeht. Es nimmt die Glorie in Anspruch, indem es das Vorbild parodiert. Die Parodie kommt dem Geist Le Corbusiers näher als die ungezählten Villen, die brav die »Fünf
Punkte« umsetzten. Koolhaas treibt ein Spiel, das so *cool*
ist, wie das Le Corbusiers einst gewagt war. Koolhaas verwandelt das Prestige des Klassikers sich an, ohne ausführlich – ja überhaupt direkt – zu zitieren.[10] In der Publizistik
kam die Villa dall'Ava ganz groß heraus. Sie wurde überall
und oft mehrfach besprochen. Wieder war ein Medienstar
geboren (der, wie so manche Stars, in dem Foto besser wirkt
als im Original).

OMA / Rem Koolhaas,
Villa dall'Ava, St. Cloud, Paris: Vitrine

Koolhaas gelingt im Rückgriff auf die Moderne, was der Postmoderne im Rückgriff auf die Vormoderne mißlang. Er nimmt die Kraft des klassisch Gewordenen auf, ordnet sich der Tradition aber nicht unter. Die erste Postmoderne war naiv, was die Verwertung des akkumulierten Prestiges betrifft. Sie machte keinen Unterschied zwischen dem Wert, den das Altehrwürdige durch die sachliche Bewährung, und dem, den es durch das Prinzip der Anciennität angenommen hat. Eben diesen Unterschied nimmt Koolhaas nun ganz genau. Er schwört dem Bewährten ab, nimmt aber die

Würde in Anspruch. Er unterscheidet scharf zwischen dem Wert, den das klassisch Gewordene als kulturelles Kapital, und dem, den es als soziales Kapital hat. Über den ersten Wert macht er sich lustig, den zweiten Wert macht er sich zunutze.

Noch weiter als mit Le Corbusier treibt Koolhaas das Spiel mit Mies. Chicago ist das Mekka des Miesianismus. Hier hat der Meister gewirkt, hier hat er seine Meisterschaft im Stahlbau entwickelt. Hier entstand die Mies-Ecke. Das Entwicklungsgelände war der Campus des IIT. Wer hier als Architekt oder Architektin antritt, kann nicht umhin, dem Meister nahe zu treten. Er oder sie begibt sich in die Höhle des Löwen. Die Frage ist, ob man den Löwen schlafen läßt oder weckt.

Koolhaas poltert und lärmt. Statt Distanz zu wahren, baut er Mies' Commons Building, die alte Mensa, in das neue Zentrum ein. Er rückt ihm räumlich und funktional auf den Leib. Räumlich, indem er es mit dem Neubau umbaut und das im Innern zu liegen kommende Eck in einem über Eck gesetzten Innenhof präsentiert. Funktional, indem er feststellt, wie es um die Lehre des Funktionalismus empirisch bestellt ist. Das Commons Building stammt aus der Zeit, als Mies mit der Ecklösung noch kämpfte. Es steht in räumlich spürbarem Zusammenhang mit der Crown Hall, wo die Lösung in paradigmatischer Form präsentiert wurde. Koolhaas erlaubt sich mit der Ecke nun einen Spaß. Er baut den neuen Innenhof derart an den alten Bestand an, daß die Ecke Mies' wie ein Ausstellungsstück präsentiert wird. Allerdings wirkt die Ecke nun recht prosaisch. Erstens hat sie nicht – oder noch nicht – die klassische Form. Zweitens ist sie nun nicht mehr die Ecke eines freistehenden Gebäudes. Die Präsentation wirft ein überscharfes Licht. Sie nimmt genau – aber eben zu genau. Ganz genau wird auch die Lehre des Funktionalismus genommen. Koolhaas stellt fest, daß mindestens dreißig entstellende Veränderungen

OMA / Rem Koolhaas, IIT Campus, McCormick Tribune Campus Center,
Chicago 2004, Außenansicht mit Röhre

sich unter den Augen der strengen Hüter der Lehre ein-
schleichen durften.[10] Wie, so fragt er, ist Mies nun aber
schöner: durch den Gebrauch entstellt oder im Sinn des
Gebrauchs, wie er nun einmal ist, umgebaut? All die Umstände, die die Brauchbarkeit einschränken, nimmt Koolhaas nun aufs Korn: den Lärm der Hochbahn, der das
Gelände akustisch beherrscht; die Trampelpfade, die dem
Kult des rechten Winkels Hohn sprechen; die nicht vorher-
gesehenen Vorlieben des studentischen Lebens. Er verpaßt
der Hochbahn eine Röhre und integriert sie in die Umbau-
ung des Commons Building; er richtet die interne Erschließung nach dem Kreuz und Quer der Durchgänge, wie sie
sich anbieten; er rückt die Nachfrage nach *fast food* und
Computerspielen ins Zentrum des McCormick Tribune
Campus Centers. Statt der Hochbahn lärmt nun eine Bat-
terie von Spielautomaten in der Lobby.

Allerdings, und das ist entscheidend: Der lässige Umgang mit dem alten Zentrum des studentischen Lebens geht nicht zu Lasten der Würde des Commons Building. Der originale Bestand muß keinen Eingriff erdulden, wird vielmehr von Einbauten und Verunstaltungen befreit. Die Anschlüsse zwischen Alt und Neu sind zwar betont lässig, ja sie wirken – denkt man an die Rolle, die Scharniere in der Architektur spielen – fast nachlässig. Gut möglich aber, daß Mies diese Unbefangenheit besser gefallen hätte als eine Verbeugung. Gut möglich sogar, daß er Sinn für die *jokes* nebenan gehabt hätte. Koolhaas retourniert das »Form follows function.« mit einem »Glotz nicht so funktionalistisch!« Er tut es aber nicht, um Mies am Zeug zu flicken, sondern um sich selbst ins rechte Licht zu rücken. Er spricht von Gleich zu Gleich. Und er weiß, daß eben dieses Platznehmen zur Seite des Meisters die Jünger, die über die Stätte der Verehrung wachen, empören muß. Ein Schrei des Entsetzens unterbrach die andächtige Stille, als bekannt wurde, was Koolhaas auf dem Campus vorhat. Es gab eingeschriebenen Protest und einen Aufstand der Miesianer vor Ort. Die hatten keinen Sinn für den Spaß. Eben weil sie die Sache hochspielten, spielten sie aber Koolhaas in die Hände. Sie machten die Sache zu einem Fall, der nicht nur Architekten, sondern auch Denkmalschützer und Konservatoren angeht. Deren Interesse und Zuständigkeit belegt, daß es um den Katalog der kanonischen Werke geht. Nichts besser fürs eigene Prestige, als den Umgang, den man mit Klassikern pflegt, zum Gegenstand der allgemeinen Diskussion über den Umgang mit dem klassischen Erbe zu machen.

Das McCormick Tribune Campus Center ist nicht das stärkste Werk Koolhaas'. Es demonstriert aber am besten, wie sich der Architekt als wilder Kapitalist verhält. Nämlich nicht anders als jener Biologe. Es geht ihm zunächst und vor allem anderen darum, die Situation auf dem Markt der publizierten Meinung zu kontrollieren. Er achtet auf den Wirkungsgrad seiner Investition an Aufmerksamkeit und Reputation sowie darauf, daß niemand an ihm vorbei kann. Was ihn stört, das sind die örtlichen Mandarine und das Regime der feinen Unterschiede. Er gibt sich nicht mit dem symbolischen Gewinn zufrieden, es macht Gewinn in der harten Währung des Zitats. Er maximiert das Aufsehen, diskriminiert aber scharf nach Herkunft. Er ist kalt bis hin zum Zynismus, leistet aber gute Arbeit, was das Echo in den führenden Organen der Publizistik betrifft. Sein Genre ist die schöpferische Zerstörung. Das Alte und Altehrwürdige wird nicht in Ruhe gelassen, sondern als Herausforderung zur Partizipation an seinem Renommee verstanden. Der unproduktive Schlummer der stillen Verehrung wird – wenn es sein muß, unsanft – geweckt.

Um sich im Umkreis von Klassikern Gehör zu verschaffen, muß man selber etwas mitbringen. Um sich neben sie zu setzen, muß man sich Dinge leisten können, die anderen als Übergriff angekreidet würden. Hier liegt eine der reizvollsten Chancen, mit dem eigenen Renommee zu wuchern. Es macht nichts, wenn die guten Stücke zu Bruch gehen, wenn nur die *action* das richtige Echo findet. Das Echo darf, ja sollte über die Grenzen des Fachs hinaus hallen. Nur darf es nicht passieren, daß die Weihen verspielt werden, die nur die Zunft erteilen kann. Es ist nicht verboten, Klassiker aufzumischen. Es ist aber verboten, so weit zu gehen, daß die Aussichten auf höchste Auszeichnungen schwinden.

Rem Koolhaas ist Medienkünstler. Er ist Medienkünstler

nur eben nicht im Sinn des Mediums als Technik, sondern im Sinn des Mediums als Markt. Er zeigt, was aus einer Disziplin der hohen Kultur wird, wenn sie sich erfolgreich auf den Wandel der kulturellen Ökonomie einstellt. Koolhaas hat die Architektur, wenn nicht zum starken, so doch zu einem Medium gemacht, das wieder mitspielt im *big business* der Attraktion. Dabei liegt seine Stärke gar nicht so sehr auf dem Gebiet jener Technologie der Attraktion. In Sachen der *special effects* waren die Dekonstruktionisten schon weiter. Seine Stärke liegt auf dem Gebiet der Finanztechnik. Koolhaas zeigt, was aus einer Disziplin der hohen Kultur wird, wenn sie sich erfolgreich auf den Finanzmärkten der Beachtlichkeit schlägt.

Diese Kultur hat einen neuen Geschmack. Sie ist für die Medien gemacht und muß sich in den Medien durchsetzen. Die konkreten Qualitäten des Originals treten hinter die mediale Präsenz zurück. Sie treten zurück nicht, weil das Original unwichtig geworden wäre. Sie treten zurück, weil das Original nicht genug Beachtung verdienen kann, um auf den Finanzmärkten mitzuhalten. Die Produktion für die Finanzmärkte der Beachtlichkeit nimmt selbstverständlich Einfluß auf das Produkt. Das Produkt braucht vor allem eine gute Presse. Die Güte der Presse hängt nicht von Subtilitäten ab, die erst auf den zweiten oder gar dritten Blick auffallen. Die Produktion für die neuen Märkte bringt Subtilitäten ganz anderer Art ins Spiel. Sie verlagert die Ebene des lohnenden Raffinements von der Gestaltung zur Präsentation. Die Präsentation darf nichts mehr dem Zufall überlassen. Sie sollte auch und gerade die richtigen Hinweise für die Interpretation geben. Sie sollte Stichworte für die Rezension geben, sie soll den Kontext nahelegen, den die Kritik dann herstellt. Raffiniert ist die Präsentation, die bedenkt, daß auch die Kritik ein unterhaltendes Genre ist. Kritik ist die Unterhaltung der Intellektuellen, auf die es als Multiplikatoren ankommt.

Die Medienkunst, die Koolhaas vertritt, ist die Kunst der Vernetzung in den Medien der Publikation. Diese Kunst beherrscht er besser als das architektonische Detail. Er ist unermüdlich im Publizieren und im Arbeiten an neuen Formaten für die architektonische Publikation. Es ist hier, wo er die Positionen besetzt, an denen niemand vorbeikommt. Immer ist da schon wieder ein neues Buch von OMA/AMO. Und die sind in zweierlei Hinsicht immer gleich. Erstens werden die jüngsten Sehgewohnheiten des Medienkonsums und die jüngsten Entwicklungen im *graphic design* aufgegriffen. Zweitens wird die Botschaft getrommelt, daß es der Geschäftssinn ist, der die planende Vernunft beerbt.

Kapitel 6
Marken und Cameras.
Ausbeutung und Konflikt

Nicht nur das Gesicht der Architektur hat sich verändert, auch die Städte sehen anders aus. Sie haben sich stärker verändert, als Architektur und Städtebau es vermocht hätten. Der öffentliche Raum ist zu einem Teil des Systems geworden, das Information liefert, um Aufmerksamkeit abzuholen. Überall Lichter, Bilder, Musikfetzen, die es auf unser Achten abgesehen haben. Der öffentliche Raum ist zum Werbeträger mutiert. Die Werbung legt sich wie ein Tau auf alles, was eine Schauseite hat. Wir erleben eine regelrechte Invasion der Marken. Wohin wir blicken, immer sind die Logos schon da.

Die Besetzung des öffentlichen Raums durch die Marken kam nicht allein. Eine andere kam mit. Sie ist nicht so auffällig, aber gerade in ihrer Unauffälligkeit spürbar. Wohin wir blicken, sehen wir nicht nur Logos, sondern sieht uns auch eine Camera zu. Der öffentliche Raum ist zum automatisch überwachten Raum mutiert. Der freie Zugang schließt nicht länger das Recht ein, anonym zu bleiben. Wer sich in den öffentlichen Raum begibt, loggt sich in ein System ein, das ihn oder sie beobachtet, kategorisiert, taxiert.

Werbung und Überwachung haben sich des öffentlichen Raums als ganzem bemächtigt. Die Werbung besetzt die Schauseiten, die Überwachung leuchtet die verdeckten Seiten aus. Die Funktionen sind komplementär: Die Werbung liefert Information und holt Beachtung ab; die Überwachung liefert Beachtung und holt Information ab. In beiden Fällen sind Liefern und Abholen asymmetrisch. Was geliefert wird, wird nicht abgeholt, und was abgeholt wird, wird nicht geliefert. Es kommt zu keiner Kommunikation in dem Sinn, daß Aufmerksamkeit mittels des Austauschs von Information getauscht würde. Vielmehr zerfällt die Kommunikation in ihre Komponenten.

Die Umwandlung des öffentlichen Raums in einen Werbeträger setzt konsequent fort, was als Verselbständigung der Repräsentation vom Präsentierten begann. Präsentiert wird, was Beachtung erheischt, aber keine Acht gibt. Die Umwandlung des öffentlichen in einen überwachten Raum setzt konsequent fort, was als Diskriminierung zwischen Besser- und Schlechtergestellten begann. Die Maschinen kategorisieren nach Geschlecht, Hautfarbe, Habitus. Die Werbung preßt Mehrwert ab, der entsteht, weil die Acht gebende Kraft mehr Beachtung spenden kann, als sie zur eigenen Reproduktion braucht. Die automatische Überwachung zieht dem öffentlichen Raum stillschweigend Klassenschranken ein. Die Städte sollten daher Auskunft über die Ausbeutung im mentalen Kapitalismus geben und darüber, welchen Konflikt die Ausbeutung heraufbeschwört.

Technologien der Attraktion und Technologien der Diskriminierung

Die Okkupation der Schauseiten und das Ausleuchten der verdeckten Seiten sind keine neuen Phänomene. Die Schauseiten des öffentlichen Raums dienten immer schon der Repräsentation. Der städtische war immer schon ein sozial kontrollierter Raum. Die Residenzstädte waren nie nur Bleibe, sie dienten immer auch der Verherrlichung des Herrscherhauses. Die Kathedralen waren sowohl Stätten religiöser Verehrung als auch Manifestationen kirchlicher Macht. Schon die mittelalterlichen Städte waren Tag und

Nacht bewacht, auch die Umbauten der Residenzstädte in Metropolen folgten den Gesichtspunkten der leichteren Kontrolle des öffentlichen Raums. Die Boulevards des Baron Haussmann schufen Durchblick und Übersicht und erlaubten es, im Ernstfall mit Kanonen gegen Aufständische vorzugehen.

Was neu an der Invasion der Marken und neu an der Überwachung durch Automaten ist, ist die Übersetzung der alten Funktionen in neue Medien. Neu an den neuen Medien ist der technische und ökonomische Hintergrund. Die Technik im Hintergrund der Marken ist die Technologie der Attraktion. Ökonomisch neu ist an den Marken, daß sie die Aufgabe haben, Sachen und Zeichen prominent zu machen. Eine Marke ist durchgesetzt dann und nur dann, wenn sie den Charakter eines Fetischs angenommen hat. Sie will nicht nur bekannt gemacht werden, sie will im Glanz der Bekanntheit erstrahlen, den nur der Ruhm vermittelt. Mit der Marke gesehen zu werden, muß etwas von dem Gefühl vermitteln, im Abglanz einer bekannten Person zu stehen. Dieser Abglanz will synthetisch hergestellt sein. Er wird hergestellt durch die Werbung, die einem auf Schritt und Tritt begegnet.

Der Konsum von Marken ist die Identitätspolitik des engagierten Konsumenten. Engagierte Konsumentinnen und Konsumenten wollen mehr als konsumieren. Sie wollen sich mit der Umgebung identifizieren, in der sie sich dem Konsum hingeben. In dieser Umgebung müssen die richtigen Leute verkehren. Man darf sich nicht fürchten und unsicher fühlen. Das Aussehen und Gehabe der Leute am Ort muß Vertrauen und Zutrauen erwecken. Um dieses Behagen herzustellen, muß entweder eine soziale Kontrolle funktionieren, die abweichendes Verhalten gar nicht erst aufkommen läßt, oder eine Kontrolle organisiert werden. Welcher Art Leute um einen herum das Behagen einschränken, wechselt von Person zu Person. Die einen fühlen sich behelligt, wenn die Polizei Präsenz zeigt, die anderen gerade nicht. Ganz allgemein gilt aber, daß das Bedürfnis nach sozialer Kontrolle bei Leuten, die besser gestellt sind, stärker ausgeprägt ist als bei Leuten, die weniger Grund zur Zufriedenheit haben. Und leider gilt auch, daß es die Bessergestellten vorziehen, mit gleich oder noch besser Gestellten zu verkehren. Der Wunsch nach Sicherheit geht gleitend in die Neigung zur Diskriminierung nach sozialem Status über. Für die Befriedigung dieser Neigung werden traditionell Türsteher, Concierges und *door men* engagiert. Die Videoüberwachung verspricht, die teuren Dienste dieser Berufsgruppe auf Maschinen zu übertragen.

Die Videobilder eignen sich zur Analyse mittels Bildverarbeitung und damit zur Identifikation von Bildobjekten, die mit Sachdaten verknüpft werden.[1] Sie eignen sich, anders gesagt, zur Beobachtung einzelner Personen. Sie eignen sich zur Kategorisierung der Person nach Kaufkraft, Verhaltensdisposition und Gewaltbereitschaft. Die Kategorisierung erlaubt es, dem öffentlichen Raum Zugangsschwellen einzuziehen, die unsichtbar, aber spürbar sind. Die Bildobjekte können sodann zum Vergleich mit namentlich bekannten Bildern und so zur Identifikation der Person herangezogen werden. Diese Technik ist zwar noch nicht ausgereift, birgt aber ein kaum noch ermessenes Potential. Stichwort ist die Biometrie. Die Einführung biometrischer Erkennung ist in vollem Gang. Mehr noch. Sie ist nicht aufzuhalten. Es bedarf nämlich keiner offiziellen Erfassung von Fingerabdrücken, Iris-Scans oder Sprachmustern, um die Daten zu produzieren. Schon personalisierte Bilddaten von Gesicht und Körperhaltung sind brauchbar für die Identifikation. Solche Daten entstehen in der Bildtelephonie, im *on-line conferencing*, bei der Camerabeobachtung von Kunden, die mit Kreditkarte bezahlen.

Für die Dienstleistungen, die Sicherheit und Exklusivität herstellen, bedeutet die maschinelle Identifikation einen enormen Fortschritt der Produktivität.[2] Sie bedeutet, daß der Dienst, den herkömmlich Privatdetektive anbieten, im industriellen Maßstab produziert werden kann. Nicht nur, daß Maschinen in der Observation, Identifikation und Verfolgung von Spuren zum Einsatz kommen, die automatische Identifikation erschließt auch neuartige Synergien. Auf den Namen der Person hören all diejenigen Daten, die für kommerzielle und zumal für Werbezwecke gesammelt wurden. Es gibt riesige Bestände an personalisierten Daten aus dem Direktmarketing. Diese Daten warten darauf, zu Persönlichkeitsprofilen verarbeitet zu werden. Die Zusammenführung ist heikel, denn sie beschwört Konflikte mit dem Datenschutz herauf. Allerdings gibt es keine Restriktionen, die das Sammeln von und den Handel mit personalisierten Daten unterdrücken würden.[3]

Werbung und Überwachung ergänzen einander. Die Werbung liefert die Daten, die das automatische Überwachen zu einem fähigen Instrument für die Kategorisierung und Taxierung der Person machen. Das *closed circuit TV* läßt sich einsetzen nicht nur, um Räume zu bewachen, sondern auch, um die verkaufsfördernde Homogenität der Benutzer zu sichern. Das Zusammenspiel von Werbung und Überwachung bedeutet, daß die räumliche Segregation nach sozialem Status eine Fortsetzung mit anderen Mitteln erfährt.

Das soziale Gefälle

Auch die räumliche Segregation nach sozialem Status ist keine neue Erscheinung. Um den Prozeß der Segregation in Gang zu setzen, bedarf es nicht mehr als des Zusammentreffens sozialer Ungleichheit mit jener Neigung, lieber unter Besser- als Schlechtergestellten zu leben. Die Neigung führt zur Bildung von nach unten geschlossenen Clubs. Die Reichen leben unter sich, die mittleren Schichten bleiben unter sich, den Armen bleibt nur, unter Armen zu leben. Die räumliche Segregation ist so alt, wie Städte sind. Sie wurde charakteristisch für das städtische Leben unter kapitalistischen Verhältnissen. Im Zug der Industrialisierung wurden Städte zu Ansammlungen von Quartieren, die nach sozialem Status sortiert sind. Je größer die Stadt, um so deutlicher wird das Gefälle und um so steiler ragt es auf.

Die räumliche Segregation ist eine stillschweigende Art sozialer Diskriminierung. Immer schon war klar, daß die Diskriminierung für die Ausgeschlossenen schmerzlich ist und um so schmerzlicher wird, je weiter unten sie einsortiert werden. Erst das Achten auf das Einkommen an Beachtung macht nun aber klar, warum die Segregation so schmerzlich ist. Sie erzeugt – und reizt fortan – einen wunden Punkt. Sie führt den Ausgeschlossenen vor Augen, daß ihr Achten den Bessergestellten nichts wert ist. Wer mehr gilt, dessen Beachtung zählt mehr. Das ist der Grund, warum es für die Bessergestellten attraktiv ist, unter sich zu bleiben. Das ist aber auch der Grund, warum das Ausgeschlossenwerden so weh tut. Es schlägt auf das Selbstbewußtsein. Das Nagen am Selbstwertgefühl kann noch viel weher tun als der Stich, den der verwehrte Zutritt zu den Räumen der besseren Gesellschaft versetzt.

An diesen wehen Punkt rühren die neuen Technologien der Stadtgestaltung. Es sind Techniken, die den Raum gestalten, wie er subjektiv erlebt wird. Sie rüsten die Aufmerksamkeit, die nach dem anderen Merken greift. Das ist, was von neuen Technologien reden läßt. Sie ökonomisieren die Aufmerksamkeit sowohl in der Eigenschaft als knappe Ressource wie auch in der Eigenschaft als begehrtes Einkommen. Die Technik, die Sachen und Zeichen prominent macht, maximiert den Wirkungsgrad der Attraktion treibenden Aufmerksamkeit. Die Technik, die die Beobachtung mit der Kategorisierung und Identifizierung der Person verknüpft, holt ein Maximum aus der observierenden Aufmerksamkeit heraus. Beide, Werbung und Überwachung, nehmen aber auch Einfluß auf die Verteilung der Beachtung. Die Werbung saugt Beachtung ab, um auratischen Glanz zu fabrizieren. Die Überwachung hilft, das Publikum zu sortieren. Die massive Präsenz von Marken im Stadtbild bedeutet, daß eine Gebühr auf die Benutzung des Erlebnisraums erhoben wird. Der Effekt der Sortierung wird an den *gated malls* und *gated communities* sichtbar, die die Herstellung sozialer Homogenität als Dienstleistung anbieten.

Was weh tut, ist nicht die Gebühr als solche. Nicht einmal die Aussperrung ist an und für sich so schlimm. Schmerzlich ist, daß sie die Ausbeutung im mentalen Kapitalismus verschärfen. Die Ausgebeuteten im mentalen Kapitalismus sind die, die immer Acht geben, aber kaum Beachtung finden. Die Ausgebeuteten sind die Verlierer im Verteilungskampf um die Beachtung. Die Hauptstätten dieses Verteilungskampfs sind nicht die öffentlichen Räume, sondern die Räume der Veröffentlichung. Die Massenmedien absorbieren den größten Teil der frei verfügbaren Aufmerksamkeit. Sie sind es, die die Bevölkerung flächendeckend und rund um die Uhr mit konfektionierter Information beliefern. Das Volk zahlt mit Beachtung, für die es nichts zurückbekommt. Dieser ungleiche Tausch macht die neue Klasse von Reichen reich und läßt diejenigen leer zurück, die ihre Freizeit mit Fernsehen verbringen. Diese Nettozahler werden jetzt noch einmal zur Kasse gebeten. Sie sollen noch einmal Werbung konsumieren, sollen sich unter die Reichen und Schönen, die ihnen die Werbung präsentiert, aber nicht mischen. Sie sollen beachten, was ihnen keine Beachtung schenkt. Die sonst nicht Beachteten werden auch hier nur beachtet, um besser ausgegrenzt werden zu können. Für sie gibt es den Punkt, an dem der ungleiche

Tausch so leer macht, daß die wertschätzende Kraft der Beachtung sich nicht mehr reproduzieren kann. Es ist dies der Punkt, an dem die Ausbeutung in Verelendung umschlägt. Spätestens hier macht sie aggressiv.

Der Druck der Verwertung

Die Ausbeutung im mentalen Kapitalismus fängt mit Verführung an. Die Medien finden heraus, was die Leute sehen, hören, lesen möchten. Sie bedienen eine Nachfrage und finden die bequemste Art des Zeitvertreibs heraus. Sie entdecken, daß die Leute sogar Gefallen am demonstrativen Reichtum der anderen finden. Prominente sind die besten Zugpferde der Attraktion. Die Leute bekommen zu sehen, zu hören, zu lesen, was sie wollen. Die Wünsche des breiten Publikums wurden nie besser erhoben als durch das Angebot, das die Massenmedien zusammenstellen. Der Effekt ist, daß der Medienkonsum zur dominierenden Verwendung der freien Zeit und Aufmerksamkeit wurde.

Die Bereitschaft der Massen, für den Konsum konfektionierter Information mit lebendiger Aufmerksamkeit zu bezahlen, erscheint als Produktivität des Kapitals, über das die Anbieter verfügen. Die Logik der Verwertung – nämlich die Zwänge, die von der Verwertungskonkurrenz der Anbieter untereinander ausgehen – hält zur Maximierung der Produktivität und zur ständigen Innovation des Angebots an. Das Kapital ist nur so viel wert, wie es Einkommen einspielt (beziehungsweise einzuspielen verspricht). Deshalb muß aus dem Publikum herausgeholt werden, was geht. Deshalb werden im mentalen Kapitalismus die Haushalte mit Information wie mit Strom und Wasser versorgt. Deshalb sind die Sphären subjektiven Erlebens inzwischen weltweit durchs Fernsehen konditioniert.

Irgendwann muß der Druck der Verwertung die Nachfrage nach Unterhaltung überholt haben. Wir leben in einer Kultur, in der es zum Zeichen des Neuen geworden ist, daß es härter als das schon Dagewesene auf unsere Aufmerksamkeit zugreift. Es muß lauter, schriller, aufreizender sein. Nichts ist zuverlässiger als diese Überbietung, nichts leichter zu prognostizieren als diese Monotonie der Innovation. Alles ändert sich, nur dieses eine Ritual bleibt immer gleich.[4] Wir rechnen fest mit diesem immergleichen Gang der Dinge. Wir erwarten ganz selbstverständlich, daß die Reize immer eindringlicher tönen, immer fester zugreifen, immer härter zusetzen. Wir wehren uns vielleicht. Wir hören weg, nehmen die Achtsamkeit zurück. Der Pegel aber steigt. Der Kampf um die Aufmerksamkeit ist zur Materialschlacht geworden. Im Regelmaß eines Wettrüstens wächst die schiere Masse der Mittel, die auf der Jagd nach Beachtung sind, und steigt ihr technischer Wirkungsgrad.

Die Werbung im Stadtraum überträgt diesen Druck aus dem Raum der Veröffentlichung in den öffentlichen Raum. Sie zeigt, wie dieser Druck auf die sozialen Klassen wirkt. Es fällt nämlich auf, daß die vornehmen Viertel und die Meilen des Luxus von der aggressiven Werbung verschont bleiben. Es sind die Stätten des Massenkonsums und die Stellen der höchsten Erreichbarkeit, wo die Präsenz und Lautstärke der Werbung kulminieren. Dort, wo es am meisten Kaufkraft anzusprechen gäbe, bleibt die Werbung diskret. Warum das so ist, wird deutlich, wenn man bedenkt, daß das aggressive Werben etwas von aggressivem Betteln hat. Soll die Zumutung ferngehalten werden, muß ein Hausrecht greifen, das Betteln und Hausieren verbietet. Dieses Hausrecht stünde der öffentlichen Hand zu und könnte greifen, wenn die Genehmigung von Werbeanlagen restriktiver gehandhabt würde. Tatsächlich gibt es Restriktionen. Sie greifen allerdings nur an den Orten, an denen die Reichen unter sich sind. Die besseren Quartiere schaffen es – ob durch

Gestaltungssatzung oder stillschweigende Übereinkunft – der Werbung Zurückhaltung aufzuerlegen.

Weil Werbung nur lohnt, wo es Kaufkraft anzusprechen gibt, markiert die Werbung das soziale Gefälle nicht bis in die Tiefe. Dennoch sind auch die tiefen Lagen von dem Gerangel um Beachtung gezeichnet. Die Wut der Werber ist in der Sache nämlich nicht so verschieden vom Vandalismus der Sprayer. Die einen betreiben legal und professionell, was die anderen im Untergrund treiben. Hier wie dort geht es um den Aufbau und um die Durchsetzung von Identität. Die Werber bauen die Identität von Marken auf und setzen die Prominenz von Waren durch. Die Sprayer bauen an ihrer eigenen Identität und machen ihre Codes durch die Effizienz der Störung prominent. Wie die Dichte der Werbung die obere Hälfte des sozialen Gefälles markiert, so markiert die Dichte der Graffiti die untere.

Der Vandalismus gibt einen Grund an die Hand, den öffentlichen Raum zu überwachen. Die Vandalen machen kaputt, was ihnen sagt, daß sie nicht mithalten können. Die Neigung zur Aggressivität wächst mit der Ungleichheit, unter der man zu leiden hat. Wie der Besatz mit Werbung, so markiert denn auch die Dichte der Cameras das soziale Gefälle. Die Cameradichte nimmt mit dem sozialen Status ab. Die Überwachung ist dort am intensivsten, wo am meisten Reichtum ist. Elend sind die Quartiere, die niemand mehr überwachen kann oder will.

Selbstverstärkung und Eskalation

Die Invasion der Marken und die Invasion der Cameras organisieren ihren Nachschub selbst. Sie gehen auf eine Nachfrage ein, die der Befriedigung nachwächst. Marken konkurrieren nicht nur mit ihresgleichen, sie verdrängen auch die schlichten Produkte. Die Produktion von Marken erzeugt einen unersättlichen Hunger nach Beachtung, setzt aber auch wachsende Standards für alles, was mithalten will. Das Gerangel um Aufmerksamkeit führt in einen Verdrängungswettbewerb, der allen Beteiligten ein stetes Arbeiten an der Präsenz und Auffälligkeit verschreibt. Deshalb werden nicht nur die Straßenfluchten und Gebietskulissen, sondern auch Baugerüste, Haltestellen, Verkehrsmittel aller Art und zusehends die freie Landschaft mit Werbung tapeziert. Die ganze dem Publikum zugewandte Oberfläche der Städte erhält einen Anstrich, dessen einziger Sinn und Zweck es ist, nach der Aufmerksamkeit des Publikums zu haschen. So versteht es sich, daß die Werbung zum festen Teil der Gebäudetechnik geworden ist. Technologien bilden die Außenhüllen von Gebäuden als dynamisch bespielbare Medienwände aus. Weitere stehen vor der Tür, die den Effekt von Leuchtreklame durch einfachen Anstrich herstellten. Schließlich ist es symptomatisch, daß Projekte auftauchen, die das Panorama der Alpen als Werbeträger aktivieren oder den Mond als Projektionsfläche nutzen wollen.

Auch die Überwachung erzeugt ihre Nachfrage selbst. Sie mag Diebstähle, Einbrüche, Überfälle verhindern, kann sie aber nur an Ort und Stelle unterdrücken. Sie verdrängt die Aktivitäten, die sie verhindern soll, dorthin, wo nicht überwacht wird.[5] Je weiter die Videoüberwachung sich ausbreitet, um so mehr verstärkt sich der Druck, die noch nicht überwachten Restflächen einzubeziehen.[6] Gewiß, die Slums werden nicht überwacht. Das soziale Gefälle endet nun aber nicht in den Slums der reichen Länder. Die Slums der reichen Länder waren immer schon Auffangbecken für Immigranten aus armen Ländern. Auch arme und reiche Länder sind räumlich segregiert. Auch Staaten tun sich zusammen in nach unten geschlossenen Clubs. Wo die Einwanderung zur Option wird, da verlängert sich das soziale

Gefälle bis in die Niederungen der Armut in den Ursprungs-
ländern. Zu den am intensivst überwachten Zonen gehören die Grenzen, mit denen die Clubs der reichen sich
gegen Zuwanderung aus armen Ländern wappnen. Am
schärfsten wird an den Einlässen der *gated unions of states* diskriminiert.

Dem Sog, dem die Zuwanderung in die armen Quartiere
der reichen Städte folgt, wirkt ein Druck entgegen, der Werbung und kommerzielle Massenkultur in die armen Länder
schwemmt. Auch die Invasion der Marken ist kein nur lo-
kales Phänomen. Die Präsenz der Marken im Stadtbild
macht allen am Ort klar, daß das, was sie da sehen, in allen
Stadtbildern überall auf der Erde präsent ist. Die Invasion,
die alle Schauseiten in allen Städten dieser Erde besetzt,
geht nun aber ganz einseitig von den reichen Gesellschaften aus. Sie bedeutet für die ärmeren einen Import von Information, für den sie mit Aufmerksamkeit bezahlen. Auch
dieser Austausch stellt keine Kommunikation in dem Sinn
dar, daß Aufmerksamkeit mittels des Austauschs von Information getauscht würde. Auch der kulturelle Austausch
zerfällt in zwei asymmetrische Komponenten. Die reichen
Länder führen Information in rauen Massen aus und führen riesige Mengen lebendiger Aufmerksamkeit ein. Die
armen Gesellschaften exportieren nur ganz wenig kulturelle Information, die in den reichen Ländern Beachtung
findet. Sie sind im Saldo der Aufmerksamkeit eindeutige
Verlierer.

Kulturen sind in der Ökonomie der Aufmerksamkeit, was
die Volkswirtschaften in der Ökonomie des Gelds sind. Sie
handeln und konkurrieren miteinander. Kulturen exportieren Informationsgüter und nehmen Aufmerksamkeit
dafür ein; sie importieren Informationsgüter und führen
Aufmerksamkeit dafür aus. Damit der Austausch fair und
ersprießlich ist, brauchen die Handelsbilanzen nicht im
Einzelfall, sollten aber im großen und ganzen ausgeglichen

sein. Sieht man sich die globale Bilanz nun aber an, dann kommt eine extreme Unausgeglichenheit im Austausch zwischen den Kulturen des entwickelten mentalen Kapitalismus und dem Rest der kulturellen Welt zutage. Die Kluft zwischen den an Beachtung armen und reichen Kulturen wächst wie die zwischen den wirtschaftlich armen und reichen Ländern. Und die kulturelle Kluft ist nicht minder brisant. Wie Individuen, so neigen auch Kulturen zu Akten der Notwehr. Kulturen stecken in einer existentiellen Krise, wenn sie die Beachtung nicht mehr finden, die sie zur Ernährung des Selbstwertgefühls brauchen, in dem sie und als das sie leben. Auch kulturelle Einheiten können sich gezwungen fühlen, sich und anderen einzureden, daß diejenigen, die ihnen die Beachtung verweigern, der Achtung selber nicht wert sind.

Nicht alle Kulturen sind gleich disponiert, sich dieser Not zu wehren. Zu aggressiver Notwehr werden aber Kulturen neigen, die den männlichen Stolz und die Rache der beleidigten Ehre kultivieren. Der männliche Stolz liegt in der Bereitschaft, das Bild der eigenen Person im anderen Bewußtsein jederzeit und mit vollem Einsatz zu verteidigen. Die Ehre, das ist die Integrität des Bilds, das im anderen Bewusstsein von der eigenen Person existiert. Der Kult um dieses Bild fängt mit der Eitelkeit an und reicht bis zum Selbstopfer. Schon die Eitelkeit sorgt sich um das Bild, das die Mitmenschen sich von der eigenen Person machen. In den Kulturen der Ehre wird diese Sorge zum kämpferischen Spiel, das bis hin zur Besorgung des Selbstopfers getrieben wird. Wenn das Bild der eigenen Person im anderen Bewußtsein Schaden nimmt, dann muß diese Beschädigung gerächt werden – zur Not im Kampf auf Leben und Tod. Das Duell und das Kamikaze sind Rituale der Sorge, die das Leben der sozialen Person über das Leben des biologischen Organismus stellt. Kulturen, die diesen Begriff der Ehre in Fleisch und Blut übersetzen, werden es nicht einfach hinnehmen, wenn ihnen das Wasser abgegraben wird. Sie werden gegen den ungleichen Tausch mobil machen. Sie werden internen Gegendruck und die Motivierung erzeugen, die Beschädigung zu rächen – zur Not im Kampf auf Leben und Tod.

Wenn nicht alles täuscht, dann wird dieser Kampf gekämpft. Er wird zwar unter anderem Namen, nämlich im Namen der Religion geführt.[7] Es sind aber nicht einfach Märtyrer, die in den Himmel kommen wollen, die sich da im Kampf gegen die westliche Exportkultur opfern. Es sind Gotteskrieger, die die beleidigte Ehre ihrer Kultur durch das äußerste Opfer zu retten versuchen.[8] Das verschafft ihnen die Verehrung, die sie daheim auch bei denen genießen, die mit dem Terror nichts im Sinn haben. Sie werden verehrt, weil sie es schaffen, die sich so überlegen gerierende Kultur zum Duell herauszufordern. Sie schaffen es, die führende Exportnation dieser anderen Kultur hysterisch um sich schlagend zu zeigen. Der Feind spricht vom Krieg gegen den Terror. Er rüstet auf, zeigt sich getroffen. Sichtbares Zeichen der Nervosität sind die Orgien, die er in Sachen Überwachung treibt.

Die Notwehr des darbenden Selbstgefühls

Der mentale Kapitalismus ist hart und frivol. Er ist hart im Zugriff auf das Selbst. Er ist frivol in der Verteilung von Elend und Luxus. Der mentale Kapitalismus erschließt eine unermüdliche Quelle der Motivation: die Ökonomie der Selbstwertschätzung. Er verteilt, wovon die Selbstwertschätzung lebt: das Sozialprodukt an Beachtung. Mit diesem Sozialprodukt werden die Chancen glückender Identität verteilt. Allerdings werden sie höchst ungleich verteilt. Da sind die Gefeierten, die in Aufmerksamkeit baden, dort die Darbenden, die Verzweiflungstaten begehen, um wenigstens einmal aufzufallen. Zwar ist die Ungleichheit als solche nicht neu. Neu ist aber die Systematik der ungleichen Verteilung. Neu ist das Ausmaß an Aufmerksamkeit, die abgeschöpft und umverteilt wird, neu der gesetzmäßige Zusammenhang zwischen dem Reichtum der einen und der Armut der anderen.

Die Umverteilung der Aufmerksamkeit ist ein Nullsummenspiel. Den einen kann nur gegeben werden, was den anderen genommen wird. Der mentale Kapitalismus läßt Reichtümer in neuer Größenordnung und eine Klasse neuer Reicher entstehen. Die Reichtümer werden aber von anderer Seite bezahlt, die Klasse der Reichen von einer anderen Klasse unterhalten. Man sollte also erwarten, daß dem sichtbaren Reichtum eine sichtbare Armut entspricht. Es gäbe Grund, nach neuen Erscheinungen der Proletarisierung zu fragen. Tatsächlich scheint das Regime des kulturellen und sozialen Kapitals frei zu sein von sichtbarer Ausbeutung und offenem Konflikt. Es gibt zwar die Glaubenskrieger, der Konflikt scheint aber, sieht man von Randerscheinungen wie dem Vandalismus ab, auf die interkulturelle Ebene beschränkt. Wie ist dieses Bild des inneren Friedens und der geduldigen Friedfertigkeit zu verstehen?

Die Antwort liegt in der Symmetrie von Luxus und Elend. Nicht nur, daß der Reichtum der einen von der Armut der andern lebt, die Armut verstärkt sich in dem selben Sinn wie der Reichtum. Der Reichtum wird zur Quelle des Reichtums, indem er sich zeigt. Die Armut wird zum Elend, wenn sie sich zeigt. Es bedarf eines Akts der Selbstverachtung und schieren Verzweiflung, um zu bekennen, daß die Person nicht genug Beachtung verdient, um ein gesundes Selbstwertgefühl zu ernähren. Es bedarf der Selbstverachtung, weil dieses Bekenntnis den Tauschwert der eigenen Aufmerksamkeit noch einmal herunterdrückt. Es bedarf der

Verzweiflung, weil die ~~Angst nicht mehr~~ schrecken darf, ~~noch tiefer zu fallen.~~

Weil es nicht nur schwierig, sondern auch gar nicht ratsam ist, sich zum Leiden am Selbstwert zu bekennen, richtet sich die Gegenwehr erst einmal nach innen. Sie fängt an mit dem Aufbau von Ressentiment. Das Ressentiment ist der Neid, der niedermacht, was ihn erregt. Ressentiment wird aufgebaut, indem das Selbst erst sich und dann anderen einredet, daß diejenigen, die ihm die so ersehnte Beachtung verweigern, selber der Achtung nicht wert sind. Dieses Schlechtmachen des eigentlich Begehrten ist ein Akt der Notwehr. Sie wehrt die Not der Abhängigkeit durch Verleugnung des Werts der Achtung ab, von der sie abhängt. Diese Wehr war immer schon eine Quelle zwischenmenschlicher Aggressivität. Sie wird im mentalen Kapitalismus nun aber symptomatisch. Sie wird zum Symptom der Ausbeutung, die für diesen Kapitalismus charakteristisch ist.

Das Ressentiment zeigt an, daß die Seele nicht bekommt, was sie bräuchte zum Unterhalt ihrer Kraft, wertschätzende Beachtung zu leisten. Das Darben macht, daß diese Kraft verdirbt. Die Energie des Achtgebens wird »sauer«. Sie wird hämisch, mißgünstig, schadenfroh. Sie macht das Große klein, das Gute schlecht. Und sie hat immer recht. Denn immer ist da ein Unrecht, wenn die einen ganz viel und die anderen ganz wenig Beachtung finden. Das Ressentiment des darbenden Selbst kann sich immer moralisch geben, denn es hat immer moralische Argumente zur Hand. Es verkennt sich leicht als moralisches Gefühl.[9] Es verkennt sich gern, denn auch das Niedere des Trachtens mag sich verleugnen. Schafft es der Sinn, sich moralisch zu fühlen, dann darf er sich fürs Niedermachen ganz im Recht fühlen. Und erst recht entrüsten.

Die Medien, die herausfinden, was die Leute sehen, hören, lesen möchten, haben auch dieses Syndrom entdeckt.

Sie haben herausgefunden, wie man diejenigen, die man ausbeutet, auch noch mit Gewinn trösten kann. Man führt ihnen zunächst den Aufbau und dann die Zerstörung des Reichtums vor Augen. So ergiebig wie die Inszenierung des Hochjubelns ist die Inszenierung des Fallens derer da oben. Kein Starkult ohne Kult des Skandals. Der Skandal ist das Hochamt der Entrüstung. Er gibt dem Ressentiment, wonach diesem, nicht ganz zu Unrecht, ist. Er straft das Unrecht, das die da oben verüben, weil sie da oben sind und wir hier unten.

Es gibt die Proletarisierung im mentalen Kapitalismus. Und sie ist dort zu finden, wo die Ausbeutung ihre Spitzen erreicht. Nicht, weil sie moralische Anstalten wären, sondern weil sie selber unter Druck stehen, lassen sich die *tabloids* auf dieses Geschäft mit dem Ressentiment ein. Der Druck der Verwertung steckt hinter dem Populismus des Sensationsjournalismus. Der Populismus ist in seinem Element, wo das Spiel der Ausbeutung im Gewandt des Volkstribunen gespielt wird. Populistisch sind die Medien, die niedermachen, was sie hochgejubelt haben, damit die Quote steigt. Der Trick funktioniert. Das ständige Kratzen am Lack und das waidliche Treten nach denen, die fallen, sind aus dem Geschäft des Quote- und Auflagemachens nicht wegzudenken. Warum funktioniert der Trick? Er funktioniert unter zwei Bedingungen. Erstens muß die Lust am Treten den Ausgebeuteten geben, wonach ihr Ressentiment verlangt. Zweitens darf die Anrüchigkeit der Beachtung, die da maximiert wird, nicht stören.

Beide Bedingungen sind erfüllt, wo der Druck der Verwertung in effektive Ausbeutung mündet. Die Ausbeutung wird effektiv, wo das Selbstwertgefühl zu leiden beginnt. Mit dem Selbstwert schwindet die Kraft, wertschätzende Beachtung zu leisten. Auf eben diese wertschätzende Kraft kommt es nicht mehr an, wo die Beachtung in den homogenisierenden Maßen der Auflage oder der Quote gemessen wird.

Das abstrakte Quantum hat allen Geruch verloren. Das abstrakte Quantum zählt aber nicht nur als Attraktionsleistung, die sich für Geld verkaufen läßt, sondern auch als der Reichtum, der so attraktiv macht. Also kommt es auf die Gefühle, die in ihr stecken, auch bei der Beachtung nicht an, die den neuen Reichtum trägt. Es kommt nur darauf an, daß der Reichtum quantifiziert wird. Nur der gemessene Reichtum kann verwertet, nämlich als soziales Kapital aktiviert werden. Die Indifferenz des Verwertungsdrucks geht somit noch ein Stück weiter. Selbst die Verheerung, die der ungleiche Tausch in den Seelen anrichtet, wird zum Fressen für die Verwertung.

Der Populismus der Massenmedien trifft sich mit dem der politischen Partien, die die Arbeiterbewegung beerben. Die Arbeiterbewegung konnte den Kapitalismus des Geldes zähmen, indem sie das Klassenbewußtsein der ausgebeuteten Klasse kultivierte. Sie entwickelte den Sinn für den Selbstwert derer, deren lebendige Arbeitskraft Werte schöpft. Schaut nicht immer auf die anderen, so die Devise, sondern achtet auf euch und achtet euch selbst. Diese Arbeit am Bewußtsein schaffte es, die Arbeiter zur schlagkräftigen Partei im Verteilungskampf zu organisieren. Der Aufbau von Klassenbewußtsein ist im mentalen Kapitalismus nun aber ungemein erschwert. Der Aufbau hätte anzufangen mit der Zerstörung des Ressentiments. Er müßte sich an denen ein Beispiel nehmen, die in aktive Identitätspolitik einsteigen. Das scheint von dem Publikum, das den neuen Reichtum ernährt, zu viel verlangt. So greift die symbolische Mobilisierung. Die neuen rechtspopulistischen Bewegungen proben den Aufstand. Sie proben aber den Weberaufstand, der soziales Kapital zerstört.

Nur das Lumpenproletariat kennt keine Hemmung. Es holt sich mit brutalem Auftreten und demonstrativer Gewalt die Beachtung, an die es im disziplinierten Verteilungskampf sowieso nicht käme. Es gibt sich nicht mit Symbolismus zufrieden. Die Hooligans und Neonazis machen echten Skandal. Sie rühren an die Tabus, an die niemand mit Selbstachtung rühren darf. Sie panzern sich mit Selbstverachtung für den Kampf um die Aufmerksamkeit, die auch sie brauchen, um sich zu spüren.

Die narzißtische Kränkung

Wir sehen, woher der Anschein rührt, daß der mentale Kapitalismus milder sei als der materielle. Es ist nicht so, daß die Not der Selbstwertschätzung nicht so plagen könnte wie die physische Not, daß der Hunger nach Anerkennung nicht so aggressiv machen könnte wie der leere Magen. Der Anschein der Milde kommt auf, weil das Elend sich versteckt. Nur die Spitzen stoßen ins helle Licht. Die Selbstverachtung und das Selbstopfer sind absolute, tödliche Spitzen. Die Selbstverachtung ist der Tod der Selbstwertschätzung. Sie ist der Tod der wertschätzenden Kraft bei lebendigem Leib. Sie kehrt das Opfer um, das die Kamikaze-Kämpfer bringen. Die Kämpfer sind lieber tot als selbstverachtend. Beide, der Opfertod und die Selbstverachtung folgen nun aber derselben Not.

Durchaus mild fängt die Not an. Die Not ist mild und kaum Not zu nennen, solange der Ehrgeiz der Selbstwertschätzung moderat und die Grundversorgung mit Aufmerksamkeit im mitmenschlichen Rahmen gesichert ist. Schon diese Vorstufe zeigt aber an, wie prekär die Verhältnisse sind, in denen das Selbst lebt. Wie leicht schnappt es doch ein. Wie leicht wird die Kraft zur wertschätzenden Beachtung doch sauer. Und wie abhängig macht es doch, von empfangener Wertschätzung leben zu müssen. Selbst die, die im Reichtum leben, bekommen die Abhängigkeit zu spüren. Ihr Glück hat einen Preis. Es hat einen Preis im wörtlichen Sinn. Ihr Glück ist es nämlich, daß ihr Selbstwert das Format eines hohen Marktpreises angenommen hat.

Der mentale Kapitalismus hält eine narzißtische Kränkung bereit, die ärger ist als die kopernikanische, die den Menschen aus dem Zentrum des Universums vertrieb, ärger als die Darwin'sche, die ihn zum gewesenen Tier macht, und ärger als die Freud'sche, die das Bewußtsein als Appendix des Unterbewußten zeigt. Im mentalen Kapitalismus kommen die ökonomischen Verhältnisse der Selbstwertschätzung ans Licht. Es kommt heraus, wovon das Selbst lebt und was Not tut, damit es wächst. Deutlich wird, wie viel Fortüne es braucht, um zu gedeihen, und wie viel Glück im Spiel ist, wenn es genug verdient. Das Ärgste aber ist: Es kommt der Verdacht auf, daß der Selbstwert, der sich ernähren muß, die Form eines ökonomischen Preises hat.

Mit diesem Verdacht ist es gar nicht einfach zurechtzukommen. Auch dann nicht, wenn man gut verdient. Er kränkt nicht nur das Menschenbild und auch nicht bloß das Selbstbewußtsein, er kränkt das Selbst selbst. Er gibt dem alten, seit Freud und Musil immer wieder aufgebrachten Verdacht, das Ich sei nicht zu retten, einen akuten und sehr konkreten Sinn. Er besagt, daß die Autonomie, die das Selbst haben muß, um Selbst zu sein, von nur geliehenem Charakter ist. Sie ist ein kollektives Werk und vom Kollektiv jederzeit zu revidieren. Mehr noch, sie ist das Produkt eines gesellschaftlich organisierten Verteilungskampfs, in dem es glücklich Gewinnende und unverschuldet Verlierende gibt. Nicht nur die Verteilung des materiellen Glücks, auch die Verteilung glückender Identität wird in einem Spiel der Kooperation und Konkurrenz entschieden, in dem es weder immer fair noch immer mit rechten Dingen zugeht. Kämpfe sind die Art sozialer Prozesse, in denen der Zufall eine Hauptrolle spielt.

Wenn es möglich ist, diesen Verdacht herunterzuspielen, dann muß damit gerechnet werden, daß diese Möglichkeit ergriffen wird. Wenn irgendwo, dann ist hier die Stelle, um nach der ideologischen Verschleierung des mentalen Kapitalismus zu fragen. Es ist in keinem verwerflichen Sinn verschleiernd, wen man nach Gründen sucht, die diesen Verdacht entkräften oder es wenigstens erlauben, ihn nicht so ganz ernst zu nehmen. Ideologie meint nicht, daß Ideologen am Werk sein müßten, die das Peinliche verklären. Ideologische Funktion kann auch die Theorie erfüllen, die den Stein des Anstoßes aus unabhängigen Gründen wegerklärt. Gibt es also nicht gute und unabhängige Gründe, den mentalen Kapitalismus nicht so ernst zu nehmen?

Kapitel 7
Die ontologische Differenz

Es gibt keine bessere Art, einen Verdacht zu entkräften, als Zweifel an der Realität anzumelden. Der Verdacht löst sich in Luft auf, wenn der Sachverhalt nur in der Einbildung existiert. Also gibt es auch keine bessere Art, die narzißtische Kränkung abzuwehren, als die Machart des Selbstwerts in der Einbildung verschwinden zu lassen. Und tatsächlich: Die Frage nach der Realität des Selbstwerts verfängt. Wie ist es denn, daß das affektive Selbstbewußtsein existiert? Wie existiert die Zuwendung, nach der die Seele ach so sehnlich verlangt? Hat je ein bewußtes Wesen das Bewußtsein eines anderen inspiziert? Hat je ein Mensch den Geist entdeckt, wenn er einen Organismus untersucht hat? Ist denn das andere Bewußtsein nicht immer eine Projektion aus dem eigenen hinaus?

Wir können zwar nicht umhin, beim Spiel um den Selbstwert mitzuspielen. Auch Halluzinationen sind aber Zwangsvorstellungen, die sich gegen das Wissen um den scheinbaren Charakter halten. Wir wissen zwar, daß aus dem Spiel nur aussteigen kann, wer Eremit wird. Wir wissen aber auch, daß der Selbstwert keine Wirklichkeit jenseits des Erlebens hat, das die Obsession verspürt. Wir fühlen uns in die Ökonomie der Selbstwertschätzung eingespannt. Wir fühlen aber moralisch und wissen nicht empirisch. Wir meinen, die Achtung verdienen zu müssen, die unser Selbst vor sich haben möchte. Wir wissen aber nicht, wie viel dieses Meinen mit der einmal gewesenen Pflicht zu tun hat, an ein höheres Wesen zu glauben.

Die Ökonomie der Selbstwertschätzung ist eine Ökonomie, die nur in der und für die Seele existiert. Die Rede von der Seele ist immer noch religiös konnotiert. Der Grund ist, daß die Rede dem wissenschaftlichen Test der realen Existenz nicht standhält. Die Wissenschaft erkennt nur an, was in der Perspektive der dritten Person existiert. Sie nahm ihren Ausgang von dem Realismus, der die Wirklichkeit auf die Ansammlung der Dinge – der *res* – reduziert, die der äußeren Beobachtung zugänglich sind. Die Wissenschaft ist realistisch in dem Sinn, daß für sie nur existiert, was sich durch Messen und experimentelles Testen nachweisen läßt.

Die mentale Präsenz läßt sich nicht durch Messen nachweisen. Es gibt kein Experiment, das nachweist, daß in der biologischen Maschine ein geistesgegenwärtiges *da* Sein steckt. Das *Da*sein existiert nur in der Perspektive der Person, die selber *da* ist. Auch das andere Bewußtsein existiert für uns immer nur in der Projektion aus dem eigenen heraus. Die Perspektive der ersten Person und der Analogieschluß aus eigenem Erleben heraus sind Zugangsweisen, die in der Wissenschaft keine Beweiskraft haben. Die Wissenschaft kennt keine Wirklichkeit, die nur in der Perspektive der ersten Person existiert. Also kennt sie auch keine Ökonomie, die einen inneren Wert im Blick auf ein anderes Seelenleben maximiert.

Die Perspektive der dritten Person ist auch für die Kultur- und Gesellschaftswissenschaften verbindlich. In den Wissenschaften, die das menschliche Zusammenleben und Reich der Artefakte untersuchen, ist es zwar nicht verboten, von Phänomenen zu sprechen, die nur in der Perspektive der ersten Person existieren. Es ist aber verboten, die Rede von Intentionen und Emotionen, von Ideen und Erlebnissen im ontologischen Sinn wörtlich zu nehmen. Es darf nicht so getan werden, als sei die Existenz der Sachen, von denen in diesen Worten die Rede ist, über jeden Zweifel erhaben. Diese Begriffe sind subjektiv und damit nicht mehr als behelfsmäßige Konstruktionen. Sie werden zugelassen, weil es zu umständlich wäre, über kulturelle Erscheinungen in den Begriffen des eigentlichen – naturwissenschaftlich strengen – Realismus zu sprechen. Also läßt man die subjektivistische Redeweise zu, solange festgehalten bleibt, daß sie dazu da ist, den Abgrund an Nichtwissen zu überbrücken, der die Ebenen der natur- und kulturwissenschaftlichen Beschreibung immer noch trennt.

Dieser methodische Vorbehalt reicht, um die Ökonomie der Aufmerksamkeit aus dem wissenschaftlichen Bild der Kultur zu verbannen. Die Denkökonomie und die Ökonomie der Selbstwertschätzung kommen nur vor, wenn das präsente *Da*sein als eine Wirklichkeit *sui generis* anerkannt werden. So kann auch der mentale Kapitalismus in einer Kulturwissenschaft nicht vorkommen, die das soziale Geschehen auf materielle Prozesse reduziert. Es ist witzlos, von einem Kreislauf des Acht Gebens und Beachtung Einnehmens zu reden, solange Intentionen und Emotionen nichts weiter als schlampige Ausdrücke für Prozesse im physischen Nervensystem, solange Ideen und Erlebnisse nichts weiter als Kürzel für die Informationsverarbeitung in biologischen Computern sind. Der Begriff des mentalen Kapitalismus entfaltet sich erst, wenn die Präsenz ganz ohne Vorbehalt ernst und wenn die Sehnsucht nach der Rolle im anderen Seelenleben für bare Münze genommen werden. Bedingung ist, daß die Präsenz als ein Modus des Existierens über die Realität hinaus anerkannt wird.

Mit dieser Bedingung, so scheint es, ist die narzißtische Kränkung verjagt. Es scheint nämlich mehr als einfach, die Bedingung auszuschlagen. Steht es denn nicht in den Lehrbüchern, daß das Vermeinen einer Existenz über die Realität hinaus ein metaphysischer Irrglaube ist, von dem zu befreien die Wissenschaft da ist? Spricht es denn nicht für sich, daß die Rede sofort ins Philosophische – nein, schlimmer noch: ins Phänomenologische abgleitet, sobald das Sein der lebendigen Gegenwart zur Sprache kommt? Gibt

es also überhaupt Gründe, jenen schlimmen Verdacht ernst
zu nehmen? Hat uns die wissenschaftliche Aufklärung nicht
längst erlöst?

Realität und Präsenz

Es stimmt: Die Naturwissenschaften – und allen voran die
Physik – kennen keine Präsenz. Was mit Präsenz gemeint
sein könnte, ist schlicht und einfach nicht definiert. Also
abstrahieren die Naturwissenschaften nicht nur von der
mentalen Präsenz. Sie abstrahieren von sämtlichen Unterschieden, die die Präsenz als Modus des Existierens machen
könnte. Die Physik kennt überhaupt keine Modi des Existierens, die über die einfache Alternative zwischen Existieren und Nichtexistieren hinausgingen. Ihre Abstraktion
von der Präsenz geht so weit, daß sie nicht einmal die Unterschiede anerkennt, die wir zwischen Zukunft, Gegenwart
und Vergangenheit machen. In der Physik kommt keine
Existenz vor, deren Intensität durch Tempora moduliert
wäre, wie sie die Grammatik der natürlichen Sprache kennt.
In der physikalischen Raumzeit existieren die Zustände des
Universums, die wir subjektiv als Sequenz immer nur einzelner Weltzustände erleben, in existentiell ununterscheid-
barer Weise nebeneinander. Das vierdimensionale Raum-
Zeit-Kontinuum wird denn auch als »Blockuniversum«
bezeichnet. Der Block der Zustände umfaßt sämtliche Prozesse realer Veränderung, kennt aber den Prozeß der temporalen Veränderung nicht. Vergangenheit und Zukunft
bezeichnen in diesem Universum keine zeitlichen Regio-
nen, sondern allenfalls Richtungen der einen Dimension t.
Die Physik kennt, anders gesagt, Veränderung in dem Sinn,
daß Zustände, die sich in der Position auf der Achse t unterscheiden, auch in Struktur oder Funktion verschieden

sind. Sie kennt aber keine Veränderung in dem Sinn, daß Zustände, die künftig waren, gegenwärtig werden und von da an vergangen sind.[1]

Die Physik verfährt konsequent mit der Präsenz. Sie abstrahiert nicht nur von der mentalen Präsenz, sie kennt auch kein temporales Präsens. Das Jetzt, schreibt Einstein, verliert in der räumlich ausgedehnten Realität seine objektive Bedeutung.* In der Raumzeit gibt es keine universelle Gleichzeitigkeit und so auch kein objektives Jetzt. Ein Jetzt, das die Kraft hat, eine bestimmte Zeitscheibe des Universums zu präsentieren und die Präsentation des ganzen Rests der Raumzeit zu unterdrücken, kommt in der Physik nicht vor. Das Jetzt und der spontane Wechsel seiner Position entlang der Achse t gelten als Phänomene, die zwar subjektiv erlebt werden, denen außer ihnen aber nichts Wirkliches entspricht. Real existiert nur der Block der Zustände. Das Blockuniversum ist insofern nicht ganz unumstritten, als es Gründe enthalten dürfte, die die Vereinigung von Relativi-

---

* Vgl. Einstein 1919/1962, S. 149 (Appendix V). Die Relativitätstheorie geht aus dem Prinzip einer endlichen, aber absoluten Maximalgeschwindigkeit hervor. Die Maximalgeschwindigkeit ist die des Lichts im Vakuum. Mit der Absolutheit der Lichtgeschwindigkeit ist gemeint, daß sich das Licht von allen Stellen im Raum und unabhängig von der Geschwindigkeit, mit der sich der Ausgangspunkt relativ zu anderen Standpunkten bewegt, gleich schnell ausbreitet. Die sonst mögliche Addition von Geschwindigkeiten ist außer Kraft gesetzt. Das hat dramatische Folgen für das Verhältnis von Raum und Zeit, für deren Metrik und für den Begriff der Gleichzeitigkeit. Die ausgeschlossene Addition der Geschwindigkeiten verlangt einen Ausgleich. Dieser Ausgleich wird hergestellt durch die Interdependenz von räumlicher und zeitlicher Distanz. Diese Interdependenz bedeutet, daß die Entfernungen, die durch Uhren gemessen werden, in Abhängigkeit von der Geschwindigkeit geraten, mit der sich ihr Standort relativ zum Referenzpunkt bewegt. Diese Abhängigkeit hat den weiteren Effekt, daß es keine universelle Gleichzeitigkeit mehr gibt. Die universelle Zeit zerfällt in so viele lokale Zeiten, wie unterschiedlich bewegte Standpunkte ihrer Messung vorkommen. Soll verhindert werden, daß das

täts- und die Quantentheorie verhindern. Auch die grundlegenden Gleichungen der Quantentheorie kennen aber keinen Unterschied der Präsenz.[2] Weder in der Raumzeit noch im Universum der Wellenfunktion vergeht die Zeit.

Die radikale Abstraktion vom Existenzmodus der Präsenz ist ein Triumph der wissenschaftlichen Objektivierung. Sie gibt Anlaß, von einer Beschreibung der Realität zu sprechen, wie sie unabhängig vom wahrnehmenden und denkenden Bewußtsein existiert. Die Realität, in der die Zeit nicht vergeht, ist radikal anders als die, die wir aus dem Erleben kennen. Das Bild dieser Realität hat sich von der Tätigkeit des Vorstellens, dem die begriffliche Konstruktion entstammt, effektiv emanzipiert. Es hat sich verselbständigt in einem Grad, der das Band zum konkreten Vorstellen durchschneidet. Auch und gerade Physiker, die im Formalismus zuhause sind, bekennen, daß der Gedanke einer Realität, in der die Zeit nicht vergeht, die Kraft ihrer Vorstellung übersteigt.

Was bedeutet dieser Triumph der Objektivierung für die Kultur- und Sozialwissenschaften? Er könnte bedeuten, daß auch sie dem Anspruch wissenschaftlicher Objektivität gerecht geworden sein werden, wenn sie es geschafft haben, von den Unterschieden der Präsenz zu abstrahieren. Er könnte aber auch bedeuten, daß die Soziologie und zumal

Universum in ebenso viele Wirklichkeiten zerfällt, muß die Gleichsetzung von Präsent- und Wirklichsein unterdrückt werden. Es muß verhindert werden, daß nur diejenige Zeitscheibe der Raumzeit als wirklich gilt, die in der – beziehungsweise in einer – Präsenz gerade auftaucht. Diese Zeitscheiben fallen nämlich unterschiedlich je danach aus, in welchem Hier sie zentriert sind. Wäre nur wirklich, was sich im Jetzt präsentiert, dann zerfiele das Universum in so viele Wirklichkeiten wie räumlich getrennte Beobachter im Hier und Jetzt *da* sind. Wenn es darum geht, ein Bild von der Realität aufzubauen, wie sie unabhängig vom erkennenden Bewußtsein vorzustellen ist, dann müssen die Zustände unabhängig von ihrer relativen Position zum Jetzt als real behandelt werden. Siehe hierzu Gödel 1949.

die Psychologie ihren Gegenstand bisher grob verfehlt haben. Einsteins Diktum läuft nämlich auf die starke These hinaus, daß die mentale Präsenz und das temporale Präsens eins sind.[3] Die scheinbar nur abweisende These ist ein tatsächlicher Aufruf zu einer wissenschaftlichen Revolution. Sie besagt nämlich, daß es unsere Subjektivität – und sie allein – ist, die veranlaßt, daß die Zeit vergeht. Weit davon entfernt, ein schwächliches Epiphänomen zu sein, wäre das phänomenale Bewußtsein damit die mächtigste Sache der Welt. Im Vergleich zu der Macht, die das zeitliche Werden und Vergehen über uns hat, ist die Herrschaft der so genannten Naturgesetze mild. Während die Herrschaft der Naturgesetze durch Fortschritte des Wissens und der Technologie gemildert werden konnte, haben keine Erkenntnis und keine Technik je etwas an der absoluten Herrschaft der temporalen Veränderung geändert. Bis heute gibt es keinen Anflug einer wissenschaftlichen Erklärung, warum die Zeit vergeht. Bis heute hat noch niemand zeigen können, wie man diesem Eindruck – wenn er denn ein bloß subjektiver Eindruck ist – entkommen könnte.

Die Annahme, daß die Präsenz ein subjektiver Modus des Existierens ist, bringt die Wissenschaften vom Menschen in höchste Verlegenheit. Nicht nur die Psychologie hätte an ihrem eigentlichen Gegenstand vorbeigeforscht, auch die Sozialwissenschaften hätten das erklärungsbedürftigste der sozialen Phänomene übersehen. Im Fall nämlich, daß das temporale Präsens und die mentale Präsenz eins sind, gibt es so viele individuelle Gegenwarten, wie Subjekte geistesgegenwärtig *da* sind. In der Psychologie, sofern sie sich mit dem phänomenalen Bewußtsein beschäftigt, gilt es als selbstverständlich, daß die Zustände und Intensitäten des wachen *da* Seins durch das individuelle Gehirn hergestellt werden. Wenn die Präsenz nun aber ein Produkt des individuellen Gehirns ist, warum sollen die individuellen Präsenzen dann intersubjektiv synchronisiert sein? Die Bewegung der Gegenwart entlang der chronologischen Achse ist spontan, nicht kausal bedingt. Warum sollen sich die individuellen Geistesgegenwarten dann im Gleichschritt durch die Zeit bewegen? Daß die mentale Präsenz nur in der Perspektive der ersten Person existiert, heißt doch, daß die Erlebnissphären voneinander isoliert sind. Wir haben effektiv keinen Zugang zum fremden Bewußtsein, wir können nur indirekt über physische Reize kommunizieren. Wir können aber nur kommunizieren, wenn die Zustände der physischen Realität, die wir als gegenwärtig erleben, intersubjektiv synchronisiert sind. Wir müssen, anders gesagt, alle auf derselben Welle der Präsenz durch den Ozean der Weltzustände reiten, um triftig »wir« sagen zu können. Wer setzt uns nun aber auf diese Welle, wenn es Präsenz nur als Präsenz individuellen Bewußtseins gibt?[4]

Zieht die Welle der Präsenz durch den Block der Weltzustände nur dann, wenn sie subjektiv erlebt wird, dann kann die Synchronisation der individuellen Präsenzwellen nur eigentlich sozial bewerkstelligt sein. Die Synchronisation des Prozesses temporaler Veränderung müßte dann, anders gesagt, auf eine Art Konvention zurückgehen. Wer oder was wäre aber imstande, eine Konvention darüber herbeizuführen, welcher Zustand der Welt aus dem großen Rest herausgehoben und präsentiert wird? Gibt es irgendwelche Spuren oder Anhaltspunkte, die belegen könnten, daß eine solche Konvention je ausgehandelt oder auch nur stillschweigend vereinbart wurde? Wer oder was hätte die Macht, uns alle dem unerbittlichen Gesetz zu unterwerfen, das uns im Gleichschritt in der Zeit zu schreiten zwingt?

Damit nicht genug. Im Fall, daß die Präsenz ein subjektiver Modus des Existierens ist, würde sich die Realität im Sinn der Ansammlung von *res* als subjektives Phänomen entpuppen. Die Realität, die wir als Ansammlung konkret körperlicher Dinge erleben, ist immer nur ein momentaner Ausschnitt aus dem vierdimensionalen Block der Zustände.

Sie ist der Ausschnitt, der dadurch ausgeschnitten wird, daß aus den unzähligen Zuständen einer ausgewählt und präsentiert wird, während die Präsentation des großen Rests unterdrückt bleibt. In der Raumzeit existieren keine dreidimensionalen Gegenstände, wie wir sie als körperliche Dinge kennen, sondern nur vierdimensionale Trajektorien, die die Gesamtheit der Zustände des fraglichen Objekts ohne Unterschied im Modus des Existierens umfassen. Alle Zustände existieren gleichberechtigt nebeneinander. Damit es zum Erleben der Realität als einer Ansammlung konkreter Dinge kommt, darf jeweils nur ein einziger der vielen Zustände zum Vorschein kommen. Und damit wir in die Lage kommen, mehr als einen einzigen Zustand der Welt zu erleben, muß zur Präsentation der spontane Wechsel des Zustands kommen, der im Jetzt auftaucht. Nur dadurch, daß wir die Welt als ein zeitliches Werden und Vergehen von Zuständen erleben, erleben wir die Realität als eine Ansammlung von Dingen, die sich verändern. Und nur dadurch, daß wir gemeinsam auf der Welle der Präsenz reiten, erleben wir die Realität gemeinsam als die jeweils selbe Ansammlung konkreter Dinge.

Das Vorbild der Physik leuchtet. Es wirft aber ein Licht, in dem der Realismus der Kulturwissenschaften als naiver Glaube dasteht. Es wirft ein Licht auf eine Halbheit. Das Vorbild wird hochgehalten, aber nicht genau angeschaut. Die subjektive Begrifflichkeit ist schlampig. Sie ist aber schlampig nicht, weil nicht alle Reste der mentalen Präsenz beseitigt sind, sondern weil der Modus der Präsenz nicht ernst genommen wird. Ein Reden von der Realität, welches glaubt, es übertrage den physikalischen Begriff auf die Kultur, weiß nicht, wovon es spricht. Es erlaubt sich eine Naivität, die an Wunschdenken grenzt, und die es verdient, der Ideologie verdächtigt zu werden.

Es geht nicht darum, Einsteins implizite These der Identität von mentaler Präsenz und temporalem Präsens explizit in die Wissenschaften vom Menschen einzuführen. Es geht aber darum zu sehen, daß die Kulturwissenschaften nur um die Strafe schreiender Inkonsistenz so tun können, als ginge sie die Präsenz nichts an. Sie können gar nicht umhin, mit der Präsenz zu rechnen. Sie können schon deshalb nicht umhin, weil sie historische Wissenschaften sind. Ohne den Unterschieden in der Präsenz Rechnung zu tragen, ist es Unsinn, von Geschichte und historischer Zeit zu reden. Tatsächlich ist es den historischen Wissenschaften bis heute nicht gelungen, einen schlüssigen Begriff der historischen Zeit vorzulegen.[5] Einer der Gründe – wenn nicht der Grund – liegt darin, daß der Unterschied zwischen realer und temporaler Veränderung nie ganz scharf gezogen wurde. Die Veränderung in dem Sinn, daß Zustände mit unterschiedlichem Datum auch in Struktur oder Funktion verschieden sind, und die Veränderung in dem Sinn, daß künftige Zustände gegenwärtig werden, um in die Vergangenheit zu entschwinden, sind in unserem Erleben vereint. Die Physik trennt zwischen diesen beiden Bedeutungen aber scharf und schneidet die temporale Bedeutung weg. Dieser Schnitt ist auf der Seite der historischen Wissenschaften noch nicht mit demselben Scharfsinn vollzogen. Der Nachvollzug würde nämlich bedeuten, daß der Umgang mit der Präsenz als das Besondere der Kulturwissenschaften herausgestellt wird.

Dieses Besondere der Kulturwissenschaften hätte es nun allerdings in sich. Der Umgang mit der Präsenz ist gar nicht trivial. Wie schwierig er ist, wird deutlich, wenn man bedenkt, daß der Schnitt zwischen der Zeit als chronologischer Achse und der Zeit als spontanem Prozeß eben doch in gewisser Weise vollzogen wurde. Zur selben Zeit, als

Albert Einstein an seiner speziellen Relativitätstheorie arbeitete, arbeitete Edmund Husserl an seinen Vorlesungen zur Phänomenologie des inneren Zeitbewußtseins. Einsteins Publikation und Husserls Vorlesungen tragen das Datum: 1905.[6] Husserl mangelte es weder an Scharfsinn noch an formalem Training. Und dennoch könnte der Unterschied zwischen seiner Phänomenologie der vergehenden Zeit und Einsteins Theorie der Raumzeit nicht größer sein. Während die Theorie der Raumzeit für die Physik des folgenden Jahrhunderts prägend werden sollte, faßte die Phänomenologie auf dem Terrain der Wissenschaft nie wirklich Tritt. Sie blieb Philosophie, ja mehr noch: Sie blieb Metaphysik.

Die Präsenz entzieht sich der objektivierenden Begrifflichkeit, mit der es die Wissenschaft gewohnt ist zu hantieren. Einsteins These von ihrer Subjektivität wirkte denn auch wie ein Befreiungsschlag. Sie erlöste von einem Ärgernis. Das Eingehen auf die Präsenz beschwört nämlich Themen wieder herauf, die die Psychologie hinter sich ließ – oder jedenfalls glaubte, hinter sich lassen zu können. Die Präsenz stellt den Modus dar, in dem das Seelische eine eigene Wirklichkeit darstellt, sie drängt die Frage nach der Willensfreiheit auf und bringt sogar einen Begriff der Unsterblichkeit ins Spiel. Es ist tatsächlich unklar, was Präsenz bedeuten soll, wenn kein Bewußtsein *da* ist. Wir erleben aber einen substantiellen Unterschied im Grad der Determination, wenn wir darauf achten, welche Art der Präsentation wir kontrollieren können und welche nicht. Den Wechsel, den wir meinen, durch Richten und Fokussieren unserer Aufmerksamkeit zu steuern, erleben wir als willkürlich. Den spontanen Wechsel der Zustände, die sich dem Erleben präsentieren, nennen wir das Vergehen der Zeit. Wenn dieser Unterschied zwischen willkürlich und unwillkürlich mehr als eine Illusion sein sollte, dann stellt sich ein Problem der Freiheit. Und wenn das temporale Präsens ein nur kollektiver Modus der mentalen Präsenz ist, dann stellt sich auch eines der Unsterblichkeit. Das Jetzt stirbt nicht mit dem Tod des individuellen Bewußtseins. Das Jetzt dauert. Es ist jetzt, seitdem die Zeit vergeht. Und es wird jetzt sein, solange die Zeit vergeht.

All diese metaphysischen Rätsel läßt hinter sich, wer annimmt, daß die Seele nur in der eigenen Einbildung existiert. Dummerweise kehrt diese Einbildung aus der Verbannung nun aber um so mächtiger zurück. Die Einbildung selber muß wirklich werden, damit sie zur wirklichen Illusion wird. Und ist sie einmal eine wirkliche Illusion, dann ist sie eine Wirklichkeit von eigenem Recht. Sie ist die Wirklichkeit – und zwar die einzige Wirklichkeit, in der es Leiden und Freude gibt. Hier – und nur hier – gibt es Gefühle und Wert. Hier nur kommt das andere Bewußtsein vor und gibt es das Leben im Spiegel des anderen Bewußtseins. In dieser – phänomenalen – Wirklichkeit finden wir uns nun aber, ob wir wollen oder nicht, mit dem Problem konfrontiert, das Beste aus der Kapazität des bewußten Erlebens zu machen. Hier bekommen wir mit dem Problem der Denkökonomie zu tun und bekommen aufgetragen, die Wertschätzung zu verdienen, von der die Selbstwertschätzung lebt. Diese Wirklichkeit – und nur diese Wirklichkeit – ist es interessant, als Kultur zu untersuchen.

Die Präsenz als Modus des Existierens ernst zu nehmen, bedeutet zunächst einmal, das Dilemma ernst zu nehmen, in das sie verwickelt. Weder die Gleichsetzung des temporalen Präsens mit der mentalen Präsenz noch die metaphysischen Konnotationen können so einfach stehen bleiben. Die Annahme, daß die Subjektivität für das Vergehen der Zeit verantwortlich ist, grenzt an Wahn. Nicht einmal Einstein konnte sich so einfach damit abfinden. Rudolf Carnap berichtet von einem Gespräch, das er mit Einstein kurz vor dessen Tod führte. Einstein zeigte sich ernstlich beunruhigt über die Existenz des Jetzt, das doch, und darauf beharrte er eben auch, in der Physik nicht vorkommt und nicht vorkommen kann.[7] Einsteins Bedenken sind auch anderen Physikern nicht fremd. So gibt es, wenn auch recht schüchterne Ansätze, die Präsenz eben doch in die Physik einzuführen.[8] Die Frage ist nämlich, ob die theoretische Vernunft überhaupt die Kraft hat, eine so grundlegende Erfahrung, wie sie das Vergehen der Zeit ist, als Illusion zu entlarven.

Die Alternative zum Bild der allmächtigen Subjektivität liegt gewiß nicht in der Rückkehr zu jenem naiven Realismus. Dieser Realismus hat seine Zeit gehabt und seinen Dienst getan. Er hatte seine Zeit, als die wissenschaftliche Aufklärung noch ein Kampf gegen religiöse Dogmatik war. Er tat seinen Dienst, als es galt, den Begriff der Seele aus den Fängen der Theologie zu befreien. Eine Alternative liegt nun allerdings in der entschlossen zupackenden Auseinandersetzung mit jener Metaphysik der Präsenz. Auch deren Schlüsse überziehen die Kräfte, die die theoretische Vernunft sich zutrauen darf. Es trifft zwar zu, daß da ein Unterschied zwischen dem unwillkürlichen Wechsel der sich präsentierenden Zustände und dem Wechsel ist, den wir durch den Fokus unseres Achtens steuern. Es ist aber doch sehr die Frage, ob der Begriff der Willensfreiheit nötig ist, um den Unterschied zwischen temporaler Veränderung und dem Wechsel der Aufmerksamkeit zu fassen.[9] Es trifft auch zu, daß das Jetzt dauert, solange die Zeit vergeht. Es ist aber sehr die Frage, ob das Jetzt dadurch den Charakter einer platonischen Form annimmt, die dem Wechsel auf immer und ewig entzogen ist. Auch der willkürliche Wechsel des Fokus hat Gründe, wenn er nicht einfach dem Zufall gehorcht. Auch das Vergehen der Zeit ist eine Erfahrung, die wir nur machen, wenn Erinnerung und Erwartung mitspielen. Einen Unterschied im Grad der Determination macht es schließlich auch, wenn Instabilitäten auftauchen. Und immerhin gehört es zum Geschehen des Erinnerns,

daß der erinnerte Zustand als früherer Zustand dieses selben Bewußtseins identifiziert wird.

Es ist bemerkenswert und wohl kein historischer Zufall,
daß die Dekonstruktion als Kritik an der Metaphysik der
Präsenz begann. Sie nahm – biographisch – ihren Ausgang
in Derridas Auseinandersetzung mit Husserls Phänomenologie.[10] Derrida pickt nicht dieses und jenes heraus. Er hin-
terfragt in bohrender Weise die Art, in der das Bewußtsein
sich selbst als lebendige Gegenwart identifiziert. Derrida
beharrt darauf, daß Identität im Zusammenhang mit der
Präsenz nur heißen kann, daß die Präsenz sich selbstgleich
wiederholt. Hinter dem Jetzt, das aller realen Veränderung
enthoben ist, kommt eine soziale Konstruktion zum Vorschein, die darin besteht, daß wir die selbstgleiche Präsenz
nicht nur anderen, sondern auch früheren und künftigen
Bewußtseins unterstellen. Dieses unsterbliche, identisch
sich fortsetzende Jetzt wäre die platonische Form, an der
alle bewußten Wesen unmittelbar – durch die Bewußtheit
ihres Erlebens – teilhaben. Sobald man an diese Konstruktion nun allerdings rührt, rührt man an die Bedingung
der Möglichkeit absoluter Identität in der Zeit. Kommt die
Bedingung ins Wanken, dann wird die Möglichkeit logi-
scher Identität fraglich. Es gibt dann nichts mehr, das absolute Identität in der Zeit verbürgen könnte, denn es gibt
nichts Reales, das in der Zeit absolut stabil wäre. So gibt
es auch nichts, das die Bedeutung der Begriffe, mit denen
wir uns über Fragen der Stabilität verständigen, so stabil halten kann, daß ihre immerwährend gleiche Bedeutung gesichert ist. Vielmehr taucht die oben schon angesprochene
Frage auf, woher wir denn wissen wollen, daß die Bedeutung
der Begriffe, wie wir sie gebrauchen, heute exakt dieselbe
ist wie gestern. Es sieht so aus, als hinge die Stabilität der
Bedeutung ganz vom Gedächtnis ab. Wie wir immer wieder
zu spüren bekommen, ist das individuelle Gedächtnis nun
aber recht unzuverlässig. Und wer möchte behaupten, daß

auf das kollektive Gedächtnis absoluter Verlaß ist? Natürlich gibt es immer relative Stabilität. Ist aber die Stabilität der Bedeutungen überhaupt einmal relativiert, dann nimmt die Dekonstruktion ihren Gang.

Von der Dekonstruktion zur Politischen Ökonomie

An ihrem Ursprungssort wird etwas deutlich, das im Fortgang der Dekonstruktion leicht in Vergessenheit gerät: Die Dekonstruktion bewegt sich innerhalb der Präsenz. Sie ist keine Strategie, die aus der eigenen Wirklichkeit des präsentischen *Da*seins hinausführen würde. Ihre Sache ist es, das Haus zu erschüttern, welches das *Da*sein sich baut. Sie beharrt aber auf dem Abstand, der das Hier des Begreifens vom Dort der Realität jenseits der Begriffe trennt. Der Abstand bleibt, weil das Begreifen immer ein Greifen nach ist und nie zu einem Erfassen des Intendierten an und für sich wird. Nicht nur die transzendente Realität, auch schon die Bedeutungen als die nicht selber sprachlichen Referenten der Begriffe sind dem Denken, das die Sprache gebraucht, unerreichbar.

Die Dekonstruktion hat auch und gerade im Verständnis des Prozesses der Wissenschaft Wirkung getan. Sie hat den Realismus der Kulturwissenschaften subtil unterwandert und Einzug in die Wissenschaftstheorie gehalten. Der Realismus, von dem oben die Rede war, ist in den Kulturwissenschaften in gewissem Sinn aus der Mode. Er ist aus der Mode in dem Sinn, daß die Annäherung an die Naturwissenschaften sich inzwischen einer umgekehrten Strategie bedient. Die Dekonstruktion ist bei der Natur der Naturwissenschaften angekommen. Die unabhängig vorgestellte Realität, das ist nun das Projekt, wird als soziale Konstruktion entlarvt. Damit ist der Spieß umgekehrt. Damit sind die

Kulturwissenschaften nun aber auch in der anderen Wirklichkeit angekommen. Aus einer anderen Warte als derjenigen des bewußten *Da*seins ist die Dekonstruktion der fest vermeinten Realität nicht zu betreiben. Irritierend ist nur, daß vom präsentischen *Da*sein in den Kulturwissenschaften trotzdem kaum die Rede ist. Es ist, als genüge die Dekonstruktion sich selbst. Das Werk der Destabilisierung ist noch nicht weiter, nämlich noch nicht an die Untersuchung gegangen, warum das Haus steht, wenn doch die Fundamente schwimmen.

In dieser Untersuchung der relativen Stabilität liegt die andere Alternative zum Staunen über die Allmacht der Subjektivität. Der Anschein dieser Allmacht ist ein Produkt der Abstraktion, durch welche die Präsenz aus der Realität verbannt wird. Die Alternative besteht nun darin, diese Abstraktion zu hinterfragen. Ist sie tatsächlich durchführbar? Ist sie durchführbar, wenn zugleich gilt, daß alles theoretische Wissen vorläufig ist? Gilt es nicht zunächst, die Mittel der theoretischen Vernunft zu mustern? Müssen nicht erst einmal die Potenz und die Dynamik der theoretischen Produktion eingeschätzt werden?

Im Aufnehmen dieser Fragen hat die Soziologie der wissenschaftlichen Erkenntnis, wie mit den Namen Barnes, Bloor, Collins, Latour (und freilich vielen anderen) verbunden, wertvolle Arbeit geleistet. Sie hat gezeigt, welche Sprengkraft in der Feststellung steckt, daß jede wissenschaftliche Theorie vorläufig ist. Theorien halten nur bis zum nächsten Vorschlag, der auf dem Markt der wissenschaftlichen Information Erfolg hat. Die Gegenstände von Theorien, die vorläufig sind und auf Revision warten, dürfen nicht mit der Realität, wie sie unabhängig von der Theorie existiert, verwechselt werden. Sie sind soziale Konstruktionen, die ihre Objektivität in der Anerkennung haben, die sie unter Fachleuten genießen. Sie werden, wenn – und solange – sie sich halten, zu sozialen Institutionen.

Diese Relativierung ist ein erster und wichtiger Schritt. Sie ist aber nichts, bei dem man stehen bleiben dürfte. Sie muß weitergehen zur Frage, was es unter diesen Umständen ist, das die Abfolge der Theorien vom Wechsel intellektueller Moden unterscheidet. Die Dekonstruktion desavouiert sich, wenn sie mit dem Gedanken spielt, daß es letztlich nur Macht und Marketing sind, die hinter der Karriere von Theorien stecken. Weder die zivilisatorische Rolle der wissenschaftlichen Erkenntnis noch der technische Wirkungsgrad der forschenden Aufmerksamkeit sind mit Willkür und Machenschaften zu erklären. An der skeptischen Übertreibung der Relativierung mögen die ihre Freude haben, denen der Erfolg der harten Wissenschaften ein Dorn im Auge ist. Die Skepsis schrumpft aber aufs Format eines Ressentiments, wenn man bedenkt, daß diese Wissenschaften führende Industrien sind.

Von der Dekonstruktion zwar nicht weg, aber zur Untersuchung der relativen Stabilität über, leitet die Frage, woher der Wirkungsgrad der forschenden Aufmerksamkeit rührt. Mit dieser Frage ist ein neues Feld der Auseinandersetzung betreten. Erstens ist die Ökonomie der Aufmerksamkeit involviert. Zweitens ist die Konkurrenz mit den Kognitionswissenschaften eröffnet. Die Kognitionswissenschaften suchen die Antwort auf die Frage nach dem Wirkungsgrad in der Leistungsfähigkeit des menschlichen Gehirns als biologischem Computer. Dieser Ansatz ist völlig schlüssig insofern, als all die Information, die im Bewußtsein auftaucht, von den Nervenprozessen im Hintergrund des Erlebens geliefert wird. Nur: die Antwort, wie sie dieser Ansatz geben kann, bleibt in einem radikalen Sinn unvollständig. Sie bleibt unvollständig, solange nicht auch erklärt wird, warum das Gehirn, statt nur Information zu verarbeiten, auch mentale Präsenz und bewußtes Erleben herstellt. Warum, das müßte erst einmal erklärt werden, existieren nicht nur die Trajektorien der Nervenprozesse in der Raumzeit, sondern auch die Membran der Geistesgegenwart, die durch den Block der Zustände zieht? Von dieser Gegenwart ist in den Kognitions- und Neurowissenschaften bisher wenig die Rede.

Ohne Bezug auf die Fähigkeit des Gehirns, phänomenales Bewußtsein herzustellen, wird eine Erklärung des phänomenalen Erfolgs der Wissenschaften wohl auf sich warten lassen. Was also tun, wenn das phänomenale Bewußtsein nur in der Perspektive der ersten Person zugänglich ist? Der Vorschlag, den dieses Buch macht, liegt in einer Art Hermeneutik des *Da*seins. In einer Hermeneutik allerdings, die nicht individualisiert, sondern generalisiert. Und zwar generalisiert auf die Art und Weise, daß sie die Individualität von k nach n übersetzt. Diese Art der Generalisierung hat ihren Preis. Sie schert über einen Kamm, was wesentlich individuell ist und bleibt. Oder schlimmer: Sie ist eine *Da*seinshermeneutik des »man«, dieser von Heidegger so tief verachteten Durchschnittsexistenz. Sie ist von Philosophen verachtet, aber von Ökonomen – methodisch – geschätzt. Sie ist die Agentin der *bounded rationality*.

Die theoretische Ökonomie ist generalisierende Hermeneutik. Sie generalisiert, indem sie idealisiert. Sie tut so, als seien die Leute in der Art, wie sie subjektive Präferenzen in praktisches Handeln umsetzen, alle gleich. Zugleich fragt sie, welche Fragen dann noch sinnvoll gestellt werden können. Und sie kommt darauf, daß es sehr grundsätzliche Fragen sind, die übrig bleiben – oder richtiger: die dann erst angegangen werden können. Zu diesen Fragen gehören die nach dem Zusammenhang zwischen Wertschöpfung und Verteilung. Diese Frage hat wenig Sinn, solange der Zusammenhang intellektuell nicht durchsichtig geworden ist. Sie fragt nach der Verteilung eines Sozialprodukts auf Einkommensklassen, deren relative Anteile in die Preise eingehen, von denen die realen Einkommen abhängen. Um sich über die Bedeutung dieser Frage Klarheit zu verschaffen, ist ein Verständnis der Motive des Handelns nötig, das gar nicht anders kann, als aus dem eigenen Erleben heraus auf das Erleben der Mitmenschen zu schließen. Um den Zusammenhang durchsichtig zu machen, muß sich das Denken aber zugleich aus der Befangenheit der bloßen Introspektion lösen. Es darf nicht nur vom eigenen auf anderes Bewußtsein schließen, sondern muß die Idealisierung und Typisierung so weit treiben, daß die Interaktion durchsichtig wird. Nur so kommen Hypothesen zustande, die die eigentlich nicht zu durchdringenden Verhältnisse eben doch als verständlichen Zusammenhang zeigen.

Sein und Seiendes

In diesem Buch sollte gezeigt werden, daß man so auch die Schöpfung geistiger Werte und die Verteilung des gesellschaftlichen Ansehens befragen kann. Und daß die ökonomische Rekonstruktion des praktischen Umgangs mit der mentalen Präsenz ein Weg ist, der über die Dekonstruktion hinausführt. Die Ökonomie der Präsenz nimmt die Philosophie der Präsenz an genau derjenigen Stelle auf, wo diese zwischen dem Seienden und dem Sein differenziert. Das Seiende ist alles, was in der Präsenz auftaucht. Das Sein ist die Präsenz als solche: im Unterschied zu dem, was sich präsentiert. Heidegger hat diese ontologische Differenz zum Ausgangspunkt seiner Hermeneutik des Daseins gemacht. Sie ist die Differenz zwischen dem Dasein des biologischen Organismus und dem *Da*sein als Teilhabe an der Präsenz. Das Seiende vergeht, das Sein dauert. Heidegger hat die mangelnde Acht auf diesen Unterschied Seinsvergessenheit genannt.

Das Sein ist das Jetzt als solches. Das Sein ist aber auch das *da* Sein der mentalen Präsenz. Die mentale Präsenz kann mehr oder weniger sein. Sie ist nicht immer gleich. Sie ist groß, wenn die Kapazität bewußten Erlebens weit ist, und klein, wenn wir müde sind. Auch diese Kapazität dauert unabhängig davon, was im Erleben auftaucht. Allerdings ist dieser Unterschied kein absoluter und schon gar kein metaphysischer. Vielmehr kommt nun ein Unterschied zwischen dem Jetzt und der mentalen Präsenz hinzu. Es ist der Unterschied, den wir zwischen dem unwillkürlichen Wechsel der Zustände, die sich präsentieren, und dem Wechsel der Sachen erleben, auf die wir selektiv achten.

An diesem kleinen und vielleicht unscheinbaren Unterschied macht die Ökonomie der Präsenz fest. Sie fängt an mit dem Problem, das sich mit der möglichen Selektivität des Achtens stellt. Und sie achtet darauf, daß es das Achten anderer Menschen ist, worauf wir am allermeisten achten. Im Achten auf das andere Achten nimmt die ökonomische Rekonstruktion einen Ariadnefaden auf. Einen Faden, der, wie sich herausstellt, aus dem Labyrinth der Metaphysik der Präsenz herausführt. Das Ironische und zugleich Tröstliche an diesem Ausweg ist, daß es unsere kreatürliche Eitelkeit war, die ihn wies. Das Achten aufs Achten der andern ist ein Zusammenhang, der nicht reißt. Er ist es, der das Haus des Seins zusammenhält.

Anmerkungen

Einleitung

[1] An dieser Renaissance waren unter anderem Baudrillard 1976, Harvey 1990, Jameson 1991, Hardt & Negri 2000 beteiligt.

[2] Dieser Begriff des Konkreten ist in Franck 2004a näher ausgeführt.

Kapitel 1
Denkökonomie.
Rückblick auf die Mechanisierung
der geistigen Produktion

[1] Auf dem Einreichplan für das Haus in der Kundmanngasse findet sich der Stempel »Paul Engelmann und Ludwig Wittgenstein. Architekten«. Siehe Leitner 2000, S. 7

[2] Siehe Wijdeveld 1994, S. 132 ff. und passim, Leitner 2000, S. 168 ff. und passim

[3] Sie ist niedergelegt in den Mitschriften seiner Vorlesungen, Saussure 1916.

[4] Siehe Eisenman 1982

[5] Chomsky 1959

[6] Derrida 1967a, 1972

[7] Die einschlägigen Schriften sind versammelt in der Anthologie *Aura und Exzeß* (Eisenman 1995).

[8] Vgl. Eisenman 1997

[9] Die Formengrammatiken waren nicht irgendein Ansatz der Künstlichen Intelligenz. Sie produzierten Beispiele, die den Turing-Test bestanden. Es gelang, Palladianische Villen und *prairie houses* im Stile Frank Lloyd Wrights zu entwerfen, die von unbekannt gebliebenen Originalen zu unterscheiden schwierig gewesen wäre. Näheres siehe bei Elezkurtaj & Franck 2002.

[10] Siehe Eisenman 1992. Den Zustand der Zerstreuung hatte Walter Benjamin als konstitutiv für die Rezeption der Architektur angesehen, da die Architektur nicht nur optisch, sondern auch haptisch,

nicht nur durch Wahrnehmung, sondern auch durch Gebrauch erfahren wird (siehe Benjamin 1936). Für den Gebrauch ist die Gewöhnung entscheidend. Eisenman gedenkt nun, diese Gewöhnung
aufzubrechen.

[11] Siehe Kuhn 1962, Feyerabend 1976
[12] Siehe Bloor 1976, Latour & Woolgar 1979, Collins 1985
[13] Vgl. mit dem Folgenden Franck 1999 und 2002. Siehe ferner
Klamer & van Dalen 2002
[14] Vgl. hiermit und mit dem Folgenden Rescher 1989, S. 34 und
passim. Zu den endlosen Streitereien um die Erstentdeckung siehe
Merton 1957.

Kapitel 2
Kulturelles und soziales Kapital

[1] Zum Überblick siehe Harcourt 1972. Die zentralen Beiträge zur
Debatte sind in Harcourt & Laing 1971 und Hunt & Schwartz 1972
zugänglich.
[2] Es geht ausdrücklich nicht um die Weitung, die der Begriff des
sozialen Kapitals innerhalb der Soziologie im Anschluß an Bourdieu
erfahren hat. Diese Weitung – siehe die Beiträge in Dasgupta & Serageldin 1999 – läßt den Begriff verschwimmen. Hier geht es darum,
den Begriff kompakt zu halten.
[3] Die unwirsche Bemerkung zu Bourdieu in Franck 1998, S. 120,
ist daher nicht nur unangebracht kurz, sondern auch sachlich irre-
führend. Zur Korrektur und Abbitte siehe Franck 2000 b
[4] Vgl. Franck 1998, S. 84 ff.
[5] Zur Würdigung siehe Morishima 1972
[6] Zu diesem Punkt siehe Dahinden 2001
[7] Zur Machart des sozialen Ansehens siehe Franck 1998, Kap. 3
[8] Siehe Bourdieu 1992, S. 188 ff.

Kapitel 3
Die Wissensindustrie

[1] Siehe Bourdieu 1984, Kap. 2
[2] Latour 1984, S. 129
[3] Siehe Latour 1987, S. 33 ff.
[4] Vgl. Franck 2002
[5] Latour 1984, S. 144
[6] Ebenda
[7] Latour 1984, S. 142
[8] Zur Rolle des *rent-seeking* in der Vorteilsuche siehe Tollison & Congleton 1995
[9] Siehe Merton 1968
[10] Zum Überblick siehe Kitcher 2001, S. 182-192
[11] Auf diesen Punkt kommt das abschließende Kapitel 7 zurück.
[12] Zum Überblick siehe Barnes et al. 1996
[13] Zur Definition siehe Barnes 1982, Kap. 2
[14] Siehe Latour 1999, S. 156 ff.
[15] Siehe Latour 1999, S. 153-73

Kapitel 4
Massengeschäft und Hochfinanz

[1] Siehe Bourdieu 1996. Es handelt sich um eine Reihe von Vorträgen und kleinen Schriften über das Fernsehen.
[2] Einen verdienstvollen Überblick über die Beiträge der ökonomischen Theorie zum Phänomen der Werbung verschafft Begwell 2001.
[3] Siehe Treasure 1974, speziell S. 150
[4] Dieser Begriff der Aura weicht ab von dem, den Walter Benjamin in *Das Kunstwerk im Zeitalter seiner technischen Reproduzierbarkeit* (1936) entwickelt. Er widerspricht dem, was Benjamin unter der Aura versteht, aber nicht. An anderer Stelle – Benjamin 1980, S. 646 f. – findet sich folgender Hinweis: »Die Aura einer Erscheinung zu erfahren heißt, sie mit dem Vermögen zu belehnen, den Blick aufzuschlagen.« Was ist dieser Blick, der da erahnt wird, anderes als der Widerschein all der Blicke, die auf der Sache ruhen? Vgl. Schwarz 1995, S. 31
[5] Siehe de Vany 2004
[6] Vgl. Franck 1989
[7] Siehe Lasch 1979

[8] Siehe Derber 1979
[9] ~~Lasch 1979, S. 10 und passim~~
[10] Siehe Philosophische Untersuchungen §§ 243-315, aber auch schon §§ 201 f.
[11] Siehe dazu ausführlich Kripke 1982
[12] Siehe Foucault 1966, S. 460 f. und passim
[13] Als Manifest und Gründungsdokument siehe Butler 1990
[14] Siehe Gandy 1998
[15] Siehe zum folgenden Franck 1998, S. 77 ff.
[16] Vgl. Franck 1998, Kap. 5

Kapitel 5
Funktionalismus der Auffälligkeit

[1] Das klassische Beispiel für die handwerkliche Herstellung des Anscheins industrieller Fertigung ist die *Maison de verre* von Pierre Chareau. Selbst die Lochbleche wurden hier von Hand gestanzt. Siehe Vellay & Frampton 1985, S. 146 ff.
[2] Vgl. Venturi et al. 1972, S. 12
[3] Vgl. mit dem folgenden Franck 2004 b
[4] Siehe Lootsma 2000. Koolhaas ist mit der Bezeichnung Super-Dutch allerdings gar nicht einverstanden und distanziert sich von seinen Schülern.
[5] Das theoretische Hauptquartier jenseits des fachlichen Diskurses der Architektur war diesmal die London School of Economics. Siehe Giddens 1990 und Beck et al. 1995
[6] Siehe dazu Franck 2000 a
[7] Siehe Koolhaas & AMO/OMA 2001 (unpaginiert), Abschnitt Virtual Liftboy, »Concepts and strategies«
[8] Siehe Rowe 1947
[9] Koolhaas et al. 1995, S. 134
[10] Nicht einmal in der Literatur finde ich dieses Spiel mit dem Vorbild erwähnt. Allerdings kann ich mir nicht vorstellen, daß es nirgends beschrieben ist. Eher fürchte ich, nicht gründlich genug recherchiert zu haben.
[11] Siehe Koolhaas 2001, S. 737

Kapitel 6
Marken und Cameras. Ausbeutung und Konflikt

[1] Vgl. mit dem folgenden Franck 2005 a

[2] Siehe Gray 2003

[3] Zur Praxis des Sammelns und des Austauschs zwischen öffentlichen und privaten Stellen siehe Hoofnagle 2004

[4] Gerhard Schulze erblickt in Überbietungsritualen den Grundzug der modernen und postmodernen Kultur. Siehe Schulze 2003

[5] Siehe Norris and Armstrong 1999

[6] Obwohl der Gewinn an Sicherheit im Sinn des Rückgangs der Kriminalität eher bescheiden, wenn nicht überhaupt fraglich ist. Siehe Welsh & Farrington 2002

[7] Samuel Huntington hat dem Konflikt den griffigen Namen *Clash of Civilisations* gegeben. Die These seines Buchs, Huntington 1996, ist zu Recht umstritten. Sie stellt die Religion zu weit in den Vordergrund. Allerdings wäre die Präokkupation mit der Religion nun leicht zu korrigieren. Auch Huntington sieht das Konfliktpotential weniger im Glaubenskampf als in der Behauptung der kulturellen Identität.

[8] Siehe hierzu Paul Berman über die Schriften Sayyad Quttbs in Berman 2003

[9] Zur Genealogie der Moral aus dem Ressentiment siehe immer noch Nietzsche 1887 und Scheler 1912

Kapitel 7
Die ontologische Differenz

[1] Zur Unterscheidung realer und temporaler Veränderung siehe Franck 2003

[2] Zur ausdrücklichen Feststellung dieses bemerkenswerten Sachverhalts siehe Primas 2003

[3] Siehe Franck 2003 und 2004 a

[4] Vgl. hiermit und mit dem folgenden Franck 2005 b

[5] Siehe Franck 2001

[6] Husserls Vorlesungen sind allerdings erst 1928 im Druck erschienen. Herausgegeben hat sie Martin Heidegger.

[7] Siehe Carnap 1963, S. 37

[8] Siehe Stapp 1993, Primas 2003, Nakagomi 2004

[9] Bezeichnend ist, daß die willentliche Steuerung des Fokus der Be-

achtung im Kontext von *Hirnforschung und Willensfreiheit* (Geyer 2004) ~~nicht auftaucht. Es ist hier immer nur das äußere~~ Handeln – der gehobene Arm –, an dessen Beispiel die Frage diskutiert wird, ob es Freiheit gibt oder nur Determination. Die Diskussion wäre wahrscheinlich anders gelaufen, wenn sie angefangen hätte mit der Frage, ob unser bewußtes Achten determiniert ist oder nicht.

[10] Man kann fragen, ob es nicht eher die Auseinandersetzung mit Heidegger als die Beschäftigung mit Husserl war, die am Anfang der Dekonstruktion stand. Man liest immer wieder, daß der Neologismus »deconstruction« als Übersetzung der Heideggerschen »Destruktion« gedacht war. Die Frage ist nun allerdings etwas spitzfindig, denn Heideggers eigenes Denken des Seins als Präsenz geht von Husserls Metaphysik der Präsenz aus. Und es ist ausdrücklich Husserl, mit dem Derrida sich auseinandersetzt, wenn er die Metaphysik der Präsenz direkt angeht. Siehe Derrida 1967 a

Literatur

Barnes, Barry (1982), *T. S. Kuhn and Social Science*, London: Macmillan

Barnes, Barry, David Bloor and John Henry (1996), *Scientific Analysis. A Sociological Analysis*, London: Athlone

Baudrillard, Jean (1976), *Der symbolische Tausch und der Tod*; aus dem Französischen von Gerd Bergfleth, Gabriele Ricke und Ronald Voullié, München: Matthes & Seitz, 1982

Beck, Klaus, und Wolfgang Schweiger (Hg.) (2001), *Attention please! Online-Kommunikation und Aufmerksamkeit*, München: Verlag Reinhard Fischer

Beck, Ulrich, Anthony Giddens and Scott Lash (1995), *Reflexive Modernization. Politics, Tradition and Aesthetics in the Modern Social Order*, Cambridge: Polity

Begwell, Kyle (ed.) (2001), *The Economics of Advertising*, Cheltenham, UK, and Northampton, MA, USA: Edward Elgar

Benjamin, Walter (1936), *Das Kunstwerk im Zeitalter seiner technischen Reproduzierbarkeit*, in: ders., *Gesammelte Schriften*, hg. von R. Tiedemann und H. Schweppenhäuser, Frankfurt/Main: Suhrkamp, 1991, Bd. I-2, S. 471-508

Benjamin, Walter (1991), *Über einige Motive bei Baudelaire*, in: ders., *Gesammelte Schriften*, hg. von R. Tiedemann und H. Schweppenhäuser, Frankfurt/Main: Suhrkamp, 1991, Bd. I-2, S. 605-653

Berman, Paul (2003), *Terror and Liberalism*, New York et al.: Norton

Bleicher, Joan K., und Knut Hickethier (Hg.) (2002), *Aufmerksamkeit, Medien und Ökonomie*, Münster u. a.: Lit Verlag

Bloor, David (1976), *Knowledge and Social Imagery*, London and Boston: Routledge & Kegan Paul

Bonitz, M., E. Bruckner & A. Scharnhorst (1997), *Characteristics and impact of the Matthew effect for countries*, in: *Scientometrics*, vol. 40, pp. 407-422

Bonitz, Manfred & Andrea Scharnhorst (2001), *Competition in science and the Matthew core journals,* in: *Scientometrics,* vol. 51, pp. 37-54

Bourdieu, Pierre (1979), *Die feinen Unterschiede. Kritik der gesellschaftlichen Urteilskraft;* übersetzt von Bernd Schwibs und Achim Russer, Frankfurt/Main: Suhrkamp, 1982

Bourdieu, Pierre (1983), *Ökonomisches Kapital – Kulturelles Kapital – Soziales Kapital,* in (und zitiert aus): ders., *Die verborgenen Mechanismen der Macht.* Schriften zur Politik und Kultur 1, hg. von Margareta Steinrücke, Hamburg: VSA-Verlag, 1997, S. 49-79. Ursprünglich erschienen in: *Soziale Welt. Sonderband Soziale Ungleichheiten,* Göttingen, 1983

Bourdieu, Pierre (1984), *Homo academicus;* übersetzt von Bernd Schwibs, Frankfurt/Main: Suhrkamp, 1988

Bourdieu, Pierre (1992), *Die Regeln der Kunst. Genese und Struktur des literarischen Feldes;* übersetzt von Bernd Schwibs und Achim Russer, Frankfurt/Main: Suhrkamp, 1999

Bourdieu, Pierre (1996), *Über das Fernsehen;* aus dem Französischen von Achim Russer, Frankfurt/Main: Suhrkamp, 1998

Bourdieu, Pierre (1997), *Die verborgenen Mechanismen der Macht.* Schriften zur Politik und Kultur 1, hg. von Margareta Steinrücke, Hamburg: VSA-Verlag

Butler, Judith (1990), *Gender Trouble. Feminism and the Subversion of Identity,* New York and London: Routledge

Carnap, Rudolf (1963), *Intellectual Autobiography,* in: *The Philosophy of Rudolf Carnap,* ed. by Paul A. Schilpp, LaSalle, Ill.: Open Court, pp. 1-84

Chomsky, Noam (1959), *On certain formal properties of grammars,* in: *Information and Control,* vol. 1, pp. 91-112

Collins, Harry M. (1985), *Changing Order. Replication and Induction in Scientific Practice,* Chicago and London: The University of Chicago Press, [2]1992

Dahinden, Urs (2001), *Informationsflut und Aufmerksamkeitsmangel – Überlegungen zu einer Sozialökonomie der Aufmerksamkeit,* in: Beck und Schweiger (2001), S. 39-55

Dasgupta, Partha, and Ismail Serageldin (eds.) (1999), *Social Capital. A Multifaced Perspective*, Washington, D. C.: The World Bank

Derber, Charles (1979), *The Pursuit of Attention. Power and Ego in Everyday Life*, Oxford et al.: Oxford University Press, ²2000

Derrida, Jacques (1967a), *Die Stimme und das Phänomen. Einführung in das Problem des Zeichens in der Phänomenologie Husserls*; übersetzt von Hans-Dieter Gondek, Frankfurt/Main: Suhrkamp, 2003

Derrida, Jacques (1967b), *Grammatologie*; übersetzt von Hans-Jörg Rheinberger und Hanns Zischler; Frankfurt/Main: Suhrkamp, 1983

Derrida, Jacques (1972), *Die différance*; übersetzt von Eva Pfaffenberger-Brückner; in: *Randgänge der Philosophie*, hg. von Peter Engelmann, Wien: Passagen Verlag, ²1999, S. 31-56

de Vany, Arthur (2004), *Hollywood Economics. How Extreme Uncertainity Shapes the Film Industry*, London and New York: Routledge

Einstein, Albert (1919/1962), *Relativity: The Special and the General Theory*, tr. by Robert W. Lawson, London: Routledge, ⁵1962 (with added Appendix V)

Eisenman, Peter (1982), *House X*, New York: Rizzoli

Eisenman, Peter (1992), *Affekte der Singularität*, in: Eisenman 1995, S. 217-225

Eisenman, Peter (1995), *Aura und Exzeß. Zur Überwindung der Metaphysik in der Architektur*, hg. von Ullrich Schwarz; übersetzt und bearbeitet von Martina Kögl und Ullrich Schwarz, Wien: Passagen Verlag

Eisenman, Peter (1997), *Processes of the interstitial. Notes on Zaera-Polo's idea of the machinic*, in: *El Croquis*, vol. 83, pp. 21-35

Elezkurtaj, Tomor, and Georg Franck (2002), *Algorithmic support of creative architectural design*, in: *Umbau 19* (June 2002), pp. 129-37; http://www.iemar.tuwien.ac.at/publications

Feyerabend, Paul (1976), *Wider den Methodenzwang*, Frankfurt/Main: Suhrkamp

Foucault, Michel (1966), *Die Ordnung der Dinge. Eine Archäologie der Humanwissenschaften*; aus dem Französischen von Ulrich Köppen, Frankfurt/Main: Suhrkamp, 1974

Franck, Georg (1989), *Die neue Währung: Aufmerksamkeit. Zum Einfluß der Hochtechnik auf Zeit und Geld*, in: *Merkur*, Nr. 486, S. 688-701

Franck, Georg (1998), *Ökonomie der Aufmerksamkeit. Ein Entwurf*, München: Carl Hanser Verlag

Franck, Georg (1999), *Scientific communication – a vanity fair?*, in: *Science*, vol. 286, pp. 53-55

Franck, Georg (2000a), *Medienästhetik und Unterhaltungsarchitektur*, in: *Merkur*, Nr. 615, S. 590-604; abgedruckt in: *Urbane Paradiese. Zur Kulturgeschichte modernen Vergnügens*, hg. von Regina Bittner, Frankfurt und New York: Campus, 2001, S. 221-231

Franck, Georg (2000b), *Prominenz und Populismus. Zu Pierre Bourdieus kapitaltheoretischem Begriff des Elitären*, in: *Berliner Debatte Initial*, Bd. 11, S. 19-28

Franck, Georg (2001), *Time, actuality, novelty and history*, in: *Life and Motion of Socio-Economic Units*, ed. by Andrew U. Frank, Jonathan Raper and Jean-Paul Cheylan, London: Taylor & Francis, pp. 111-123; http://www.iemar.tuwien.ac.at/publications

Franck, Georg (2002), *The scientific economy of attention: A novel approach to the collective rationality of science*, in: *Scientometrics*, vol. 55, pp. 3-26; http://www.iemar.tuwien.ac.at/publications

Franck, Georg (2003), *How time passes. On conceiving time as a process*, in: *The Nature of Time: Geometry, Physics and Perception*, ed. by R. Buccheri, M. Saniga and W. M. Stuckey, Dodrecht: Kluwer, pp. 91-103

Franck, Georg (2004a), *Mental presence and the temporal present*, in: Globus et al. (2004), pp. 47-68

Franck, Georg (2004b), *Klassiker*, in: *Perspectives*, hg. von Gerd Bulthaup, Hamburg: Hoffmann & Campe, S. 134-143

Franck, Georg (2005a), *Werben und Überwachen. Zur Transformation des städtischen Raums*, in: Hempel und Metelmann (2005), S. 141-155

Franck, Georg (2005b), *Time: A social construction?*, in: *Zeit und Geschichte / Time and History*. Beiträge der österreichischen Wittgenstein-Gesellschaft, Bd. XIII, hg. von Friedrich Stadler und Michael Stöltzner, Wien, im Druck; http://www.iemar.tuwien.ac.at/publications

Gandy, Oscar H., Jr. (1998), *Communication and Race. A Structural Perspective*, London et al.: Arnold

Geyer, Christian (Hg.) (2004), *Hirnforschung und Willensfreiheit. Zur Deutung der neuesten Experimente*, Frankfurt/Main: Suhrkamp

Giddens, Anthony (1990), *The Consequences of Modernity*, Cambridge: Polity Press

Globus, Gordon G., Karl H. Pribram and Giuseppe Vitiello (eds.) (2004), *Brain and Being: At the Boundary between Science, Philosophy, Language and Arts*, Amsterdam & Philadelphia: John Benjamin

Gödel, Kurt (1949), *A remark about the relationship between relativistic theory and idealistic philosophy*, in: *Albert Einstein, Philosopher-Scientist*, ed. by Paul A. Schilpp, LaSalle, Ill.: Open Court, 1949, pp. 555-562

Gray, Mitchell (2003), *Urban surveillance and panopticism: Will we recognize the facial recognition society?*, in: *Surveillance & Society*, vol. 1, no. 3, pp. 314-330; http://www.surveillance-and-society.org

Gross, Alan, Joseph E. Harmon and Michael Reidy (2002), *Communicating Science. The Scientific Article from the 17th Century to the Present*, Oxford: Oxford University Press

Harcourt, C. G. (1972), *Some Cambridge Controversies in the Theory of Capital*, Cambridge: Cambridge University Press

Harcourt, C. G., and N. F. Laing (eds.) (1971), *Capital and Growth*, Harmondsworth: Penguin

Hardt, Michael, and Antonio Negri (2000), *Empire*, Cambridge, MA, and London: Harvard University Press

Harvey, David (1990), *The Condition of Postmodernity. An Inquiry into the Origins of Cultural Change*, Oxford: Blackwell

Heidegger, Martin (1927), *Sein und Zeit*, fünfzehnte, anhand der Gesamtausgabe durchgesehene Auflage mit den Randbemerkungen aus dem Handexemplar des Autors im Anhang, Tübingen: Max Niemeyer, 1979

Heidegger, Martin (1975), *Die Grundprobleme der Phänomenologie*. Marburger Vorlesung Sommersemester 1927, hg. von Friedrich-Wilhelm von Herrmann, Frankfurt/Main: Klostermann

Hempel, Leon, und Jörg Metelmann (Hg.) (2005), *Bild – Raum – Kontrolle. Videoüberwachung als Zeichen gesellschaftlichen Wandels*, Frankfurt/Main: Suhrkamp

Hoofnagle, Chris J. (2004), *Big brother's little helpers. How ChoicePoint und other commercial data brokers collect and package your data for law inforcement*, in: *North Carolina Journal of International Law & Commercial Regulation*, vol. 29, no. 595, pp. 595-637

Hunt, E. K., and Jesse G. Schwartz (eds.) (1972), *A Critique of Economic Theory*, Harmondsworth: Penguin

Huntington, Samuel P. (1996), *The Clash of Civilizations and the Remaking of World Order*, New York et al.: Simon & Schuster

Husserl, Edmund (1928), *Zur Phänomenologie des inneren Zeitbewußtseins*, in: *Jahrbuch für Philosophie und phänomenologische Forschung*, Bd. IX, hg. von M. Heidegger

Jameson, Frederic (1991), *Postmodernism – or – The Cultural Logic of Late Capitalism*, Durham: Duke University Press

Kitcher, Philip (2001), *Science, Truth, and Democracy*, Oxford et al.: Oxford University Press

Klamer, Arjo, and Hendrik P. van Dalen (2002), *Attention and the art of scientific publishing*, in: *Journal of Economic Methodology*, vol. 9, pp. 298-315

Koolhaas, Rem (1978), *Delirious New York. A Retroactive Manifesto for Manhattan*, Oxford et al.: Oxford University Press

Koolhaas, Rem (2001), *Miestakes*, in: *Mies van der Rohe in America*, ed. by Phyllis Lambert, Montréal and New York: Canadian Center for Architecture, Montréal, and Whitney Museum of American Art, New York, pp. 716-743

Koolhaas, Rem, O.M.A. and Bruce Mau (1995), *S, M, L, XL*, ed. by Jennifer Sigler, Photography by Hans Werlemann, Rotterdam: 010 Publishers

Koolhaas, Rem, and AMO/OMA (2001), *Projects for Prada Part 1*, Milano: Fondazione Prada Edizioni

Kripke, Saul A. (1982), *Wittgenstein on Rules and Private Language*, Oxford: Blackwell

Kuhn, Thomas (1962), *Die Struktur der wissenschaftlichen Revolutionen*, 2. revidierte Auflage, Frankfurt/Main: Suhrkamp, 1976

Lasch, Christopher (1979), *The Culture of Narcism*, London: Abacus

Latour, Bruno (1984), *Portrait eines Biologen als wilder Kapitalist*, ursprünglich in: *Fundamenta Scientiae*, Bd. 4, S. 301-327; deutsche Übersetzung in: Latour 1993, S. 113-144

Latour, Bruno (1987), *Science in Action. How to Follow Scientists and Engineers through Society*, Cambridge, MA: Harvard University Press

Latour, Bruno (1993), *Der Berliner Schlüssel. Erkundungen eines Liebhabers der Wissenschaften*; aus dem Französischen von Gustav Roßler, Berlin: Akademie Verlag, 1996

Latour, Bruno (1999), *Pandora's Hope. Essays on the Reality of Science Studies*, Cambridge, MA, and London: Harvard University Press

Latour, Bruno, and Steve Woolgar (1979), *Laboratory Life. The Construction of Scientific Facts*, Princeton, NJ: Princeton University Press, ²1986

Le Corbusier / Pierre Jeanneret (1927), *Five Points of a New Architecture*, in: *Form and Function*, ed. by T. Benton, C. Benton and D. Sharp, London: Crosby Lockwool Staples, 1975

Leitner, Bernhard (2000), *Das Wittgenstein Haus*, Ostfildern-Ruit: Hatje Cantz

Lootsma, Bart (2000), *SuperDutch. Neue niederländische Architektur*, Stuttgart: DVA

Marx, Karl (1858), *Grundrisse der Kritik der politischen Ökonomie*. Rohentwurf 1857-1858; Anhang 1850-1859, Berlin: Dietz Verlag, 1974

Marx, Karl (1894), *Das Kapital*, Band III; MEW, Bd. 25, Berlin: Dietz Verlag, 1970

Merton, Robert K. (1957), *Priorities in scientific discovery*, in: *American Sociological Review*, vol. 22, pp. 635-59; reprinted in: Merton (1973), pp. 286-324

Merton, Robert K. (1968), *The Matthew effect in science*, in: *Science*, vol. 159, pp. 56-62

Merton, Robert K. (1973), *The Sociology of Science. Theoretical and Empirical Investigations*, Chicago: Chicago University Press

Metelmann, Jörg (2002), *Kultur und Quote. Willemsen moderiert: Georg Franck und Pierre Bourdieu zum sozialen Tausch*, in: Bleicher und Hickethier (2002), S. 87-104

Morishima, Michio (1972), *Marx' Economics: A Dual Theory of Value and Growth*, Cambridge: Cambridge University Press

Nakagomi, Teruaki (2004), *Quantum monadology and consciousness*, in: Globus et al. (2004), pp. 111-126

Nietzsche, Friedrich (1887), *Zur Genealogie der Moral*, in: ders., *Sämtliche Werke*. Kritische Studienausgabe, Bd. V, hg. von Giorgio Colli und Mazzino Montinari, München: dtv, 1999

Norris, Clive, and Gary Armstrong (1999), *The Maximum Surveillance Society: The Rise of CCTV*, Oxford: Berg

Primas, Hans (2003), *Time entanglement between mind and matter*, in: *Mind and Matter*, vol. 1, pp. 81-119

Rescher, Nicholas (1989), *Cognitive Economy. The Economic Dimension of the Theory of Knowledge*, Pittsburgh: Pittsburgh University Press

Ricardo, David (1817), *Grundsätze der Politischen Ökonomie*, deutsche Übersetzung der 3. Auflage (1821) von Gerhard Bondi, Berlin: Akademie-Verlag, 1959

Rowe, Colin (1947), *The mathematics of the ideal villa*, in: Rowe (1976), pp. 1-27; first published in: *Architectural Review* 1947

Rowe, Colin (1976), *The Mathematics of the Ideal Villa and Other Essays*, Cambridge, MA, and London: MIT Press

Saussure, Ferdinand de (1916), *Grundfragen der allgemeinen Sprachwissenschaft*, hg. von Charles Bally, Berlin: de Gruyter, 1990

Scheler, Max (1912), *Das Ressentiment im Aufbau der Moralen*, Frankfurt/Main: Klostermann, 1978

Schulze, Gerhard (2003), *Die beste aller Welten. Wohin bewegt sich die Gesellschaft im 21. Jahrhundert?*, München: Carl Hanser Verlag

Schwarz, Ullrich (1995), *Another look – anOther gaze. Zur Architekturtheorie Peter Eisenmans*, in: Eisenman 1995, S. 11-34

Sraffa, Piero (1960), *Production of Commodities by Means of Commodities. Prelude to a Critique of Economic Theory*, Cambridge: Cambridge University Press

Stapp, Henry P. (1993), *Mind, Matter, and Quantum Mechanics*, Berlin: Springer

Tollison, Robert D., and Roger D. Congleton (eds.) (1995), *The Economic Analysis of Rent Seeking*, Eldershot, UK, and Brookfield, Vermont: Edward Elgar

Treasure, John A. P. (1974), *How advertising works*, in: *Advertising and Society*, ed. by Harvey J. Goldschmid, H. Michael Mann and J. Fred Weston, Boston: Little Brown, pp. 149-168

Vellay, Marc, and Kenneth Frampton (1985), *Pierre Chareau. Architect and Craftsman 1883-1950*, London: Thames & Hudson

Venturi, Robert, Denise Scott Brown und Steven Izenour (1972), *Lernen von Las Vegas. Zur Ikonographie und Architektursymbolik der Geschäftsstadt*; aus dem Amerikanischen von Heinz Schollwöck, Braunschweig und Wiesbaden: Vieweg, 1979

Welsh, Brendon C., and David P. Farrington (2002), *Crime Prevention Effects of CCTV. A Systematic Review*, Home Office Research Study 252, London; http://www.homeoffice.gov.uk/rds/pdfs2/hors252.pdf

Wijdeveld, Paul (1994), *Ludwig Wittgenstein, Architekt*; o. O.: Wiese Verlag

Wittgenstein, Ludwig (1921), *Tractatus logico-philosophicus*, in: Ludwig Wittgenstein, *Schriften 1*, Frankfurt/Main: Suhrkamp, 1980, S. 7-83

Wittgenstein, Ludwig (1958), *Philosophische Untersuchungen*, in: Ludwig Wittgenstein, *Schriften 1*, Frankfurt/Main: Suhrkamp, 1980, S. 279-544

Bildnachweis

Register

Die Seitenangaben für Abbildungen sind kursiv wiedergegeben.